Dr. Dieter Semmler

Wohnmobil-Stellplätze Frankreich Süd

Atlantik – Mittelmeer – Côte d'Azur – Rhône – Elsass

Reiserouten mit dem Wohnmobil
Stellplätze in Gemeinden und Städten
Stellplätze in der Natur
Stellplätze zum Nulltarif
Stellplätze am Meer und an Seen
Stellplätze für Wohnmobil und Caravan

Drei Koordinatensysteme
Farbige Stellplatzfotos

rid+verlag
Wohnmobil-Stellplätze

Titelbild: Leucate Plage

6. Auflage 2013
Herausgeber: RID+Verlag, Schloßhof 2–6, D-85283 Wolnzach
Texte: Barbara und Dieter Semmler
Fotos: Dr. Dieter und Barbara Semmler

ISBN 978-3-941951-49-5

Inhaltsverzeichnis

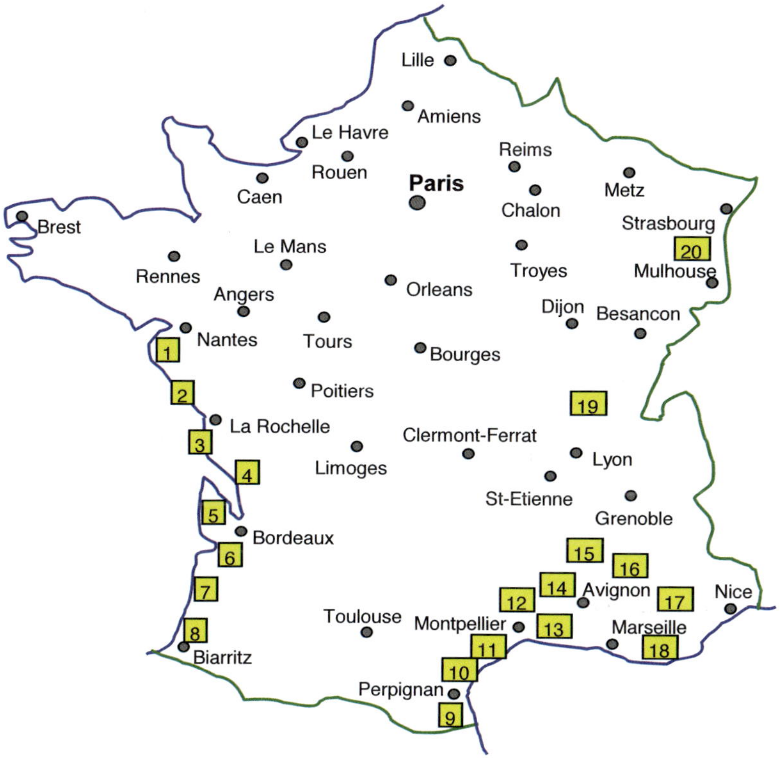

Touren im Süden Frankreichs

Atlantik – Mittelmeer – Côte d'Azur – Rhône – Elsass

Tourenverzeichnis Seite 3 und 4

Wohnmobilplätze in französischen Ferienlandschaften

In den letzten Jahren wurden in Frankreich eine große Anzahl neuer Wohnmobilplätze durch Gemeindeverwaltungen und Privatpersonen eingerichtet. Diese rasante Entwicklung wird sich in den nächsten Jahren noch fortsetzen, weil die französischen Gemeindeverwaltungen erkannt haben, dass eine neue, finanzstarke Urlaubergruppe für sie entstanden ist. Auch die Zahl der französischen Besitzer eines Wohnmobils hat erheblich zugenommen. Wohnmobilurlauber sind in Frankreich gern gesehene Gäste.

In jüngster Zeit wurden auch **Stellplätze für Wohnmobile und Caravan** (Wohnwagen, Gespanne) eingerichtet. Diese Plätze sind in diesem Buch mit dem Caravan-Symbol gekennzeichnet. Parkplätze wurden nicht in diesem Buch aufgenommen, weil in Frankreich ausreichend Stellplätze vorhanden sind. Wir unterscheiden bei den **Stellplätzen**:

Übernachtungsplätze sind einfache Plätze, die für Wohnmobile zugelassen oder durch ein entsprechendes Schild für Mobile gekennzeichnet sind. Die Belegung durch Pkw und andere Fahrzeuge ist möglich. Die Aufenthaltserlaubnis beträgt meistens nur eine Nacht.

Wohnmobilplätze oder **Mobilplätze** sind nur für Wohnmobile reservierte Plätze, entweder auf einem Teilbereich oder auf dem gesamten Parkplatz. Das Abstellen und Parken anderer Fahrzeuge ist nicht erlaubt. Ver- und Entsorgungseinrichtungen sollen vorhanden sein. Stromanschlüsse sind wünschenswert. Die Aufenthaltserlaubnis beträgt meistens 1 – 3 Tage.

Wohnmobilparks oder **Mobilparks** sind durch Bäume, Büsche und Grünanlagen in Abschnitte eingeteilte Plätze. Das Abstellen und Parken anderer Fahrzeuge ist nicht erlaubt. Ver- und Entsorgungseinrichtungen sowie Stromanschlüsse müssen vorhanden sein. Wenderaum und Stellflächen sollen großzügig bemessen sein. Bei Boxeneinteilung sind größere Fahrzeuge zu berücksichtigen (mindestens 5 m x 12 m). Die Aufenthaltserlaubnis beträgt meistens 3 Tage oder ist nicht begrenzt. Sanitäre Anlagen sind bei unbegrenzter Aufenthaltserlaubnis wünschenswert.

Diese Klassifizierung der Plätze ist eine Aussage über die Ausstattung der Plätze und über die Aufenthaltsdauer, nicht aber über die Lage des Platzes. Die Anzahl der Sterne kennzeichnet dagegen die Lage. Alle drei Gruppen, Übernachtungsplätze, Mobilplätze und Mobilparks, sind mit einem, zwei, drei oder vier Sternen bewertet. Die Beurteilung mit **drei Sternen** bedeutet immer eine sehr ruhige und schöne Lage, ausreichend Parkraum, eine gute Zufahrt und Gaststätten und Häuser in der näheren Umgebung. Bei **zwei Sternen** fehlt eines dieser Merkmale, eine ruhige Lage ist aber gewährleistet. Ist der Platz mit nur **einem Stern** eingestuft, so führt meistens eine Straße am Parkplatz vorbei. Solche Plätze sind für eine Übernachtung nur zu empfehlen, wenn sich die Insassen des Wohnmobils durch Verkehrsgeräusche nicht stören lassen. **Vier Sterne** erhält ein sehr schön angelegter Stellplatz, wenn er in einer sehr ruhigen und reizvollen Umgebung liegt und ein erholsamer Aufenthalt gewährleistet ist. In diesem Buch haben 19 Superplätze vier Sterne erhalten. Die Ausstattung kann aber sehr unterschiedlich sein. Sehr empfehlenswert sind im Süden Frankreichs folgende **Superplätze**:

Stellplatz	Ferienlandschaft	Seite
Aigue Mortes, Péche Loisir	Camargue	139
Baume-les-Dames, Am Sportboothafen	Doubs	202
Biscarrosse-Navarosse, Hafen	Le Landes	83
Boyardville, Hafenkanal	Ile d'Oléron	53
Clansayes, Aire de Toronne	Rhône	198
Créoux-les-Bains, Aire de Camping-Cars	Var	176
Gruissan, Aire de 4 vente	Aude	122
Hourtin, Port	Médoc	68
Lacaneau Océan, La Huga	Médoc	70

Stellplatz	Ferienlandschaft	Seite
Latour Bas Elne, Aire de Latour	Côte Vermeille	106
Leucate-Plage, Strand	Golf von Lion	111
Moustiers-Ste-Maries, Aire de Camping-Car	Var	177
Port-St-Louis, Plage Napoleon	Camargue	142
Ramatuelle, Bonne Terasse	Côte d'Azur	192
Ramatuelle, Pampelonne	Côte d'Azur	192
Salin-de-Giraud, Plage Piémanson	Camargue	141
St-Denis d'Oléron, Ortsrand	Ile d'Oléron	53
St-Eulalie, La Port	Le Landes	85
Ungersheim, Ecomusée	Elsass	209

Im Stellplatzteil des Buches sind die für Wohnmobile eingerichteten Stellplätze (Übernachtungsplätze, Mobilplätze, Mobilparks) durch das Wohnmobil-Symbol deutlich gekennzeichnet. Die Plätze für Caravan haben zusätzlich das Caravan-Symbol erhalten. Plätze, die den Anforderungen der Wohnmobilurlauber nicht genügen, wurden nicht aufgenommen, weil sie zu klein sind, oft durch Pkw vollständig belegt werden oder wegen des Verkehrslärms keine ausreichende Nachtruhe gewährleisten.

Oft haben Fahrer großer Wohnmobile Schwierigkeiten, Wohnmobilplätze mit schmalen Zufahrten anzufahren, durch enge Einfahrten zu gelangen, auf den Plätzen zu rangieren und zu wenden oder auf einer zu kleinen Stellfläche einzuparken. Wir haben in der Beschreibung der Plätze auf solche Schwierigkeiten durch die Vermerke „Für große Wohnmobile nicht geeignet" (ab 8 Metern Länge) und „Für sehr große Wohnmobile nicht geeignet" (ab 10 Metern Länge) hingewiesen. Auch Höhen-, Breiten- und Gewichtsbegrenzungen sind in den Beschreibungen der Stellplätze und der Zufahrten zu finden.

Wohnmobilplätze am Meer, an einem See oder an einem Schwimmbad sind in der **Strandliste** (Seite 15) zu finden. Wohnmobilplätze in den Zentren der südfranzösischen Gemeinden und Städte sind in der **Städteliste** (Seite 13) zusammengefasst. Die Gemeinden verlangen nicht immer eine Gebühr. Kostenfreie Stellplätze finden Sie in der **Null-Liste** (Seite 10).

Durch falsches Verhalten der Urlauber oder durch übermäßige Ansammlungen von Wohnmobilen, die Einheimische und Bewohner der umliegenden Häuser stören, könnten Übernachtungsplätze von den örtlichen Behörden für Wohnmobile gesperrt werden. Deshalb ist umsichtiges Verhalten auf diesen Stellplätzen unbedingt erforderlich. Ansammlungen von Fahrzeugen, Camping-Betrieb und laute Geräusche sind zu vermeiden. Es gibt in Frankreich kaum Schwierigkeiten mit der Ver- und Entsorgung des Wohnmobils. Auf Wohnmobilstellplätzen sind meistens Ver- und Entsorgungsstationen vorhanden. Wasser ist auch an Tankstellen, in Häfen für Sportboote und an öffentlichen Einrichtungen zu bekommen. Müll muss gesammelt werden und ist nur in Müllbehälter zu entleeren. Wenn wir uns auf den Stellplätzen richtig verhalten, können wir unseren Urlaub ungetrübt genießen und ungebunden die große Freiheit erleben. Wir sind dann in der Lage, unseren Urlaub völlig frei zu gestalten. Ein lauschiger Platz in einer idyllischen Landschaft mit Blick über Berge und Täler oder an einem stillen See, an einem plätschernden Fluss, an der Brandung des Meeres, einsam am Waldrand, das verstehen wir unter guten Stellplätzen. In der Natur übernachten, die Umwelt schonen und Rücksicht auf die Nachbarschaft nehmen – das ist „Urlaub für Naturliebhaber".

Alle Stellplätze sind im Verlaufe der Routen durchgehend nummeriert und mit Beschreibung, Anfahrt und Hinweisen versehen. Den einzelnen Reiserouten ist eine Skizze vorangestellt, aus der die Lage und Nummer der Stellplätze zu erkennen ist. Der Pfeil zeigt auf den Ort des Stellplatzes. Die Anfahrt zu den Stellplätzen wurde beschrieben, um jedem die Anfahrt zu den Stellplätzen zu ermöglichen. Für die Besitzer eines **Navigationsgerätes** wurden die notwendigen Daten (Bezeichnungen, Straßennamen und/oder GPS-Koordinaten) der Stellplätze angegeben. Für einige Plätze außerhalb der Ortschaften, z. B. am Strand, gibt es keine Straßennamen. Diese Plätze können mit unserer Anfahrtsbeschreibung oder mit einem Navigationsgerät nach den angegebenen Koordinaten erreicht werden.

In den letzten Jahren hat sich in Deutschland das Koordinatensystem in Grad, Minuten und Sekunden in den Navigationsgeräten und in der Literatur durchgesetzt. Wir haben deshalb dieses System übernommen und geben Grad, Minuten und Sekunden an. Zur Erleichterung für Besitzer anderer Navigationsgeräte haben wir gleichzeitig die ebenfalls geläufige Koordinatensysteme in Grad und Minuten mit Dezimalstellen und das System nur in Grad mit Dezimalstellen angegeben, zum Beispiel:
Koordinaten: 41° 58' 37" Nord, 3° 05' 34" Ost.
Koordinaten: 41° 58,62' Nord, 3° 05,56' Ost.
Koordinaten: 41,97700° Nord, 3,09667° Ost.

Ein Maßstab für die Größe des **Übernachtungsplatzes** ist die Zahl der angegebenen Stellmöglichkeiten. Bei diesen Angaben wird aber eine Belegung der Hälfte der Parkflächen durch Pkw angenommen, was wohl selten zutrifft. Es muss berücksichtigt werden, dass Stellplätze an Sportstätten zur Zeit einer Veranstaltung und Stellplätze an Schwimmbädern in der Saison am Tage durch Pkw belegt sein können. In der Saison und an Wochenenden sollten solche Stellplätze abends angefahren werden. Auch Mobilplätze werden leider manchmal durch Pkw belegt, obwohl die Parkflächen für Wohnmobile reserviert sind. Die Stellplatzmöglichkeiten sind für 3, 5, 10, 20, 30, 50 und 100 Wohnmobile gestaffelt. Falls die Zahl der Wohnmobilplätze am Platz angegeben oder gekennzeichnet ist, wird die genaue Zahl der Plätze aufgeführt. Sehr große Wohnmobile sollten die Stellplätze für 3 und 5 Wohnmobile und die Plätze mit schmalen Zufahrten nicht anfahren, weil möglicherweise der Platz belegt ist und Wendemanöver nur unter Schwierigkeiten ausgeführt werden können.

Für jede Route ist eine Tabelle der Stellplätze zusammengestellt, aus der die geeigneten Plätze ausgewählt werden können. Die Tabelle gibt Auskunft über die Lage und Größe des Platzes, über die nähere Umgebung, zum Beispiel über Häuser, Gaststätten, Toiletten, Strände oder Seen. Ausführliche Informationen sind in den einzelnen Stellplatzbeschreibungen zu finden. Für die Tabellen gelten folgende Legenden:

****	sehr ruhige und sehr schöne Lage.
***	sehr ruhige und schöne Lage.
**	ruhige und gute Lage.
*	keine ruhige Lage.
A	Stellplätze gestaffelt nach 3, 5, 10, 20, 30, 50, 100 Wohnmobilen. Dabei wird bei Übernachtungsplätzen angenommen, dass nur die Hälfte des Platzes zur Verfügung steht und die andere Hälfte durch andere Fahrzeuge belegt ist.
B	Fußweg in Minuten, x über 15 Minuten Fußweg.
C	Aufenthaltsdauer in Tagen.
D	Stellplatzgebühr in Euro pro Wohnmobil und 24 Stunden.
P	Stellplatzgebühr in der Saison.
T	Aufenthaltsdauer einige Tage.
U	Aufenthaltsdauer unbegrenzt.

Wichtige Veränderungen, die nach der Drucklegung bekannt wurden, und neue Stellplätze sind auf unserer Internet-Seite: **www.ridverlag.de** unter dem Schalter Stellplatzänderungen zu finden.

Unterwegs und doch zu Hause, an den schönsten Orten Europas, wo immer unsere Reise hingeht, wir verbringen unsere Tage im eigenen Haus, mal am Meer, mal in den Bergen, mal in einer Stadt, ganz nach Lust und Laune. Wir sammeln vielfältige Eindrücke in unterschiedlichen Regionen, ohne täglich die Koffer zu packen.

Wir wünschen unseren Lesern erlebnisreiche Tage, ruhige Nächte und einen erholsamen Urlaub in Frankreich, aber auch in Deutschland, Österreich, Schweiz, Dänemark, Belgien, Holland, Luxemburg, Italien, Spanien, Griechenland, Slowenien, Kroatien oder Polen. Von diesen Ländern können wir für unbeschwertes, mobiles Reisen Stellplatzführer zur Verfügung stellen.

Freilichtmuseum im Elsass

Stellplatz in Marseillan

Null-Liste
Stellplätze ohne Gebühren

Ort	Bezeichnung	Seite
Allemagne	Château	176
Amélie les Bains	Rue des Lledoners	104
Andernos-les-Bains	Hafen	76
Angoulins	Pointe du Chay	44
Aniane	Ortsparkplatz	132
Arcachon	Allée du Arbousiers	78
Arcachon	Boulevard Mestrégat	78
Arles	Aire de Camping Car	149
Aytre	Plage des Véliplanchistes	44
Beaune	Ortsmitte	202
Beausemblant	Air de Camping Cars	200
Bellegarde	Hafen	150
Blaye	Hafen	61
Blienschwiller	Vins Spitz	214
Bollene	Centre Leclerc	158
Bourbach le Haut	L'ecole maternelle	208
Bourcefranc le chapus	Rue du Président Kennedy	51
Bormes les Mimosas	Ortsparkplatz	191
Caille	Ortsstellplatz	180
Cannes	Mall	194
Carpentras	Ortsmitte	160
Casteil	Ortsrand	105
Celles	Seeufer	132
Challans	Rue André Malraux	25
Châteauneuf-du-Pape	Château des Papes	158
Châtelaillon	Ecole les Boucholeurs	48
Châtenois	Stadtfriedhof	214
Chavanne sur l'Étang	Port d'Alsac	208
Coex	Goélettes	27
Comps	Boule-Platz	151
Comps	Le Gardon	151
Comps sur Artuby	La Grange des Roux	179
Dauphin	Ortsparkplatz	171
Domaine de Méjannes	Arena	140
Donzère	Ortsmitte	198
Draiguignan	Intermarché	182
Echillais	Rue de l'Eglise	49
Fessenheim	Piscine	209
Fontvieille	Wohnmobilplatz	150
Fouras	Place Jean Moulin	48
Gervans	Place des Amandiers	199
Givry	Ortsmitte	202
Grau d'Agde	Strand	129
Grimaud	Ortsstellplatz	193
Hartmannswiller	Ortsrand	210
Hiers Brouage	Havre de Brouage	50
Hostens	Rue de Chantegrue	82
Hyère-Ayguade	Lieu de le Mérou	190
La Bastide	Bas du village	179
La Chapelle de Guinchay	Maison de Pays	200
La Motte	Boulevard Bouis	182
La Redorte	Port la Fabrique	121
La Rochelle	Esplanade	40
La Rochelle	Plage Chef de Baie	39
La Rochelle	Port des Minimes	40
La Tranche-sur-Mer	Omnisport	37
Le Boulou	Ortsrand	104
Lègè-Cap-Ferret	Claouey	76
Le Londe les Maures	Stade Emmanuel Vitria	190
Le Muret	Aire de Muret	83
Les Cabanes de Lapalme	Aire de Repos	112
Les Portes-en-Ré	Trousse Chemiese	43
Le Verdon-sur-Mer	Wohnmobilplatz	67
Linthal	Aire de Linthal	210
Lugny	Ortsrand	201
Luzac	Avenue des Vignes	50
Malaucène	Charles de Gaulle	159
Messanges-Plage	Strandplatz	92
Mèze	Parc de Sesquier	130
Montebéliard	Rugbystadion	203
Orschwihr	Terrain de Tennis	210
Parentis en Born	Sit du Lac	84
Pelissane	Aire Camping Car	149
Perpignon	Village Catalan	106
Portel des Corbières	Caves Rocher	113
Port-la-Nouvelle	Wohnmobilplatz	113
Port-St-Louis-du-Rhône	Plage de Napoleon	142
Prissé	Groupement de Prod.	201
Riez	Ortsparkplatz	176
Riez	Ortsrand	177

Null-Liste

Stellplätze ohne Gebühren

Ort	Bezeichnung	Seite
Remoulins	Ortsmitte	152
Rochefort	Capitainerie	48
Roufach	Schwimmbad	212
Roussilion	Aire de Sage	169
Sablet	Domaine de Parandou	159
Salin-de-Giraud	Plage de Piemanson	141
Salin-de-Giraud	Wohnmobilplatz	141
Sete	Les 3 Digues	131
Sisteron	Ortsmitte	172
Soufflenheim	Ortsrand	215
Soultz	Ortsparkplatz	210
Soultzmatt	Aire kommunale	210
St-Agnant	Place du Verdun	50
St-Caprais Ferchand	Porte Gironde	61
Ste-Marie-Plage	Strandnähe	111
St-Gengoux de Scissé	Ortsrand	201
St-Georges de Didonne	Stade	58
St-Gilles	Hafen	139
St-Gilles Croix de Vie	Rue de la Rabalette	27
St-Jean d'Illac	Complexe sportif	70
St-Julien	Centre Commercial	86
St-Just Luzac	Ortsrand	51
St-Mandrier sur Mer	Stade Max Juvenal	189
St-Martin de Crau	Ort	149
St-Martin-de-Ré	Ortsmitte	42
St-Michel L'Observatoire	Aire de Camping Car	170
St-Paul	Place du Souveur Francais	61
St-Paul-lès-Durance	Wohnmobilplatz	170
St-Paul Trois Château	Chaussy	198
Straßburg	Auberge de Jeunesse	215
St-Thomas de Cognac	Ortsmitte	60
Talmont St-Hilaire-Bourg.	Ortsrand	36
Thann	Place du Bungert	208
Thorenc	Ortsrand	180
Tournon-sur-Rhone	Ortsrand	199
Trèbes	Sporthafen	120
Trois Epis	Zentrum	212
Villeneuve les Beziers	Canal du Midi	124
Villeneuve	Ortsrand	171
Willer sur Thur	Ortsparkplatz	209

Zum Nulltarif am Plage Piameson

Stellplätze ohne Gebühren in Beausemblant und am Strand von Sête

Städteliste

Stellplätze in der Nähe der Ortszentren

Stellplatz in Kayserberg

Kayserberg im Elsass

Strandliste

Stellplätze am Strand

Reiter am Strand von Ste-Maries de la Mer

Am Strand Piamason in der Camargue

Sommertag am Atlantik

Stellplatz auf der Île de Re

Angeln in der Camargue

Flamingos in der Camargue

Einsamkeit am Strand

Von der Ile de Noirmoutier bis les Sables

Tour 1

Ein willkommenes Zeichen während der Fahrt durch den Süden Frankreichs sind die Symbole für Wohnmobile, die auf einen Stellplatz und auf die Ver- und Entsorgungsmöglichkeiten hinweisen. Viele Stellplätze sind auch durch den Hinweis „Air de camping car“ gekennzeichnet. Leider wurde an den Zahlstellen der Autobahnen Personal eingespart. Die Durchfahrt wird fast ausschließlich durch die Bank- oder Kreditkarte ermöglicht. Wir vermissen das freundlich „bonjour“. Die nächste ungeliebte Zahlstelle folgt schon bald.

Für Wohnmobilisten ist dieser Küstenabschnitt ein kleines Paradies. Überall treffen wir auf freundliche Menschen. Vendée heißt diese französische Provinz, die sich südlich der Loire bis zum Atlantik erstreckt. Wir bleiben an der Küste. Touristisch ist die Vendée fast unerschlossen. Ruhige, ländliche Gebiete mit Weinbau und Sektkellereien bestimmen das Landschaftsbild im Hinterland. Breite feine, kaum bekannte Sandstrände und Dünen säumen die Küsten.

Unsere Reise verläuft südwärts. In Notre-Dame-de-Monts bestehen mehrere Übernachtungsmöglichkeiten (**NS-1, NS-2**). Wir kaufen in dieser kleinen, freundlichen Stadt Lebensmittel und Bekleidung, tanken Wasser und Dieselkraftstoff für unser Ferienhaus auf Rädern. Südlich von Notre-Dame folgt ein Traumstrand dem anderen. Die Plätze bieten viel Raum, sind nicht abgeschrankt und jetzt im Herbst fast leer. Nur ein paar Angler haben ihre Fahrzeuge hier abgestellt. Der nächste Parkplatz liegt am Plage d' Yeu, ein großer, stiller Platz in einer sehr reizvollen Landschaft. Sonnenbaden, Schwimmen, Wassersport, Angeln oder Wandern durch die Dünenlandschaft, all das trägt zu unserer großartigen Urlaubsstimmung bei. Der letzte Teil der Zufahrt zu dem Platz ist nicht befestigt, aber selbst für große und schwere Wohnmobile ohne Probleme zu befahren.

Warum nach Australien reisen? Die breiten, menschenleeren Strände sind so nah! Stundenlang wandern wir auf dem feinen, festen Sand am Küstensaum oder auf den Pfaden durch den Dünengürtel, ohne jemandem zu begegnen, nur die „Emmas“, die silberglänzenden Möwen begleiten uns. Auf der einen Seite die Gischt der Brandung und die unendliche Weite des Meeres, auf der anderen Seite gelbe, sanft gewellte Dünen. Alle Hektik, alle Probleme des Alltags sind vergessen. Aber der Atlantik ist gefährlich. Die Brandung und der Sog der Gezeiten können den Schwimmer ins tiefe Wasser ziehen oder auf das Ufer werfen und sein Leben gefährden. Baden ist deshalb nur an den bewachten Stränden erlaubt. Außerdem ist das Meer im Frühjahr und im Spätherbst viel zu kalt.

Auch vom Stellplatz in St-Jean-de-Monts ist der Strand zu erreichen (**NS-3**). Geschäfte und Restaurants sind nicht weit entfernt. Auf 48 Stunden ist der Aufenthalt begrenzt. Stromanschlüsse und Wasserversorgung sind am Platz vorhanden. Der Badeort Saint-Jean-de-Monts erinnert an die mondänen Städte an der Mittelmeerküste. Hotelbauten, Feriensiedlungen, Geschäfte, Vergnügungslokale und breite Strandpromenaden beherrschen das Ortsbild. Wer Abwechslung und touristische Attraktionen sucht, ist in diesem Badeort für zwei Tage gut aufgehoben.

Im Centre d' Animation Culturelle et Traditionelle finden mehrmals wöchentlich zweistündige Aufführungen sehenswerter Programme statt. Lieder der Vendée, Volkstänze und Ereignisse des letzten Jahrhunderts in Originalkostümen werden den Zuschauern geboten. Die Umgebung der Stadt, das Pays-de-Monts, ist ländlich geblieben. Weite Moore, das Marais de Monts und das Marais de Challans, Windmühlen, Kanäle und Gräben bestimmen das Landschaftsbild. Wander-, Rad- und Reitwege laden zu längeren Touren ein.

Vendee

Nur wenige Kilometer südlich von St-Jean-de-Monts beginnt eine weitere Kette breiter, feinsandiger Strände mit großen, befestigten Parkplätzen. Wir fahren ins Hinterland und besuchen die Stadt Challans und übernachten auf dem Platz im Zentrum (**NS-4**). Gaststätten, Geschäfte und Supermärkte sind in der Nähe. Eine Gebühr wird nicht verlangt. Ver- und Entsorgung und Stromanschlüsse sind vorhanden.

Die nächsten großen Strandparkplätze liegen in St-Hilaire (**NS-5** und **NS-6**). An der Rue de la Rabalette in St-Gilles etwas abseits von dem Trubel in der Stadt hat die Stadtverwaltung für zwei Tage einen guten Stellplatz eingerichtet (**NS-7**). Die vorgesehenen 30 Mobile stehen in einer langen Reihe nebeneinander. Eine Ver- und Entsorgungsstation ist vorhanden und ein Supermarkt ist in der Nähe. Zum Hafen und zur Innenstadt benötigt man 10 Minuten. Die Übernachtungsgebühr von 5 € wird ab 19.00 Uhr fällig.

Der Badeort Saint-Gilles-Croix-de-Vie hat seinen ursprünglichen Charakter bewahrt. Im Hafen landen Fischer ihren Fang an und am dritten Sonntag im Juli wird das Fischerfest am Hafen gefeiert. Das Meeresaquarium zeigt die Fische und Schalentiere des Atlantiks. Bekannt ist auch das Jazz-Festival von Saint-Gilles-Croix-de-Vie, das am Pfingstwochenende veranstaltet wird. Der schönste Küstenabschnitt ist die bizarre, rauhe Felsenküste im Norden, die Corniche Vendéenne, die sich von Croix-de-Vie bis nach Sion-sur-l' Ocean erstreckt.

Im Hinterland dürfen vier Wohnmobile in Coex für eine Nacht bleiben (**NS-8**). Auch hier sind Stromanschlüsse und Entsorgungseinrichtungen vorhanden. Eine Gebühr wird nicht verlangt.

Südlich von Saint-Gilles beginnt wieder der breite, flache Sandstrand mit dem Dünengürtel. Die nächsten sehr schönen Strandparkplätze finden wir in Brétignolles-sur-Mer, die Strände Plage de la Sauzaie, Plage la Pareé, Plage Gerard Marais und Plage de la Normandeliére. In Brem-sur-Mer gibt es zwei weitere Strandparkplätze, Plage de Dunes und Plage des Granges. Alle Plätze bieten sich für die Übernachtung an, obwohl sie für Mobile nicht extra ausgewiesen sind. Am Plage de la Sauzaie ist das Baden wegen der starken Brandung und einiger Felsen verboten. Am Plage les Granges verbietet ein Stauwehr an der Mündung des Flusses Granges das Schwimmen. Am Plage la Pareé in Brétignolles-sur-Mer hat man einen schönen Blick auf die unendliche Weite des Atlantiks.

In einem Vorort von Olonnes-sur-Mer stellen wir neben einer Gaststätte in einer ruhigen Umgebung unser Schlafauto auf einem ausgewiesenen Stellplatz ab (**NS-9**). Eine Ver- und Entsorgungsstation ist vorhanden. Der Aufenthalt ist nicht begrenzt. Auch in Château d'Olonne hat die Verwaltung neben dem umfangreichen Schulkomplex einen Stellplatz für Wohnmobile eingerichtet (**NS-10**). Zehn Mobile können dort 24 Stunden bleiben.

Die Stadt les Sables-d'Olonne, der bekannteste Badeort an der Küste der Vendée, war schon ein beliebter Badeort der Pariser im letzten Jahrhundert. Die im 18. Jahrhundert angelegte breite Uferpromenade, die ehrwürdigen, gepflegten Hotels, Restaurants und Unterhaltungslokale erinnern an Cannes und Nizza. Les Sables bietet alle Arten von Freizeitvergnügen und Attraktionen, Orgelkonzerte in den Kirchen, Volkstänze des Vendée, Museen mit Kunstgegenständen aus der Vorgeschichte bis zu diesem Jahrhundert, einen Zoo für Meerestiere und exotische Tiere im Zoologischen Garten.

Nicht weit vom Strand entfernt übernachten wir auf dem Stellplatz für 50 Wohnmobile (**NS-11**). Eine Schranke vor dem Platz lässt sich mit einer Kreditkarte öffnen. Die Stellplatzgebühr beträgt nur 4 € für 24 Stunden. Mehrere Gaststätten sind schnell zu erreichen. Zwei Tage dürfen wir hier bleiben, um die Stadt kennenzulernen und uns am Strand zu erholen.

Für Wanderungen und Radtouren empfiehlt sich der Forêt d' Olonne im Norden. Leider sind die Parkplätze an den Stränden abgeschrankt oder mit Verbotschildern versehen.

Vendee

Noirmoutir
l'Epine
Ile de Noirmoutir
Barbâtre
Fromentine
St-Urbain
Challans
Notre-Dame – 1-2
Notre-Dame
Perrier
St-Christophe
St-Jean-de-Monts – 3
St-Jean
Challans – 4
Les Mouettes
Commequiers
Apremont
St-Maixent
St-Hilaire – 5-6
St-Hilaire
St-Gilles – 7
St-Gilles
Coex
Coex – 8
Bretignoles
St-Julien
Brem
Varé
Olonnes – 9
Olonne
Les Sables d' Olonne – 11
Château d'Olonne
Les Sables
Château d'Olonne – 10

Vendee

Tour 1: **Von der Ile de Noirmoutir bis les Sables**

Nr.	Ort, Bezeichnung	Stellplätze A	Gasthaus	Häuser	WC	Bad See B	Ortsnähe	Entsorg. C	Parkdauer D	Parkgebühr
NS-1	**Notre-Dame, Place du Marais ****	20	+	+	-	-	x	+	2	5
NS-2	**Notre-Dame, Rue de Clairière ****	20	-	+	-	-	x	+	U	5
NS-3	**St-Jean-de-Monts, Mobilplatz ****	20	-	+	-	-	x	+	2	5
NS-4	**Challans, Rue André Malraux ****	15	+	+	-	-	x	+	1	0
NS-5	**St-Hilaire, Les Becs *****	20	+	-	-	+	x	-	1	0
NS-6	**St-Hilaire, Plage Parée Prèneau *****	30	-	-	-	+	x	-	1	0
NS-7	**St-Gilles, Rue de la Rabalette ****	30	-	+	-	-	10	+	2	5
NS-8	**Coex, Parking des Goélettes ****	4	-	+	-	-	x	+	1	0
NS-9	**Olonnes, Le Fief des Grisses ****	10	+	+	-	-	x	-	U	7
NS-10	**Château d'Olonne, Schule ****	10	+	+	-	-	x	+	1	6
NS-11	**Les Sables d'Olonne, La Plage ****	50	+	+	-	+	x	-	2	4

Legende

****	sehr ruhige und sehr schöne Lage.
***	sehr ruhige und schöne Lage.
**	ruhige und gute Lage.
*	keine ruhige Lage.
A	Stellplätze gestaffelt nach 3, 5, 10, 20, 30, 50 Wohnmobilen. Dabei wird angenommen, dass nur die Hälfte des Platzes zur Verfügung steht und die andere Hälfte durch Pkws belegt ist.
B	Fußweg in Minuten, x über 15 Minuten Fußweg.
C	Aufenthaltsdauer in Tagen.
D	Stellplatzgebühr in Euro pro Wohnmobil und 24 Stunden.
P	Stellplatzgebühr in der Saison.
T	Aufenthaltsdauer einige Tage.
U	Aufenthaltsdauer unbegrenzt.

Stellplatz am Atlantik

Sonnenuntergang am Atlantik

Stellplatz am Atlantik

85690 Notre-Dame Place du Marais** NS-1

Asphaltierter **Wohnmobilplatz** in der Ortsmitte in teilweise ruhiger Lage.

Bei Anfahrt aus dem Norden (D38) 900 m nach dem Ortsanfang Notre-Dame links zum Wohnmobilplatz abbiegen. Bei Anfahrt aus dem Süden 1,3 km nach dem Ortsanfang rechts zum Parkplatz abbiegen.
46° 50' 12" Nord, 2° 07' 34" West. 46° 50,20' Nord, 2° 07,57' West. 46,83656° Nord, 2,12611° West.

Gaststätten, Häuser, Geschäfte am Parkplatz.
Ver- und Entsorgung (Bodeneinlass) am Parkplatz.
In der Saison Wohnmobile immer anzutreffen.
Aufenthaltsdauer 48 Stunden. Ganzjährig zugänglich.
5 min Fußweg zur Ortsmitte.
Wanderungen und Radtouren im Fôret des Pays de Monts.
Besuch einer Tanz- und Musik-Aufführung im Centre d' Animation Culturelle et Traditionelle in Saint-Jean-de-Monts.
Ausflug in die Moorlandschaften Marais de Monts und Marais de Challans.
Wandern, Radtouren, Reiten, Paddeln.
Parkgebühr: 5 € pro Nacht. Wenig Schatten.
Ebene Stellflächen für 20 Wohnmobile.
Informationen: Tel. 02 51 58 83 02.

85690 Notre-Dame Rue de la Clairière** NS-2

Asphaltierter **Wohnmobilplatz** in Strandnähe in ruhiger Lage.

Bei Anfahrt aus dem Süden 1,2 km nach dem Ortsanfang Notre-Dame links dem Wohnmobil-Symbol folgen. Nach 600 m rechts und nach weiteren 100 m links Richtung aire camping car/Plage fahren. Noch 400 m bis zum Wohnmobilplatz rechts (**Rue de la Clairière**).
46° 50' 04" Nord, 2° 08' 34" West. 46° 50,07' Nord, 2° 08,57' West. 46,83445° Nord, 2,14219° West.

Häuser am Parkplatz.
Ver- und Entsorgung (Bodeneinlass) am Parkplatz.
WC in der Nähe. Müllbehälter am Platz.
Aufenthaltsdauer 48 Stunden. Ganzjährig zugänglich.
Breiter Sandstrand in der Nähe. Angeln im Meer.
Spaziergang auf der Uferpromenade.
Wanderungen und Radtouren im Fôret des Pays de Monts.
Besuch einer Tanz- und Musik-Aufführung im Centre d' Animation Culturelle et Traditionelle in Saint-Jean-de-Monts.
Ausflug zur Insel Noirmoutier und zur Jadeküste.
Ausflug in die Moorlandschaften Marais de Monts und Marais de Challans.
Wandern, Radtouren, Reiten, Paddeln.
Parkgebühr: 5 € pro Nacht.
Ebene Stellflächen für 30 Wohnmobile. Wenig Schatten.
Informationen: Tel. 02 51 58 83 02.

Am Strand

Am Plage Pont 'Yeu in Notre Dame

85160 St-Jean-de-Monts Wohnmobilplatz** NS-3

Asphaltierter **Wohnmobilplatz** am Waldrand in ruhiger und schöner Lage.

Von der D38 (Noirmoutier-St-Gilles) bei Anfahrt aus dem Norden 900 m nach dem Ortsanfang im Kreisel Richtung Centre Ville/Plages, nach 300 m im Kreisel wieder Richtung Centre Ville abbiegen. Nach weiteren 400 m dem Wegweiser Golf und nach weiteren 900 m im Großkreisel dem Wohnmobil-Symbol folgen. Noch 200 m bis zum Platz (**Rue de la Parée Jésus**).
46° 47' 35" Nord, 2° 04' 46° West. 46° 47,59' Nord, 2° 04,77' West. 46,79398° Nord, 2,07840° West.

Häuser in der Nähe. Gaststätten und Geschäfte in 600 m.
Ver- und Entsorgung am Platz. Gebühr 2 €. Wasser 2 € für 15 min..
Stromanschlüsse am Platz. Gebühr 2 €.
Aufenthaltsdauer 48 Stunden. Ganzjährig zugänglich.
Sehr breiter Sandstrand in 500 m Entfernung.
Wanderungen und Radtouren im Fôret des Pays de Monts.
Besuch einer Aufführung im Centre d' Animation Culturelle.
Ausflug in die Moorlandschaften Marais de Monts
und Marais de Challans.
Wandern, Radtouren, Reiten, Paddeln.
Fahrt zur Insel Noirmoutier und entlang der Atlantikküste.
Parken am Strand erlaubt. Übernachten verboten.
Parkgebühr: 5 €. Schatten durch einzelne Bäume.
Ebene Stellflächen für 20 Wohnmobile.
Informationen: Tel. 02 51 58 16 56.

85300 Challans Rue André Malraux** NS-4

Übernachtungsplätze auf einem Parkplatz in ruhiger und schöner Lage.

Von der Umgehungsstraße D948 Richtung Zentrum fahren. Vom inneren Ring (Boulevard Viaud Grand-Mareis) zur Rue des Plantes abbiegen. Nach 200 m links abbiegen (**Rue André Malraux**).
46° 51' 01" Nord, 1° 52' 19" West. 46° 51,02' Nord, 1° 52,31' West. 46,85030° Nord, 1,87186° West.

Häuser in der Nähe.
Gaststätten, Geschäfte, Supermarkt und Tankstelle am Platz.
Ver- und Entsorgung (Bodenrinne) am Platz.
Ganzjährig zugänglich.
Wanderungen und Radtouren an der Küste. Strandwanderungen.
Ausflug in die Moorlandschaften
Marais de Monts und de Challans.
Wandern, Radtouren, Reiten, Paddeln.
Besuch des Meeresaquariums in St-Gilles.
Fahrt entlang der Atlantikküste.
Keine Parkgebühr.
Stellmöglichkeiten für je 15 Wohnmobile.
Etwas Schatten durch Bäume am Rand.
Tel. 02 51 93 19 75.

85270 Saint Hilaire de Riez Les Becs** NS-5

Befestigte **Übernachtungsplätze** auf Parkplätzen im Ortsteil les Becs in ruhiger und schöner Lage.

Von St-Hilaire-de-Riez auf der Küstenstraße Richtung St-Jean-de-Monts fahren (D123). In Les Becs links zum Parkplatz abbiegen (**Route de Saint Jean de Monts**).
46° 45' 13" Nord, 2° 01' 07" West. 46° 45,21' Nord, 2° 01,11' West. 46,75166° Nord, 2,01755° West.

Häuser in der Nähe.
Gaststätten, Geschäfte, Supermarkt und Tankstelle in der Nähe.
Ver- und Entsorgung (Bodenrinne) am Platz. Wasser 3 €.
Müllbehälter am Platz.
Aufenthaltsdauer 3 Nächte.
Breiter Sandstrand in der Nähe.
Wanderungen und Radtouren an der Küste. Strandwanderungen.
Ausflug in die Moorlandschaften
Marais de Monts und de Challans.
Besuch des Meeresaquariums in St-Gilles.
Fahrt entlang der Atlantikküste.
Parkgebühr: 5 € für 24 Stunden.
Stellmöglichkeiten für 20 Wohnmobile.
Ebene und leicht schräge Stellflächen. Kaum Schatten.

Plage de Riez

85270 St-Hilaire-de-Riez Plage de la Parée Prèneau*** NS-6

Befestigter **Übernachtungsplatz** auf einem Parkplatz am Strand in sehr ruhiger und schöner Lage.

Von der D38 nördlich von St-Gilles und St-Hilaire Richtung les Plages/Corniche Vendéenne abbiegen. Nach 2 km rechts Richtung les Plages abbiegen (D123). Nach weiteren 3,2 km links Richtung Plage de la Parée Prèneau fahren. Noch 600 m bis zum Platz links (**Allée de la Plage Parée Prèneau**).
46° 43' 41" Nord, 1° 59' 31" West. 46° 43,69' Nord, 1° 59,52' West. 46,72725° Nord, 1,99035° West.

Breiter, feiner Sandstrand und Dünen am Parkplatz.
Ganzjährig zugänglich.
Wandern und Radtouren an der Küste. Strandwanderungen.
Fahrt auf der Corniche Vendéenne. Felsenküste.
Besuch des Meeresaquariums in St-Gilles.
Jazz-Festivals am Pfingstwochenende in St-Gilles.
Fischerfest am dritten Sonntag im Juli in St-Gilles.
Ausflug in die Moorlandschaften Marais de Monts und Marais de Challans.
Wandern, Radtouren, Reiten, Paddeln.
Keine Parkgebühr. Stellmöglichkeiten für 30 Wohnmobile.
Ebene und leicht schräge Stellflächen. Kein Schatten.
Tel. 02 51 54 31 97.

85800 Saint-Gilles Croix de Vie Rue de la Rabalette** NS-7

Asphaltierter **Wohnmobilplatz** in ruhiger und schöner Lage.

Von der D38 nördlich von St-Gilles im Kreisel nach der Brücke über den Fluss la Vie links Richtung centre ville/les ports abbiegen. Nach 100 m dem Symbol im Kreisel rechts folgen. Nach weiteren 600 m rechts Richtung Wohnmobil-Symbol fahren. Noch 200 m bis zum Wohnmobilplatz rechts (**Rue de la Rabalette**).
46° 42' 13" Nord, 1° 56' 38" West. 46° 42,22' Nord, 1° 56,64' West. 46,70367° Nord, 1,94400° West.

Häuser am Parkplatz. Supermarkt in der Nähe.
Ver- und Entsorgung (Flot bleu) am Parkplatz. Gebühr 2,50 €.
Aufenthaltsdauer 48 Stunden. Ganzjährig zugänglich.
10 min zur Innenstadt und zum Hafen.
Wanderungen und Radtouren an der Küste. Strandwanderungen.
Fahrt auf der Corniche Vendéenne (Felsenküste).
Besuch des Meeresaquariums in St-Gilles.
Jazz-Festivals am Pfingstwochenende in St-Gilles.
Ausflug in die Moorlandschaften Marais de Monts und Marais de Challans.
Parkgebühr: 5 € (19-09.00 Uhr). Kein Schatten.
Ebene und leicht schräge Flächen für 30 Mobile in einer Reihe.
Tel. 02 51 55 79 79,

85220 Coex Parking des Goélettes** NS-8

Übernachtungsplatz in ruhiger und schöner Lage.

Bei Anfahrt von St-Gilles (D6) vor der Ortsmitte rechts Richtung Brettignolles abbiegen (**Rue des Goélettes**). Noch 100 m bis zum Parking des Goélettes.
46° 41' 46" Nord, 1° 45' 52" West. 46° 41,76' Nord, 1° 45,87' West. 46,69592° Nord, 1,76458° West.

Häuser in der Nähe.
Ver- und Entsorgung am Parkplatz. Gebühr 3 €.
Stromversorgung möglich. Müllbehälter am Platz.
Aufenthaltsdauer 24 Stunden. Ganzjährig zugänglich.
Wanderungen und Radtouren.
Fahrt auf der Corniche Vendéenne (Felsenküste).
Besuch des Meeresaquariums in St-Gilles.
Jazz-Festivals am Pfingstwochenende in St-Gilles.
Ausflug in die Moorlandschaften Marais de Monts und Marais de Challans.
Keine Parkgebühr.
Schatten durch Bäume am Rand.
Ebene, asphaltierte Stellflächen für 4 Mobile.

85340 Olonne-sur-Mer Le Fief des Grisses** NS-9

Befestigter **Wohnmobilplatz** am Rand und Ende der Stichstraße in ruhiger und schöner Lage.

Bei Anfahrt aus dem Norden 200 m nach dem Ortsanfang von der D80 rechts abbiegen und dem braunen Wohnmobil-Wegweiser folgen. Noch 100 m bis zum Wohnmobilplatz (**Route des Amis de la Nature 43**).
46° 32' 11" Nord, 1° 46' 42" West. 46° 32,18' Nord, 1° 46,70' West. 46,55677° Nord, 1,81138° West.

Gaststätte am Parkplatz. Häuser am Parkplatz.
Ver- und Entsorgung am Parkplatz. Gebühr 4 €
01.03.-31.12. zugänglich. Aufenthaltsdauer nicht begrenzt.
Fahrt entlang der atlantischen Küste.
Besuch des Zoos für Meerestiere
und des Zoologischen Gartens in Les Sables-d' Olonne.
Besuch des Musée de l' Abbaye Sainte-Croix in Les Sables.
Parkgebühr: 7 € einschl. Ver- und Entsorgung. Wenig Schatten.
Ebene, befestigte Stellflächen für 10 Wohnmobile.
Auf den Parkplätzen an den Stränden im Norden
nachts Aufenthaltsverbot.
Wohnmobil-Verbot am Hafen Talmont-Bourgenay.
Tel. 02 51 33 13 21.

85180 Château d'Olonne Schulkomplex** NS-10

Übernachtungsplatz am Schulkomplex in ruhiger und guter Lage.

Von Les Sables Richtung Talmont fahren (D949) und 200 m nach dem Kreisverkehr links abbiegen (Rue Dennis Papin). Nach 300 m im Kreisverkehr rechts abbiegen (**Rue des Plesses**). Noch 50 m.
46° 29' 28" Nord, 1° 44' 33" West. 46° 29,47' Nord, 1° 44,55' West. 46,49111° Nord, 1,74250° West.

Gaststätte und Häuser am Parkplatz.
Ver- und Entsorgung (Bodenrinne) am Parkplatz. Gebühr 3 €.
Stromanschluss möglich.
Ganzjährig zugänglich. Aufenthaltsdauer 24 Stunden.
Besuch des Zoos für Meerestiere
und des Zoologischen Gartens in Les Sables-d' Olonne.
Besuch des Musée de l' Abbaye Sainte-Croix in Les Sables.
Parkgebühr: 6 € für 24 Stunden.
Kein Schatten.
Ebene, asphaltierte Stellflächen für 10 Wohnmobile.
Auf den Parkplätzen an den Stränden im Norden nachts Aufenthaltsverbot.
Wohnmobil-Verbot am Hafen Talmont-Bourgenay.

85100 Les Sables d'Olonne La Plage** NS-11

Befestigter **Übernachtungsplatz** in Strandnähe in ruhiger und guter Lage.

Von der D949 ins Stadtzentrum fahren und Richtung Chateau d'Onne zur D36 abbiegen. Nach 100 m links in die **Rue Printaniere** fahren (spitzer Winkel). Noch 300 m bis zum Platz.
46° 29' 47" Nord, 1° 46' 30" West. 46° 29,79' Nord, 1° 46,50' West. 46,49656° Nord, 1,77495° West.

Schranke vor dem Platz. Zugang mit Kreditkarte.
Gaststätte in der Nähe. Häuser am Parkplatz.
Strand und Promenade in der Nähe.
Wasser und Grauwasserentsorgung am Platz. Gebühr 3 €.
Ganzjährig zugänglich. Aufenthaltsdauer 48 Stunden.
Besuch des Zoos für Meerestiere
und des Zoologischen Gartens in Les Sables-d' Olonne.
Besuch des Musée de l' Abbaye Sainte-Croix in Les Sables.
Parkgebühr: 4 € für 24 Stunden. Kein Schatten.
Ebene, befestigte Stellflächen für 50 Wohnmobile.
Auf den Parkplätzen an den Stränden im Norden nachts Aufenthaltsverbot.
Wohnmobil-Verbot am Hafen Talmont-Bourgenay.
Tel. 02 51 23 16 00.

Strand am Atlantik

Surfen vom Stellplatz am Atlantik

Dem Atlantik nah

Von les Sables zur Ile de Ré

Tour 2

Meistens liegen die Parkplätze am Atlantik hinter einem Dünengürtel, geschützt vor Wind und Wellen, aber der Blick auf das Meer wird durch die Dünen verwehrt. Auf dieser Tour von Les Sables zur Ile de Ré können wir manchmal unmittelbar am Ufer des Atlantiks stehen. Die ersten Stellplätze liegen in Talmont und Bourgenay im Ort oder etwas abseits vom Strand (**SR-1** und **SR-2**). Geschäfte und Gaststätten sind nicht weit entfernt. Wir haben in Jard-sur-Mer an den Dünen übernachtet (**SR-3**). In St-Vincent ist der Sandstrand in der Nähe (**SR-4**). Vor den Dünen breitet sich der lange feinsandige Strand aus. An der Côte Lumière und im Forêt de Longeville kann man stundenlang wandern oder radeln.

In La Tranche-sur-Mer und in L'Aiguillon sind Übernachtungsplätze für Wohnmobile eingerichtet worden (**SR-5**, **SR-6** und **SR-7**). Der Platz an der Segelschule in l'Aiguillon liegt ruhig in einer schönen Umgebung. In La Baleine sind es nur 200 Meter bis zum Strand.

Von L'Aiguillon fahren wir hinter den Dünen am Meer entlang, bis wir den Pointe de l'Aiguillon erreicht haben und weit über die Bucht von Aiguillon und über den Atlantik bis zur Brücke nach der Ile de Ré blicken können. Die Parkplätze hinter den Dünen sind für eine Übernachtung geeignet, aber nicht für Wohnmobile ausgewiesen. Aber in Marans besteht die Möglichkeit, am Hafenamt oder unmittelbar am Ufer des Kanals auf offiziellen Plätzen das Ferienhaus auf Rädern abzustellen (**SR-8** und **SR-9**). Auf beiden Plätzen darf man allerdings nur 24 Stunden bleiben.

In einem großen Bogen müssen wir die Bucht von Aiguillon umfahren. Romantisch ist der Aufenthalt unmittelbar am Ufer des Atlantiks. Bei aufgewühlter See spritzt die Gischt gegen das Wohnmobil, bei Ebbe kann man weit über die glitschige Wattfläche der Bucht laufen und den Austernfischern zusehen. Wenn der Sturm heftig an den Wänden des Wohnmobils rüttelt, sollte man lieber die Flucht ergreifen. Das Fischerdorf Ernandes zeigt noch sein ursprüngliches mittelalterliches Aussehen. Wenig Angriffsfläche hat der Wind bei den niedrigen, geduckten Häuser der Fischer und Händler. Die romanische Kirche aus dem 14. Jahrhundert trotzt mit ihren dicken Mauern der Witterung.

Ausgangspunkt für die Besichtigung und den Stadtbummel von La Rochelle können mehrere Übernachtungsplätze sein. Der große, schon gelegene, asphaltierte Parkplatz an der Brücke zur Ile de Ré, der Aire de Belvédére, wird leider durch Verkehrsgeräusche beeinflusst und ist leider nicht für Wohnmobile ausgewiesen. Sehr ruhig, aber etwas weit von der Stadt entfernt liegt der Platz am Chef de Baie (**SR-10**). Zur Stadtbesichtigung eignet sich gut der Stellplatz an der Esplanade (**SR-11**). Am Bootshafen kann man zum Strand gehen, einkaufen und Gaststätten besuchen (**SR-12**). Auch von dem Platz an der Avenue Jean Moulin ist man schnell in der Innenstadt (**SR-13**).

Die bedeutende Hafenstadt La Rochelle hat viel zu bieten. Das touristische Zentrum und der alte Hafen werden von zwei Türmen der mittelalterlichen Befestigungsanlage flankiert, dem Tour de la Chaîne und dem Tour Saint-Nikolas. Der dritte und schönste Turm der Stadt ist der Tour de la Lanterne aus dem 15. Jahrhundert. Von der achteckigen Ballustrade haben wir einen schönen Rundblick über Hafen und Stadt. Die Porte de la Grosse Horloge schräg gegenüber der Hafeneinfahrt bildete das Eingangstor zum Vieux Port.

Wir schlendern vom Hafen zum alten Rathaus aus dem 16. Jahrhundert und zum Stadtpalast Maison Henri II von 1555 mit sehenswerten, feinen Steinmetzarbeiten an der Galerie. In der Nähe steht die Cathédrale Saint-Louis, eine unvollendete, im klassizistischen Stil begonnene Kirche. Eine klassizistische Fassade hat auch die protestantische Kirche, als Temple Protestant bezeichnet.

Im Aquarium sehen wir viele Arten von Meeresfischen aus dem Nordatlantik, im Musée d' Orbigny-Bernon sind kunstvolle Glas- und Porzellangegenstände ausgestellt, im ehemaligen Bischofspalast ist das Musée des Beaux Arts mit Werken aus den 16. bis 19. Jahrhundert untergebracht.

Unsere Fahrt führt uns nun über die 30 Meter hohe Brücke zur nur 2,5 Kilometer entfernten Ile de Ré. Die Insel ist 25 Kilometer lang, aber manchmal nur wenige Hundert Meter oder bis zu 3 Kilometer breit. Im Ort Rivedoux hat die Gemeinde einen Wohnmobilplatz eingerichtet (**SR-14**). Der Atlantik liegt uns zu Füßen, tief genug, so dass uns Wellen, Brandung und Gischt nicht erreichen. Gaststätten und Geschäfte sind in unmittelbarer Nähe. Der feinsandige Strand und das Meer locken uns zum Faulenzen und Baden.

In dem Badeort La Flotte steht am Meer das Fort de la Prée mit einem sternförmigen Grundriss. Es wurde im 17. Jahrhundert von Louis XIII. erbaut und ist heute noch ein beeindruckendes Bauwerk.

Einsam auf dem Feld erblicken wir nördlich von Rivedoux die Ruinen der Abbaye des Châteliers aus dem 12. Jahrhundert. Um einzukaufen und den Ort zu erkunden fährt man am besten in die alte, sehenswerte Stadt St-Martin-de-Ré, Hauptort der Insel. In der Nähe des Zentrums kann man sein rollendes Zuhause abstellen (**SR-15**). Sehenswürdigkeiten sind die Zitadelle, der Parc de la Babette und das Musée Naval, in dem alte Schiffsmodelle, Seekarten und nautische Instrumente gezeigt werden.

In Ars-en-Ré diente der auffällige schwarze Turm der Kirche Saint-Etienne als Seezeichen. An der Küste werden Austern gezüchtet und in den Lagunen Salz gewonnen. In den kleinen Restaurants in den engen Gassen isst man gern Spezialitäten des Meeres und der Insel. Auch die Weine von der Ile de Ré sind von vorzüglicher Qualität.

Am westlichen Ende der Insel blinkt der Leuchtturm Phare des Baleines ins Meer hinaus. Der alte Leuchtturm duckt sich hinter dem neuen hohen Turm. An der Felsküste führen Pfade entlang. Zwischen Leuchtturm und dem großen asphaltierten Parkplatz haben sich Geschäfte, Gaststätten und Vergnügungsanlagen ausgebreitet. Der Parkplatz kann für eine Übernachtung genutzt werden, ist aber für Mobile nicht gekennzeichnet. Deshalb stellen wir unser Schlafmobil in St-Clement in der Nähe des Strandes ab (**SR-16**). In der Bäckerei und im Supermarkt ergänzen wir unsere Vorräte.

Für den Badeurlaub eignen sich besser die Parkplätze im Norden der Insel, in Les Portes-en-Ré (**SR-17** und **SR-18**). Zwei bis vier Tage ist der Aufenthalt gestattet. Dünen und Sand bestimmen das Bild an diesem Küstenabschnitt. Segeln und Surfen kann man auf einem kleinen See hinter der Küste in einer Segelschule erlernen.

Am schönsten liegt der Übernachtungsplatz am Pointe de Grouin bei Loix. Bei Flut liegt der Atlantik uns zu Füßen. Aus der Ferne grüßen die Ruinen der Abbaye des Châteliers und die hohe Brücke zum Festland. Das Meer ist in dieser Bucht ziemlich ruhig, die Brandung nur schwach. Leider weist kein Wohnmobilschild auf die Übernachtungsmöglichkeit hin.

Wir fahren wieder Richtung Festland und bleiben auf dem Wohnmobilstellplatz in Le Bois-Plage-en-Ré in der Nähe des Strandes, um Meer und Sand zu genießen (**SR-19**).

Auf der Weiterfahrt entlang der Atlantikküste bleiben wir in Aytre, eine Stadt im Süden von La Rochelle. Der Stellplatz in der Nähe des Strandes liegt allerdings etwas einsam, weit entfernt von den Häusern des Ortes (**SR-20**). Sehr ruhige, gute und gebührenfreie Stellplätze sind auch im Nachbarort Angoulins am Segelclub (**SR-21**) und an der Sporthalle (**SR-22**) zu finden. Auf der Île de Ré und an der Küste nördlich und südlich von La Rochelle kann der Wohnmobiltourist einen längeren, erholsamen und erlebnisreichen Urlaub genießen.

Am Strand von Loix

Charente-Maritime Nord

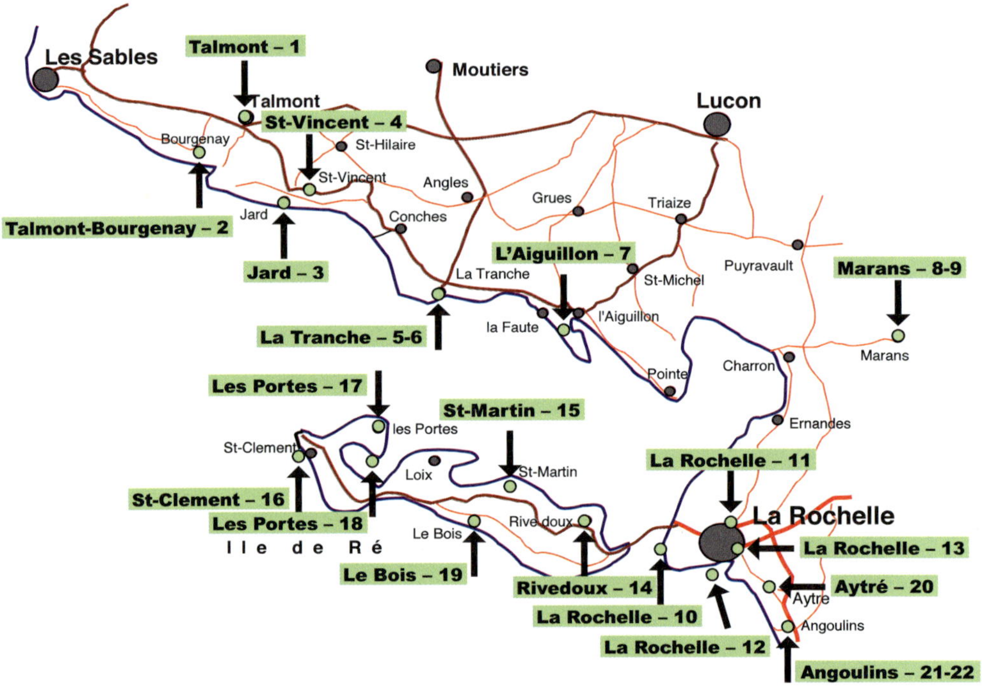

Tour 2: **Von Les Sables zur Ile de Ré**

Nr.	Ort, Bezeichnung	Stell-plätze A	Gast-haus	Häu-ser	WC	Bad See B	Orts-nähe	Ent-sorg. C	Park-dauer D	Park-gebühr
SR-1	**Talmont, Rue de Gâtines ****	16	+	+	-	+	6	+	2	0
SR-2	**Talmont-Bourgenay, Ortsrand ****	10	+	+	-	+	8	+	2	0
SR-3	**Jard, Port de Plaisance ****	5	+	+	-	+	x	+	1	4
SR-4	**St-Vincent, Rue du Goulet ****	10	-	+	-	+	x	+	1	5
SR-5	**La Tranche, Omnisport ****	10	-	+	-	-	x	+	1	0
SR-6	**La Tranche, La Baleine ****	12	-	+	-	+	x	-	1	7
SR-7	**L'Aiguillon, Ecole de Voile *****	20	-	+	-	+	x	+	1	5
SR-8	**Marans, Hafen ****	3	-	+	-	-	7	+	1	6
SR-9	**Marans, Bateaux ****	10	-	+	-	-	10	+	1	P
SR-10	**La Rochelle, Chef de Baie *****	30	+	-	+	+	x	-	1	0
SR-11	**La Rochelle, Esplanade ****	30	+	+	-	-	10	+	1	0
SR-12	**La Rochelle, Port de Minimes ****	50	+	+	-	+	x	-	1	0
SR-13	**La Rochelle, Av. Jean Moulin ****	50	+	+	-	-	x	-	1	10
SR-14	**Rivedoux, Aire de Camping car ****	18	+	+	-	-	x	+	1	12
SR-15	**St-Martin, Ortsmitte ****	17	+	+	-	-	4	+	3	10
SR-16	**St-Clement, Baleines *****	50	-	+	-	-	x	+	U	10
SR-17	**Les Portes, Trousse Chemise *****	10	-	+	-	+	x	+	4	0
SR-18	**Les Portes, de la Patache *****	10	-	+	+	+	x	+	2	10
SR-19	**Le Bois, Campéole ****	35	-	+	+	+	x	+	3	12
SR-20	**Aytré, Plage des Véliplanchistes****	10	-	-	-	+	x	+	1	0
SR-21	**Angoulins, Pointe du Chay ****	20	-	-	-	+	x	-	2	0
SR-22	**Angoulins, Salle Omnisport ****	30	-	-	-	-	x	+	1	0

Legende

****	sehr ruhige und sehr schöne Lage.
***	sehr ruhige und schöne Lage.
**	ruhige und gute Lage.
*	keine ruhige Lage.
A	Stellplätze gestaffelt nach 3, 5, 10, 20, 30, 50 Wohnmobilen. Dabei wird angenommen, dass nur die Hälfte des Platzes zur Verfügung steht und die andere Hälfte durch Pkws belegt ist.
B	Fußweg in Minuten, x über 15 Minuten Fußweg.
C	Aufenthaltsdauer in Tagen.
D	Stellplatzgebühr in Euro pro Wohnmobil und 24 Stunden.
P	Stellplatzgebühr in der Saison.
T	Aufenthaltsdauer einige Tage.
U	Aufenthaltsdauer unbegrenzt.

85440 Talmont St-Hilaire Rue de Gâtines** SR-1

Wohnmobilplatz im Ort in einer Grünanlage in ruhiger und guter Lage.

Von der Durchfahrtsstraße (D949) in der Ortsmitte Richtung Nieul abbiegen (D4). Nach 200 m rechts in die **Rue de Gâtines** fahren. Noch 100 m.
46° 28' 04" Nord, 1° 37' 02" West. 46° 28,07' Nord, 1° 37,03' West. 46,46774° Nord, 1,61671° West.

Gaststätte und Geschäfte in der Nähe. Häuser am Parkplatz.
Ver- und Entsorgung am Platz. Wasser 3 €.
Ganzjährig zugänglich. Aufenthaltsdauer 48 Stunden.
6 Minuten Fußweg zur Ortsmitte.
Fahrt entlang der Côte de Lumière (Lichtküste).
Besichtigung der Burgruine in Talmont-Saint-Hilaire.
Besuch des Musée Automobil de Vendée in Talmont-Saint-Hilaire.
Besuch des Zoos für Meerestiere
und des Zoologischen Gartens in Les Sables-d'Olonne.
Parkgebühr: 5 € für 24 Stunden (Juni-September).
Ebene Stellflächen für 16 Mobile. Tel. 02 51 90 65 10.

85440 Talmont St-Hilaire-Bourgenay Ortsrand** SR-2

Wohnmobilplatz in Strandnähe in ruhiger und guter Lage.

Von Talmont Richtung Bourgenay/Plage fahren und in Bourgenay links in die **Avenue de la Plage** abbiegen und bis zum Platz Parking Chateau Guibert fahren:
46° 26' 22" Nord, 1° 39' 41" West. 46° 26,36' Nord, 1° 39,69' West. 46,43933° Nord, 1,66150° West.

Gaststätte in der Nähe. Häuser am Parkplatz.
Ver- und Entsorgung am Platz.
Ganzjährig zugänglich. Aufenthaltsdauer 48 Stunden.
8 Minuten Fußweg zur Ortsmitte.
Sandstrand in der Nähe.
Fahrt entlang der Côte de Lumière (Lichtküste).
Besichtigung der Burgruine in Talmont-Saint-Hilaire.
Besuch des Musée Automobil de Vendée in Talmont-Saint-Hilaire.
Besuch des Zoos für Meerestiere und des Zoologischen Gartens in Les Sables-d'Olonne.
Keine Parkgebühr. Ebene Stellflächen für 10 Wohnmobile.
Informationen: Tel. 02 51 90 60 42.

85520 Jard-sur-Mer Port de Plaisance** SR-3

Asphaltierter **Wohnmobilplatz** am Strand und Hafen in schöner Lage.

Bei Anfahrt von la Tranche (D21) 500 m nach dem Ortsanfang links Richtung Port de Plaisance abbiegen. Nach weiteren 4,8 km rechts, nach 300 m links und nach weiteren 900 m wieder links Richtung Port de Plaisance fahren. Noch 200 m bis zum Wohnmobilplatz rechts (**Rue des Goffineaux**).
46° 24' 38" Nord, 1° 35' 36" West. 46° 24,63' Nord, 1° 35,60' West 46,41056° Nord, 1,59340° West.

Blick auf Hafen und Meer.
Gaststätte und Häuser am Parkplatz. Geschäfte in der Nähe.
Ver- und Entsorgung (Bodeneinlass) am Platz.
Müllsammlung am Parkplatz.
Verkehrsgeräusche durch Nebenstraße.
Zugänglich vom 01.01.–31.12. Aufenthaltsdauer 48 Stunden.
Schmaler Sandstrand am Parkplatz.
Fahrt entlang der Côte de Lumière (Lichtküste).
Besichtigung der Burgruine in Talmont-Saint-Hilaire.
Besuch des Musée Automobil de Vendée in Talmont-Saint-Hilaire.
Besuch des Zoos für Meerestiere
und des Zoologischen Gartens in Les Sables-d'Olonne.
Besuch des Musée de l'Abbaye Sainte-Croix in Les Sables.
Parkgebühr: 6 €. 10 € für 48 Stunden. Kein Schatten.
Ebene, asphaltierte Stellflächen für 10 Wohnmobile.
Ausweichparkplatz 1 km geradeaus fahren und rechts abbiegen.
Informationen: Tel. 02 51 33 40 17.

85520 St-Vincent sur Jard Rue du Goulet** SR-4

Übernachtungsplätze in Strandnähe in ruhiger und schöner Lage.

Bei Anfahrt von la Tranche (D21) 300 m nach dem Ortsanfang St-Vincent links im Kreisel Richtung La Plage abbiegen. Nach weiteren 500 m rechts Richtung Plage Belesbat fahren und zur **Rue du Goulet** abbiegen.
46° 24' 38" Nord, 1° 32' 23" West. 46° 24,63' Nord, 1° 32,38' West. 46,41059° Nord, 1,53974° West.

Häuser am Platz. Sandstrand in der Nähe.
Ver- und Entsorgung am Platz. Wasser 3 €
Stromanschluss möglich. Gebühr 2 €.
Ganzjährig zugänglich. Aufenthaltsdauer 24 Stunden.
Fahrt entlang der Côte de Lumière (Lichtküste).
Besichtigung der Burgruine in Talmont-Saint-Hilaire.
Besuch des Musée Automobil de Vendée in Talmont-Saint-Hilaire.
Parkgebühr: 5 € für 24 Stunden (01.05.-31.10.).
Ebene, befestigte Stellflächen für 10 Mobile.
Schatten durch Bäume am Rand.
Tel. 02 51 33 62 06.

Am Plage Belesbat

Auf der Île de Ré

85360 La Tranche-sur-Mer Omnisport** SR-5

Zwei asphaltierte **Wohnmobilplätze** am Stadion und am Salle omnisport (Sporthalle) in ruhiger Lage.

Von der D105 (Longeville-La Tranche) bei Anfahrt von L'Aiguillon 200 m nach dem Ortsanfang im Kreisel rechts Richtung Centre abbiegen. Nach weiteren 400 m links Richtung Phare fahren. Im Kreisel nach weiteren 4,2 km – 100 m nach dem Ortsanfang – geradeaus und nach 400 m im Kreisel halblinks dem Symbol folgen. Noch 500m bis zum ersten Platz rechts. Zum 2. Platz nach 500m rechts Richtung Les Flouralis/Symbol fahren. Noch 700 m bis zum 2. Mobilplatz rechts (**Boulevard Petite Hollande**).
46° 21' 00" Nord, 1° 26' 50" West. 46° 21,00' Nord, 1° 26,84' West. 46,35000° Nord, 1,44733° West.

Häuser und Turnhalle in der Nähe.
Am ersten Platz Geräuschbelästigung durch Zufahrtsstraße.
Ver- und Entsorgung (Bodeneinlass). Gebühr 2 €. Wasser 3 €.
Müllbehälter an den Plätzen.
Aufenthaltsdauer 24 Stunden. Ganzjährig zugänglich.
Wandern und Radtouren an der Küste.
Fahrt entlang der Côte de Lumière (Lichtküste).
Besichtigung der Steingräber bei Le Bernard.
Besuch des Musée Automobil de Vendée in Talmont-Saint-Hilaire.
Besuch des Fossilienmuseums in La Tranche-sur-Mer.
Parkgebühr: 7 € für 24 Stunden. Wenig Schatten.
Ebene, asphaltierte Stellflächen für 10 Wohnmobile.
Informationen: 02 51 30 37 01.

85360 La Tranche-sur-Mer La Baleine** SR-6

Wohnmobilplätze in Strandnähe in ruhiger und guter Lage.

Von der D105 im Kreisel Richtung Phare abbiegen (D105, Avenue Maurice Samson). Nach 2,4 km links in die **Rue du Phare** fahren. Noch 2,1 km bis zum Platz links.
46° 20' 35" Nord, 1° 27' 44" West. 46° 20,58' Nord, 1° 27,73' West. 46,34305° Nord, 1,46211° West.

Häuser am Platz. Strand in der Nähe (200 m).
Ver- und Entsorgung am Salle des Omnisports.
Müllbehälter am Platz.
Aufenthaltsdauer 24 Stunden. Ganzjährig zugänglich.
Wandern und Radtouren an der Küste (Côte de Lumière).
Fahrt entlang der Côte de Lumière (Lichtküste).
Besichtigung der Steingräber bei Le Bernard.
Besuch des Musée Automobil de Vendée in Talmont-Saint-Hilaire.
Besuch des Fossilienmuseums in La Tranche-sur-Mer.
Parkgebühr: 7 € für 24, 12 € für 48 Stunden (Juni-August).
Ebene, befestigte Stellflächen für 12 Wohnmobile. Kein Schatten.
Informationen: 02 51 30 33 96.

85460 L'Aiguillon Ecole de Voile*** SR-7

Fein geschotterter **Wohnmobilplatz** an der Segelschule in sehr ruhiger und schöner Lage.

Bei Anfahrt von Lucon (D746) 600 m nach dem Ortsanfang Richtung La Tranche fahren und dem Wohnmobil-Symbol folgen. Nach weiteren 800 m links abbiegen (kein Wegweiser). Noch 100 m bis zum Parkplatz links. Bei Anfahrt von La Tranche nach der Brücke rechts Richtung La Rochelle fahren. Nach 600 m rechts abbiegen (kein Wegweiser). Noch 100 m bis zum Parkplatz links (**Avenue Amiral Courbet**).
46° 19' 54" Nord, 1° 18' 29" West. 46° 19,90' Nord, 1° 18,48' West. 46,33159° Nord, 1,30797° West.

Blick auf den Hafen. Häuser am Parkplatz.
Segelschule und Sportboothafen am Parkplatz.
Ver- und Entsorgung am Parkplatz. Wasser 2 €.
Stromversorgung möglich. Müllbehälter am Parkplatz.
Aufenthaltsdauer 24 Stunden. Ganzjährig zugänglich.
Strand in der Nähe. Angeln im Hafen und im Meer.
Touristinformation in der Nähe.
Wandern und Radtouren an der Küste und im Forêt Domaniale.
Besichtigung von Lucon: Cathédrale Notre-Dame, Jardin Dumaine.
Besuch des Fossilienmuseums in La Tranche-sur-Mer.
Parkgebühr: 6 € für 24 Stunden. Kein Schatten.
Ebene Stellflächen für 20 Wohnmobile.
Informationen: Tel. 02 51 56 40 31.

17230 Marans Hafen** SR-8

Übernachtungsplätze auf einem Parkplatz am Hafenamt in ruhiger und schöner Lage.

Von der N137 im Ort Richtung Hafen/Hafenamt abbiegen (Rue Madame Lenfant) und am Straßenende rechts abbiegen (Rue du Grand Both). Am Straßenende links fahren (**Quai du 11 Novembre**). Noch100 m.
46° 18' 47" Nord, 0° 59' 53" West. 46° 18,78' Nord, 0° 59,88' West. 46,31293° Nord, 0,99805° West.

Häuser und Bäckerei am Parkplatz.
Hafenamt am Parkplatz.
Ver- und Entsorgung am Parkplatz. Gebühr 2 €.
Müllbehälter am Parkplatz.
Aufenthaltsdauer 24 Stunden. Ganzjährig zugänglich.
Angeln im Hafen und im Fluss.
7 Minuten Fußweg zur Innenstadt.
Wandern und Radtouren an der Küste und im Flusstal.
Besichtigung von Lucon: Cathédrale Notre-Dame, Jardin Dumaine.
Besuch des Fossilienmuseums in La Tranche-sur-Mer.
Keine Parkgebühr. Kein Schatten. Ebene, asphaltierte Stellflächen für 3 Wohnmobile.
Tel. 05 46 01 47 05.

17230 Marans Bateaux** SR-9

Übernachtungsplätze auf einem Parkplatz am Flussufer in ruhiger und schöner Lage.

Bei Anfahrt aus dem Norden von der N137 400 m nach dem Ortsanfang vor der Kanalbrücke rechts abbiegen (**Quai du Maréchal Foch**). Noch 100 m bis zum Platz am Kanal.
46° 18' 41" Nord, 0° 59' 38" West. 46° 18,70' Nord, 0° 59,64' West. 46,31171° Nord, 0,99402° West.

Blick auf den Fluss. Häuser und Geschäfte in der Nähe.
Ver- und Entsorgung am Parkplatz. Gebühr 2 €.
Bänke und Tische und Müllbehälter am Parkplatz.
Aufenthaltsdauer 24 Stunden. Ganzjährig zugänglich.
Fahrrad- und Bootsverleih in der Nähe.
Angeln im Fluss.
10 Minuten Fußweg zur Innenstadt.
Wandern und Radtouren an der Küste und im Flusstal.
Besichtigung von Lucon: Cathédrale Notre-Dame, Jardin Dumaine.
Besuch des Fossilienmuseums in La Tranche-sur-Mer.
Parkgebühr. Schatten durch Bäume am Rand.
Ebene Stellflächen für 10 Wohnmobile auf Grasflächen.
Tel. 05 46 01 10 29.

17000 La Rochelle Plage Chef de Baie*** SR-10

Von Büschen und Bäumen umgebener, befestigter **Wohnmobilplatz** in sehr ruhiger und schöner Lage.

Von der Schnellstraße an der Ausfahrt Port Neuf/Chef de Baie abfahren. Nach 600 m halblinks fahren und nach weiteren 800 m im Kreisel dem Wegweiser Chef de Baie folgen. Nach 200 m halblinks und nach weiteren 1,1 km im Kreisel geradeaus Richtung Chef de Baie fahren. Noch 100 m bis zum Platz camping car.
46° 09' 14" Nord, 1° 11' 57" West. 46° 09,24' Nord, 1° 11,95' West. 46,15407° Nord, 1,19917° West.

Gaststätte mit Aussichtsterrasse am Parkplatz.
Blick auf den Atlantik und die Brücke zur Ile de Ré.
WC im Gaststättengebäude. Müllbehälter am Parkplatz.
Sand- und Steinstrand am Parkplatz.
Aufenthaltsdauer nicht begrenzt. Ganzjährig zugänglich.
Besichtigung von La Rochelle: Tour Saint-Nicolas, Tour de la Chaîne, Tour de la Lanterne, Hôtel de Ville, Maison Henri II, Cathédrale Saint-Louis, Temple Protestant.
Besuch des Musée d'Orbigny-Bernon, des Musée des Beaux Arts und des Aquariums.
Fahrt zur Ile de Ré.
Keine Parkgebühr. Teilweise Schatten.
Ebene und leicht schräge Stellflächen für 30 Wohnmobile.
Informationen: Tel. 05 46 41 14 68.

Sportboothafen in La Rochelle

17000 La Rochelle Esplanade** SR-11

Asphaltierter Großparkplatz mit **Übernachtungsplätzen** am Rand der Innenstadt in ruhiger Lage.

Von der Schnellstraße Richtung centre ville fahren und den Wegweisern Esplanade folgen. Bei Anfahrt vom Hafen (Vieux Port) Richtung centre ville fahren und 300 m nach dem Beginn der **Esplanade des parcs** links zum Parkplatz abbiegen.

Gaststätten und Geschäfte in der Nähe. Häuser am Parkplatz.
Ver- und Entsorgung (Bodeneinlass) und Müllbehälter am Platz.
Parkanlage und Trimm-Pfad am Parkplatz.
10 Minuten Fußweg zur Innenstadt.
Wohnmobile fast immer anzutreffen.
Aufenthaltsdauer nicht begrenzt. Ganzjährig zugänglich.
Besichtigung von La Rochelle: Tour Saint-Nicolas, Tour de la Chaîne, Tour de la Lanterne, Hôtel de Ville, Maison Henri II, Cathédrale Saint-Louis, Temple Protestant.
Besuch des Musée d'Orbigny-Bernon, des Musée des Beaux Arts. und des Aquariums. Fahrt zur Ile de Ré.
Keine Parkgebühr. Kein Schatten.
Ebene Stellflächen für 30 Mobile.
Informationen: Tel 05 46 51 11 40.

17000 La Rochelle Port des Minimes** SR-12

Großparkplätze mit **Übernachtungsplätzen** am Sportboothafen in ruhiger und schöner Lage.

Von der N137 an der Ausfahrt Centre Ville Richtung Port de Minimes fahren und nach 1,3 km links, nach 300 m halblinks Richtung Port de Minimes abbiegen. Nach weiteren 1,4 km links Richtung Rochefort fahren und nach 1,2 km rechts Richtung Port de Minimes abbiegen. Diesem Wegweiser nach 600 m im Kreisel halbrechts, nach 1,1 km im Kreisel links und nach weiteren 600 m rechts folgen. Nach 400 m wird der erste und nach 600 m der zweite Parkplatz am Basin Lazaret erreicht (**Avenue de la Capitainerie**).
46° 08' 29" Nord, 1° 10' 12" West. 46° 08,48' Nord, 1° 10,20' West. 46,14226° Nord, 1,16734° West.

Gaststätten, Geschäfte und Häuser am Parkplatz. WC am Platz.
Ver- und Entsorgung (Bodeneinlass) am Parkplatz Esplanade.
Sportboothäfen und Sandstrand am Platz. Müllbehälter am Platz.
Aufenthaltsdauer 24 Stunden. Ganzjährig zugänglich.
Besichtigung von La Rochelle: Tour Saint-Nicolas, Tour de la Chaîne, Tour de la Lanterne, Hôtel de Ville, Maison Henri II, Cathédrale Saint-Louis, Temple Protestant.
Besuch des Musée d'Orbigny-Bernon, des Musée des Beaux Arts und des Aquariums. Fahrt zur Ile de Ré.
Keine Parkgebühr. Kein Schatten.
Ebene Stellflächen für 50 Mobile.
Informationen: Tel. 05 46 30 34 00.

17000 La Rochelle Avenue Jean Moulin** SR-13

Durch Grünstreifen aufgelockerter Parkplatz mit **Übernachtungsplätzen** in Stadtnähe in ruhiger Lage.

Von der N137 Richtung centre ville fahren (Avenue André Sautel) und nach 1,1 km links dem Wegweiser Vieux Port/centre ville folgen. Nach 100 m in die **Avenue Jean Moulin** einbiegen. Noch 700 m.
46° 09' 21" Nord, 1° 08' 35" West. 46° 09,35' Nord, 1° 08,59' West. 46,15255° Nord, 1,13988° West.

Gaststätten und Geschäfte in der Nähe. Häuser am Parkplatz.
Ver- und Entsorgung (Bodeneinlass) und Müllbehälter am Platz.
Aufenthaltsdauer 24 Stunden. Ganzjährig zugänglich.
Kostenloser Shuttle zur Innenstadt.
Besichtigung von La Rochelle: Tour Saint-Nicolas, Tour de la Chaîne, Tour de la Lanterne, Hôtel de Ville, Maison Henri II, Cathédrale Saint-Louis, Temple Protestant.
Besuch des Musée d'Orbigny-Bernon, des Musée des Beaux Arts und des Aquariums. Fahrt zur Ile de Ré.
Parkgebühr: 10 € für 24 Stunden inkl Ver- und Entsorgung.
Ebene, asphaltierte Stellflächen für 50 Mobile. Wenig Schatten.
Informationen: Tel 05 46 41 14 68.

17940 Rivedoux-Plage Aire de camping car** SR-14

Asphaltierter **Wohnmobilplatz** am Ortsrand in ruhiger Lage.

Von der Schnellstraße D735 (La Rochelle-Ile de Ré) hinter der Brücke zur Ile de Ré geradeaus und nach 900 m im Kreisel geradeaus fahren. Nach weiteren 200 m links abbiegen (kein Schild). Noch 100 m bis zum Parkplatz links. Bei Anfahrt von der Ile de Ré 2,1 km nach dem Ortsanfang Rivedoux links in die Rue du Fort einbiegen. Noch 100 m bis zum Parkplatz (**Avenue Sénateur Gustave Perreau 125**).
46° 09' 32" Nord, 1° 16' 06" West. 46° 09,53' Nord, 1° 16,10' West. 46,15920° Nord, 1,27150° West.

Gaststätten und Geschäfte in der Nähe. Häuser am Parkplatz.
Strand in der Nähe. 6 Minuten Fußweg zur Ortsmitte.
Aufenthaltsdauer 24 Stunden. 15.06.-15.09. zugänglich.
Ver- und Entsorgung und WC am Platz. Gebühr 7 € (Jeton).
Wanderungen und Radtouren auf der Ile de Ré.
Besichtigung von La Flotte: Abbay des Châteliers, Fort de la Prée.
Besichtigung von Saint-Martin-de-Ré: Zitadelle, Musée Naval.
Besichtigung von La Rochelle: Tour Saint-Nicolas, Tour de la Chaîne, Tour de la Lanterne, Hôtel de Ville, Maison Henri II, Cathédrale Saint-Louis, Temple Protestant.
Besuch des Musée d'Orbigny-Bernon, des Musée des Beaux Arts und des Aquariums in La Rochelle.
Parkgebühr: 12 €. Kein Schatten.
Ebene Stellflächen für 18 Wohnmobile.
Informationen: Tel. 05 46 09 39 39.

Stellplatz am Atlantik

17410 St-Martin-de-Ré Ortsmitte** SR-15

Asphaltierter **Übernachtungsplatz** am Ortsrand in ruhiger Lage.

Von der D735 auf der Ile de Ré Richtung St-Martin abbiegen und dem Wegweiser camping municipal zur Ortsmitte folgen (**Rue des rempart**).
46° 12' 11" Nord, 1° 22' 04" West. 46° 12,19' Nord, 1° 22,07' West. 46,20317° Nord, 1,36783° West.

Gaststätten und Häuser am Parkplatz. Geschäfte in der Nähe.
Ver- und Entsorgung am Platz. Gebühr 4 € (Jeton).
Aufenthaltsdauer 72 Stunden. Ganzjährig zugänglich.
4 Minuten Fußweg zur Ortsmitte.
Wanderungen und Radtouren auf der Ile de Ré.
Besichtigung von La Flotte: Abbay des Châteliers, Fort de la Prée.
Besichtigung von St-Martin: Zitadelle,
Parc de la Barbette, Musée Naval.
Besichtigung von La Rochelle: Tour Saint-Nicolas,
Tour de la Chaîne, Tour de la Lanterne, Hôtel de Ville,
Maison Henri II, Cathédrale Saint-Louis, Temple Protestant.
Parkgebühr: 10 € für 24 Std.
Ebene und leicht schräge Stellflächen für 17 Mobile.
Wenig Schatten.
Informationen: Tel. 05 46 09 21 96.

17590 St-Clement La Conche des Baleines*** SR-16

Asphaltierter **Wohnmobilplatz** am Sauvage Camp in sehr ruhiger Lage.

Bei Anfahrt aus dem Süden Richtung Ortsmitte fahren (D735). 200 m vor der Ortsmitte links Richtung Atlantik abbiegen (Rue de la Dique) und nach 500 m scharf links zur **Rue de la Foret** fahren. Noch 50 m.
46° 13' 38" Nord, 1° 32' 47" West. 46° 13,64' Nord, 1° 32,79' West. 46,22741° Nord, 1,54645° West.

Blick auf die Dünen.
Bäckerei und Supermarkt, Häuser am Parkplatz.
Ver- und Entsorgung am Platz. Gebühr 3 € (Jeton).
Stromanschluss möglich.
Ganzjährig zugänglich. Aufenthaltsdauer nicht begrenzt.
Wanderungen und Radtouren auf der Ile de Ré.
Besichtigung von La Flotte: Abbay des Châteliers, Fort de la Prée.
Besichtigung von Saint-Martin-de-Ré: Zitadelle,
Parc de la Barbette, Musée Naval.
Besichtigung von La Rochelle: Tour Saint-Nicolas,
Tour de la Chaîne, Tour de la Lanterne, Hôtel de Ville,
Maison Henri II, Cathédrale Saint-Louis, Temple Protestant,
Musée Beaux Arts, Aquarium.
Parkgebühr: 10 € für 24 Stunden, 17 € für 48 Stunden.
Ebene Stellflächen für 50 Wohnmobile. Wenig Schatten.
Tel. 05 46 29 24 19.

Am Phare des Baleines

Am Strand der Île de Re

17880 Les Portes-en-Ré Trousse Chemise*** SR-17

Wohnmobilplatz am Strand in sehr ruhiger und schöner Lage.

Von der D735 kurz vor dem Leuchtturm am westlichen Ende der Insel Richtung Les Portes fahren (D101) und 4 km nach dem Ortsanfang links Richtung Plage Chemise abbiegen. Zum Übernachtungsplatz an der Abzweigung vorbei 400 m weiter fahren (**Rue de Trousse-Chemise**).
46° 14' 55" Nord, 1° 29' 34" West. 46° 14,92' Nord, 1° 29,57' West. 46,24859° Nord, 1,49281° West.

Häuser in der Nähe.
Ver- und Entsorgung und Müllbehälter am Platz.
Aufenthaltsdauer 96 Stunden. Ganzjährig zugänglich.
Strand an den Parkplätzen. Segelschule auf der Anfahrt.
Wanderungen und Radtouren auf der Ile de Ré.
Besichtigung von La Flotte: Abbay des Châteliers, Fort de la Prée.
Besichtigung von Saint-Martin: Zitadelle, Parc de la Barbette.
Besichtigung von La Rochelle: Tour Saint-Nicolas, Tour de la Chaîne, Tour de la Lanterne, Hôtel de Ville, Maison Henri II, Cathédrale Saint-Louis, Temple Protestant, Musée d' Orbigny-Bernon, Musée des Beaux Arts, Aquarium.
Keine Parkgebühr. Wenig Schatten.
Ebene und leicht schräge, asphaltierte Stellflächen für 10 Mobile.
Tel. 05 46 29 52 71.

17880 Les Portes-en-Ré de la Patache*** SR-18

Übernachtungsplatz auf einem Parkplatz in Strandnähe in sehr ruhiger und schöner Lage.

Von le Gillieux Richtung Les Portes (D101) und vom Ortszentrum nach Süden auf die Halbinsel fahren (D101) und am Ende der Straße **Route du Fier** zum Platz abbiegen.
46° 13' 46" Nord, 1° 28' 59" West. 46° 13,77' Nord, 1° 28,99' West. 46,22950° Nord, 1,48316° West.

Häuser in der Nähe.
Ver- und Entsorgung, WC und Müllbehälter am Platz.
Aufenthaltsdauer 48 Stunden. Ganzjährig zugänglich.
Strand in 200 m Entfernung. Segelschule auf der Anfahrt.
Wanderungen und Radtouren auf der Ile de Ré.
Besichtigung von La Flotte: Abbay des Châteliers, Fort de la Prée.
Besichtigung von Saint-Martin: Zitadelle, Parc de la Barbette.
Besichtigung von La Rochelle: Tour Saint-Nicolas, Tour de la Chaîne, Tour de la Lanterne, Hôtel de Ville, Maison Henri II, Cathédrale Saint-Louis, Temple Protestant,
Parkgebühr: 10 € für 24 Stunden. Wenig Schatten.
Ebene, asphaltierte Stellflächen für 10 Mobile.
Tel. 05 46 29 52 71.

17580 Le Bois-en-Ré Campéole** SR-19

Wohnmobilplatz in Strand- und Ortsnähe in ruhiger und schöner Lage.

Von der D201 Richtung Zentrum fahren und in der Ortsmitte Richtung Atlantik abbiegen (**Avenue du Passage des Boeufs**). Noch 900 m bis zum Parkplatz am Meer.
46° 10' 38" Nord, 1° 23' 12" West. 46° 10,61' Nord, 1° 23,20' West. 46,17723° Nord, 1,38662° West.

Häuser in der Nähe. Bänke und Tische am Platz.
Ver- und Entsorgung, Wasser 3 €.
WC, Dusche und Müllbehälter am Platz. Strom Gebühr 3 €.
Aufenthaltsdauer 72 Stunden. Ganzjährig zugänglich.
Strand in 200 m Entfernung. Segelschule auf der Anfahrt.
Wanderungen und Radtouren auf der Ile de Ré.
Besichtigung von La Flotte: Abbay des Châteliers, Fort de la Prée.
Besichtigung von Saint-Martin: Zitadelle, Parc de la Barbette.
Besichtigung von La Rochelle: Tour Saint-Nicolas, Tour de la Chaîne, Tour de la Lanterne, Hôtel de Ville, Maison Henri II, Cathédrale Saint-Louis, Temple Protestant,
Parkgebühr: 12 € für 24 Stunden, 9 € Nebensaison.
Ebene, asphaltierte Stellflächen für 35 Mobile. Wenig Schatten.
Tel. 05 46 09 23 11.

17440 Aytré Plage des Véliplanchistes** SR-20

Wohnmobilplatz in Strandnähe in ruhiger und schöner Lage.

Auf der D735 Richtung Aytre fahren und am südlichen Ortsrand (D937) Richtung Plage des Véliplanchistes abbiegen (Boulevard de la Mer). Nach Überquerung der Bahnlinie links abbiegen (**Route de la Plage**). Noch 900 m bis zum Parkplatz am Strand.
46° 06' 51" Nord, 1° 07' 23" West. 46° 06,85' Nord, 1° 07,39' West. 46,11366° Nord, 1,12313° West.

Am Surfstrand

Etwas einsame Lage. Eisenbahnlinie in der Nähe.
Sandstrand in der Nähe. Wassersport und Kite-Surfen.
Ver- und Entsorgung am Platz.
Ganzjährig zugänglich.
Wanderungen und Radtouren an der Küste.
Besichtigung von La Rochelle: Tour Saint-Nicolas,
Tour de la Chaîne, Tour de la Lanterne, Hôtel de Ville,
Maison Henri II, Cathédrale Saint-Louis, Temple Protestant.
Besuch des Musée des Beaux Arts, des Aquariums in La Rochelle.
Keine Parkgebühr. Wenig Schatten.
Ebene, asphaltierte Stellflächen für 10 Wohnmobile.
Informationen: Tel. 05 46 30 19 29.

17690 Angoulins Pointe du Chay** SR-21

Übernachtungsplatz beim Segelclub in ruhiger und schöner Lage.

Von der N137 in Angoulins Richtung Atlantik abbiehen (D202). Nach 2,5 km die Bahnlinie überqueren (Rue de la Duane) Nach weiteren 300 m rechts abbiegen (**Chemin des Marais**). Noch 200 m bis zum Platz.
46° 06' 22" Nord, 1° 08' 07" West. 46° 06,37' Nord, 1° 08,12' West. 46,10611° Nord, 1,13573° West.

Beim Segelclub

Etwas einsame Lage.
Sandstrand am Platz.
Wassersport und Kite-Surfen.
Wasserversorgung möglich. WC beim Segelclub.
Ganzjährig zugänglich. Aufenthaltsdauer 48 Stunden.
Wanderungen und Radtouren an der Küste.
Besichtigung von La Rochelle: Tour Saint-Nicolas,
Tour de la Chaîne, Tour de la Lanterne, Hôtel de Ville,
Maison Henri II, Cathédrale Saint-Louis, Temple Protestant.
Besuch des Musée des Beaux Arts
und des Aquariums in La Rochelle.
Keine Parkgebühr. Wenig Schatten.
Ebene, befestigte Stellflächen für 20 Wohnmobile.
Informationen: Tel. 05 46 56 92 09.

17690 Angoulins Salle omnisport** SR-22

Übernachtungsplatz bei der Sporthalle und den Tennisplätzen in ruhiger und schöner Lage.

Von der N137 in Angoulins Richtung Atlantik abbiegen (D202). Nach 2,5 km die Bahnlinie überqueren (Rue de la Duane) Nach weiteren 2,8 km wird der Platz erreicht (**Rue du Chay**).
46° 06' 21" Nord, 1° 06' 58" West. 46° 06,35' Nord, 1° 06,97' West. 46,10583° Nord, 1,11615° West.

Sporthalle und Tennisplätze in der Nähe.
Sandstrand in 600 m Entfernung.
Ver- und Entsorgung am Platz.
Ganzjährig zugänglich. Aufenthaltsdauer 24 Stunden.
Wanderungen und Radtouren an der Küste.
Besichtigung von La Rochelle: Tour Saint-Nicolas,
Tour de la Chaîne, Tour de la Lanterne, Hôtel de Ville,
Maison Henri II, Cathédrale Saint-Louis, Temple Protestant.
Besuch des Musée des Beaux Arts und des Aquariums in La Rochelle.
Keine Parkgebühr. Kein Schatten.
Ebene, asphaltierte Stellflächen für 30 Wohnmobile.
Informationen: Tel. 05 46 56 92 09.

Die schöne Insel

Von Rochefort zur Île d'Oleron

Tour 3

Wir beginnen an einem Wochenende unsere Wochenreise in Châtelaillon und in Fouras, beliebte Badeorte mit breiten Sandstränden auf einer schönen Halbinsel. Die Orte beherbergen viele Touristen, die Wohnmobilplätze sind überfüllt (**RO-1** und **RO-2**). Breite Promenaden, feine Sandstrände, klassizistische Villen und die wuchtige Wehranlage prägen das Bild des Ortes Châtelallion.

Vom Hafen La Fumée verkehren täglich Personenfähren zur Île d'Aix, die für den Autoverkehr gesperrt ist. Die Insel hat eine üppige Mittelmeervegetation. Sehenswert sind die Verteidigunganlagen des berühmten französischen Festungsbaumeisters Vauban, das Musée de l'Empereur mit Ausstellungsstücken von Napoleon und das Musée Africain mit völkerkundlichen und zoologischen Sammlungen.

Wir setzen unsere Reise mit einer Stadtbesichtigung von Rochefort fort. Die Anlagen des Marinearsenals, gebaut im 17. Jahrhundert, sind heute ein Freilichtmuseum mit alten Segelschiffen, Seilereien, gemauerten Trockendocks, Werftbetrieben und einem Marinemuseum. Durch die Porte du Soleil, einem Prunktor, führt der Weg vom Arsenal in die Stadt. Der Wohnsitz des Marineoffiziers und Dichters Pierre Loti, Maison de Loti, ist mit Gegenständen aus aller Welt ausgestattet, die Loti von seinen vielen Reisen nach Rochefort brachte. Im Conservatoire du Bégonia, benannt nach einem bekannten Stadtvertreter, sind 800 Sorten Begonien angepflanzt. Mit der Schwebefähre von 1900 kann man die Charente überqueren. Im Zentrum der Stadt steht ein riesiger Brunnen mit einer Figurengruppe als Symbol für Ozean und Fluss. An der Capitainerie des Sportboothafens hat die Stadt einen Wohnmobilplatz mit Ver- und Entsorgung eingerichtet (**RO-3**).

Die Weiterfahrt nach Süden führt uns in Soubise auf einen sehr ruhigen Stellplatz am Ufer der Charente (**RO-4**). Einen sehr schönen Wohnmobilplatz am Ufer des Atlantiks und an einem langgestreckten Sandstrand gibt es auch im benachbarten Ort Port-des-Barques (**RO-5**).

Zu bestimmten Zeiten während der Ebbe ist die Überfahrt zur kleinen Île de Madame möglich. Die Informationstafel mit Hinweisen auf die Gezeiten sollte man beachten, um nicht durch die Flut bei der Rückfahrt abgeschnitten zu werden, denn das Übernachten auf der Insel ist nicht gestattet. Wir lenken rechtzeitig unser rollendes Zuhause über den Damm zum Stellplatz auf dem Festland. Auf dem Weg zur Île d'Oleron kann man in Echillais (**RO-6**) oder in St-Agnant (**RO-7**) in einer ruhigen Umgebung übernachten. Grünanlagen grenzen an diese beiden Wohnmobilplätze, Ver- und Entsorgungseinrichtungen sind vorhanden, Geschäfte und Gaststätten sind schnell zu erreichen. In Brouage, Luzac und in St-Just Luzac befindet sich jeweils am Ortsrand ein Stellplatz für die Übernachtung (**RO-8, RO-9** und **RO-10**).

In Marennes, Zentrum der französischen Austernzucht, erstreckt sich das riesige Zuchtgebiet über die gesamte Meeresbucht, die durch den Fluss Seudre mit Süßwasser versorgt und gemischt wird. Die Austernzucht nimmt drei Jahre in Anspruch, bis die Schalentiere geerntet und verzehrt werden können. Für uns ist die Besichtigung der Aufzuchtbecken und Zuchtpfähle ein besonderes Erlebnis.

Vom 85 Meter hohen Turm der Kirche St-Pierre-de-Sales haben wir einen schönen Blick über die unzähligen Austernbänke in der Bucht. Ein reizvoller Wander- und Radwanderweg führt am Kanal entlang zu den Austernparks von La Cayenne. Boote fahren ebenfalls vom Hafen zu den Austernbänken. Auf einem Parkplatz an der Stadthalle darf man das Wohnmobil abstellen und übernachten (**RO-11**).

Charente-Maritime Mitte

Von der Schnellstraße zur Ile d'Oleron biegen wir in Boucefranc-le-Chapus ab, besichtigen das Chateau de la Gataudière, schauen dem emsigen Treiben am Fischereihafen und den Fischhallen zu und sehen vor dem Hafen auf einem Felsen im Atlantik das Fort du Chapus. Abends wird es ruhig im Hafengelände. Ein sehr ruhiger Stellplatz liegt an der Rue du Président Kennedy (**RO-12**).

Die Ile d'Oleron, 30 Kilometer lang und 6 Kilometer breit, erreichen wir über die drei Kilometer lange Brücke Pont d'Oleron. Der Tourismus hat die Insel erobert. Hotelanlagen, Ferienhäuser, Campingplätze beherrschen die Orte im Süden. Die Parkplätze an den wunderschönen Sandstränden sind für Wohnmobile gesperrt. Schon an den Straßen zu den Stränden wird den Wohnmobilurlaubern durch große Verbotsschilder die Zufahrt verwehrt.

Einen guten Übernachtungsplatz finden wir in Le Chateau (**RO-13**). Das interessante Freilichtmuseum Le Port des Salines zeigt uns die Gewinnung und Verschiffung des Salzes in den vergangenen Zeiten. Austern, Muscheln und andere Produkte der Region werden gleich nebenan in den Verkaufsständen angeboten. Im Ferienort St-Trojan gibt es eine Ver- und Entsorgungsstation.

In den Orten Dolus d'Oleron und La Bree les Bains ist der Aufenthalt auf Ortsparkplätze 24 Stunden erlaubt (**RO-14** und **RO-15**). Der Platz in La Bree ist sogar gebührenfrei. Von der Aussichtsplattform des Leuchtturms Phare de Chassiron im Norden am Ende der Insel schweift der Blick über das Meer bis zu den Austernbänken vor der Küste und zu den kilometerlangen Sandstränden der Insel.

In der Ortsmitte und am Ortsrand hat die Gemeinde St-Denis Stellplätze für Wohnmobile ausgewiesen (**RO-16** und **RO-17**). Ver- und Entsorgungseinrichtungen und ein WC sind am Platz vorhanden, der Strand ist in der Nähe. Großzügig, besonders schön und ruhig liegt der Stellplatz am Ortsrand in einer reizvollen Umgebung.

Der schönste Platz für Wohnmobile liegt am Hafenkanal des kleinen Ortes Boyardville (**RO-18**). Die Wohnmobil-Urlauber blicken auf den lebhaften Bootsverkehr zwischen Hafen und Atlantik. Am Stellplatz beginnt der kilometerlange feine Sandstrand. Das ausgedehnte Waldgebiet und die flachen Salzmarschen laden zu Wanderungen und Radtouren ein. Mit dem Ausflugschiff fahren die Touristen auf den Atlantik oder zur Île d'Aix, einer kleinen Insel, auf der Napoleon einige Tage lebte, bevor ihn die Engländer ins Exil nach St. Helena brachten. Geschäfte aller Art und Gaststätten sind in wenigen Minuten zu erreichen. Für die Ver- und Entsorgung des Ferienhauses auf Rädern ist gesorgt. Eine Parkgebühr wird nur in der Hochsaison fällig. Boyardville ist einer der schönsten Stellplätze an der Atlantikküste.

Die Ferienorte auf der Ile d'Oleron sind in den Sommermonaten auf Massentourismus eingestellt. Obwohl über 50 Campingplätze angelegt wurden, sind diese Plätze in der Saison überfüllt. Die Strandparkplätze sind überall auf der Insel für Wohnmobilurlauber in der Nacht gesperrt. Es gibt deshalb im Gegensatz zur Ile de Ré kaum Möglichkeiten zum Parken für die Wohnmobiltouristen.

Saint-Pierre ist der Hauptort der Insel. Von dem Turm der Kirche lässt sich in 32 Metern Höhe fast die gesamte Insel überblicken. Auch vom Phare de Chassiron in Saint-Denis im Norden der Insel ist ein weiter Blick über Land und Meer möglich. In Château im Süden der Insel sind die Zitadelle und das Hafenmuseum sehenswert. Die schönsten Strände der Insel sind im Süden, in St-Trojan zu finden.

Charente-Maritime Mitte

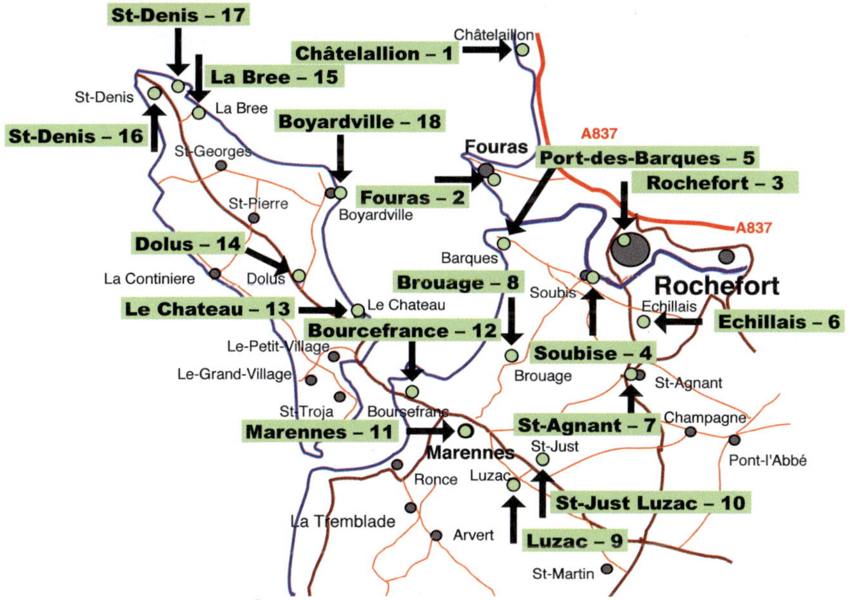

Tour 3: **Von Rochefort zur Île d'Oleron**

Nr.	Ort, Bezeichnung	Stell-plätze A	Gast-haus	Häu-ser	WC	Bad See B	Orts-nähe	Ent-sorg. C	Park-dauer D	Park-gebühr
RO-1	**Châtelallion, les Boucholeurs****	10	-	-	+	-	x	+	2	0
RO-2	**Fouras, Place Jean Moulin***	10	-	+	-	+	x	+	1	7
RO-3	**Rochefort, Capitainerie****	5	-	+	-	-	x	+	1	0
RO-4	**Soubise, Sportboothafen*****	20	-	+	+	-	x	+	2	7
RO-5	**Port-des-Barques, Le Calvaire*****	30	-	+	+	+	x	+	1	10
RO-6	**Echillais, Rue de l'Eglise*****	10	+	+	-	-	x	+	1	4
RO-7	**St-Agnant, Place du Verdun****	20	+	+	-	-	x	+	1	0
RO-8	**Brouage, Havre de Brouage****	10	+	+	-	-	x	+	1	0
RO-9	**Luzac, Avenue des Vignes****	5	-	+	-	-	x	+	1	0
RO-10	**St-Just Luzac, Ortsrand***	3	-	+	-	-	x	+	2	0
RO-11	**Marennes, Rue Louis Jouvet****	5	-	+	-	-	x	+	1	P
RO-12	**Bourcefrance, Aire de la Gare****	10	+	+	-	-	10	+	1	5
RO-13	**Le Chateau, Inselparkplatz*****	10	-	+	-	+	x	+	1	9
RO-14	**Dolus, Aire kommunale****	15	-	-	-	-	x	+	1	5
RO-15	**La Bree, La Butte aux Anes****	5	-	-	-	-	x	+	1	0
RO-16	**St-Denis, Ortsmitte***	20	+	+	-	-	5	+	1	7
RO-17	**St-Denis, Ortsrand******	100	-	-	+	-	10	+	4	8
RO-18	**Boyardville, Hafenkanal******	30	+	+	+	+	x	+	1	6

Legende

****	sehr ruhige und sehr schöne Lage.
***	sehr ruhige und schöne Lage.
**	ruhige und gute Lage.
*	keine ruhige Lage.
A	Stellplätze gestaffelt nach 3, 5, 10, 20, 30, 50 Wohnmobilen. Dabei wird angenommen, dass nur die Hälfte des Platzes zur Verfügung steht und die andere Hälfte durch Pkws belegt ist.
B	Fußweg in Minuten, x über 15 Minuten Fußweg.
C	Aufenthaltsdauer in Tagen.
D	Stellplatzgebühr in Euro pro Wohnmobil und 24 Stunden.
P	Stellplatzgebühr in der Saison.
T	Aufenthaltsdauer einige Tage.
U	Aufenthaltsdauer unbegrenzt.

17340 Chatelaillon Ecole Les Boucholeurs** RO-1

Asphaltierte **Wohnmobilplätze** am Ufer des Atlantik in schöner Umgebung.

Von der Umgehungsstraße (N137) Richtung Châtelaillon abbiegen (Avenue de Strasbourg) und nach der Bahnüberquerung am Ende der Straße links nach Süden fahen (Boulevard de la République). Nach 4,2 km wird der Platz am Bootshafen erreicht (**Rue du Chemin Vert**).
46° 03' 43" Nord, 1° 05' 32" West. 46° 03,74' Nord, 1° 05,52' West. 46,06207° Nord, 1,09220 West.

Jachthafen und Capitanerie am Parkplatz.
Ver- und Entsorgung, WC und Müllentsorgung am Platz.
Aufenthaltsdauer 48 Stunden. Ganzjährig zugänglich.
Nicht für große Wohnmobile geeignet.
Wanderungen und Radtouren an der Küste.
Überfahrt mit dem Wohnmobil zur Ile d'Aix vom Pointe de la Fumée.
Besichtigung von Rochefort: Arsenal, Maison de Loti, Porte du Soleil, Stadtbrunnen.
Besichtigung von La Rochelle: Tour Saint-Nicolas, Tour de la Chaîne, Tour de la Lanterne, Hôtel de Ville, Maison Henri II, Cathédrale Saint-Louis, Temple Protestant.
Keine Parkgebühr. Asphaltierte Flächen für 10 Mobile bis 7 m Länge.
Tel. 05 46 56 26 97.

17450 Fouras Place Jean Moulin* RO-2

Asphaltierte **Wohnmobilplätze** am Ufer des Atlantik in schöner Umgebung.

Von der A837 an der Ausfahrt Fouras Richtung Fouras (D937) und nach 2 km im Kreisel links Richtung Fouras-Sud/Wohnmobil-Symbol fahren. Nach 1,6 km – 1,3 km nach dem Ortsanfang Fouras – links und nach weiteren 500 m wieder links dem Symbol folgen. Noch 100 m bis zum Parkplatz rechts und links.
45° 58' 58" Nord, 1° 05' 26" Ost. 45° 58,97' Nord, 1° 05,43' West. 45,98283° Nord, 1,09500° West.

Häuser und Sandstrand am Parkplatz. Blick auf den Atlantik.
Verkehrsgeräusche durch die Straße zwischen den Parkabschnitten.
Aufenthaltsdauer 24 Stunden. Ganzjährig zugänglich.
Nicht für große Wohnmobile geeignet.
Ver- und Entsorgung am Platz. Gebühr 2 €.
Wanderungen und Radtouren an der Küste.
Überfahrt mit dem Wohnmobil zur Ile d'Aix vom Pointe de la Fumée.
Rochefort: Arsenal, Maison de Loti, Porte du Soleil, Stadtbrunnen.
Besichtigung von La Rochelle: Tour Saint-Nicolas, Tour de la Chaîne, Tour de la Lanterne, Hôtel de Ville, Maison Henri II, Cathédrale Saint-Louis, Temple Protestant.
Parkgebühr: 7 € für 24 Stunden.
Leicht schräge Stellflächen für 10 Wohnmobile. Kein Schatten.
Tel. 05 46 84 60 11.

17300 Rochefort Capitainerie** RO-3

Asphaltierte **Wohnmobilplätze** am Hafen in ruhiger Umgebung.

Bei Anfahrt aus dem Süden nach der Brücke über die Charente Richtung Rochefort centre fahren und nach 2,4 km – 1 km nach dem Ortsanfang – im Kreisel links dem Wegweiser Wohnmobil folgen. Nach weiteren 1,8 km rechts Richtung A837/Saints fahren und nach 300 m rechts Richtung Mobil-Symbol/Capitainerie abbiegen. Noch 100 m bis zum Platz links.
45° 56' 39" Nord, 0° 57' 28" West. 45° 56,65' Nord, 0° 57,47' West. 45,94420° Nord, 0,95779° West.

Häuser am Parkplatz. Sportboothafen am Parkplatz.
Aufenthaltsdauer 24 Stunden. Ganzjährig zugänglich.
Nicht für Wohnmobile über 6 m Länge geeignet.
Ver- und Entsorgung (Bodeneinlass) am Parkplatz.
Besichtigung von Rochefort: Arsenal, Maison de Loti, Stadtbrunnen, Porte du Soleil.
Besuch des Musée des Beaux-Arts und des Musée Naval in Rochefort.
Fahrt nach La Rochelle.
Keine Parkgebühr.
Ebene Stellflächen für 5 Wohnmobile. Wenig Schatten.
Tel. 05 46 82 17 80.

17780 Soubise Sportboothafen*** RO-4

Geschotterte **Wohnmobilplätze** am Ufer der Charente in sehr ruhiger und schöner Lage.

Von der D733 südlich von Rochefort Richtung Soubise abbiegen (D238). Nach 3,9 km – 900 m nach dem Ortsanfang Soubise – rechts und nach 300 wieder rechts Richtung aire de camping car abbiegen. Nach 100 m wieder rechts fahren (kein Wegweiser). Noch 100 m bis zum Platz geradeaus (**Rue Colbert**).
45° 55' 40" Nord, 1° 00' 17" West. 45° 55,66' Nord, 1° 00,28' West. 45,92770° Nord, 1,00474° West.

Häuser am Parkplatz. Gaststätte, Bäcker und Geschäfte in der Nähe.
Sportboothafen in der Nähe. Blick auf den Fluss Charente.
WC, Dusche, Bänke und Tische am Platz.
Nicht für Wohnmobile über 8 m Länge geeignet.
Aufenthaltsdauer 48 Stunden. Ganzjährig zugänglich.
Ver- und Entsorgung (Bodeneinlass) am Parkplatz.
Stromanschlüsse an den Stellplätzen.
Besichtigung von Rochefort: Arsenal, Maison de Loti, Porte du Soleil.
Besuch des Musée des Beaux-Arts und des Musée Naval in Rochefort.
Fahrt zur Île d'Oléron. Fahrt nach La Rochelle.
Parkgebühr: 7 € für 24 Std. inkl. Ver- und Entsorgung Parkautomat.
Ebene Stellflächen für 20 Wohnmobile. Wenig Schatten.
Tel. 05 46 84 92 04.

17730 Port-des-Barques Le Calvaire*** RO-5

Asphaltierte und befestigte **Wohnmobilplätze** am Stadion und an der Küste in ruhiger und schöner Lage.

Von der D733 südlich von Rochefort Richtung Port-des-Barques abbiegen und durch Soubise fahren. 2,2 km nach dem Ortsanfang Port-des-Barques links dem Symbol/stade municipal folgen. Noch 200 m bis zu den Plätzen rechts und links. 2,5 km nach dem Ortsanfang wird rechts der Platz am Atlantik erreicht.
45° 56' 55" Nord, 1° 04' 38" West. 45° 56,92' Nord, 1° 04,64' West. 45,94864° Nord, 1,07744° West.

Häuser und Geschäfte in der Nähe.
Aufenthaltsdauer nicht begrenzt. Ganzjährig zugänglich.
Ver- und Entsorgung (Bodeneinlass) und WC am Parkplatz 1.
Stromanschlüsse an den Stellplätzen.
Feiner Sandstrand am Parkplatz 2.
Besichtigung von Rochefort: Arsenal, Stadtbrunnen, Maison de Loti, Porte du Soleil.
Fahrt nach La Rochelle und Fahrt zur Île d'Oléron.
Parkgebühr: 10 € für 24 Stunden inkl. Ver- und Entsorgung.
Ebene Stellflächen für insgesamt 30 Wohnmobile.
Kein Schatten.
Tel. 05 46 84 80 01.

17620 Echillais Rue de l'Eglise*** RO-6

Geschotterte **Wohnmobilplätze** im Ort in sehr ruhiger Lage und schöner Umgebung.

Bei Anfahrt aus dem Süden von der Schnellstraße D733 6 km südlich von Rochefort Richtung Echillais abbiegen und nach 1,2 km - 300 m nach dem Ortsanfang Echillais - rechts in die Rue de l'Eglise einbiegen. Nach 400 m rechts dem Wegweiser Parking folgen. Noch 100 m bis zum Parkplatz (**Rue de l'Eglise**).
45° 53' 54" Nord, 0° 57' 19" West. 45° 53,90' Nord, 0° 57,32' West. 45,89829° Nord, 0,95524° West.

Häuser am Parkplatz. Gaststätten, Geschäfte und Bäcker in der Nähe.
Ver- und Entsorgung (Bodeneinlass) am Parkplatz.
Bänke und Tische, Müllbehälter am Platz.
Aufenthaltsdauer 24 Stunden. Ganzjährig zugänglich.
Besichtigung von Rochefort: Arsenal, Stadtbrunnen, Maison de Loti, Porte du Soleil.
Besuch des Musée des Beaux-Arts und des Musée Naval in Rochefort.
Fahrt zur Île d'Oléron.
Fahrt nach La Rochelle.
Parkgebühr: 4 € für 24 Stunden inkl Ver- und Entsorgung.
Ebene Stellflächen für 10 Wohnmobile. Kein Schatten.
Tel. 05 46 83 03 74.

17620 St-Agnant Place du Verdun** RO-7

Geschotterte **Wohnmobilplätze** im Ort in ruhiger Lage.

Bei Anfahrt aus dem Süden (D733) 10 km südlich von Rochefort Richtung St-Agnant abbiegen (D123) und nach 400 m – 300 m nach dem Ortsanfang St-Agnant – links zum Parkplatz fahren. Bei Anfahrt aus dem Norden von La Rochelle (D733) Richtung St-Agnant abbiegen und 800 m nach dem Ortsanfang St-Agnant rechts Richtung Marennes fahren. Noch 600 m bis zum Parkplatz rechts.
45° 51' 59" Nord, 0° 57' 55" West. 45° 51,99' Nord, 0° 57,92' West. 45,86645° Nord, 0,96535° West.

Häuser am Parkplatz. Gaststätten und Geschäfte in der Nähe.
Aufenthaltsdauer 24 Stunden. Ganzjährig zugänglich.
Ver- und Entsorgung (Bodeneinlass) am Parkplatz.
Spielplatz am Parkplatz.
Besichtigung von Rochefort: Arsenal, Stadtbrunnen, Maison de Loti, Porte du Soleil.
Besuch des Musée des Beaux-Arts und des Musée Naval in Rochefort.
Fahrt zur Île d'Oléron. Fahrt nach La Rochelle.
Keine Parkgebühr. Wenig Schatten.
Ebene und leicht schräge Stellflächen für 20 Wohnmobile.
Tel. 05 46 83 30 01.

17320 Hiers Brouage Havre de Brouage** RO-8

Wohnmobilplätze am Hafen in ruhiger Lage.

Von der D3 (Rochefort-Marennes) vor dem Ortsanfang Brouage zum Platz abbiegen (**Havre de Brouage**).
45° 52' 07" Nord, 1° 04' 07" West. 45° 52,11' Nord, 1° 04,10" West. 45,86855° Nord, 1,06926° West.

Häuser am Parkplatz. Gaststätten und Geschäfte in der Nähe.
Aufenthaltsdauer 24 Stunden. Ganzjährig zugänglich.
Ver- und Entsorgung (Bodeneinlass) am Parkplatz. Gebühr 4 €.
Stromanschluss möglich.
Spielplatz am Parkplatz.
Besichtigung von Rochefort: Arsenal, Stadtbrunnen, Maison de Loti, Porte du Soleil.
Besuch des Musée des Beaux-Arts und des Musée Naval in Rochfort.
Fahrt zur Île d'Oléron. Fahrt nach La Rochelle.
Keine Parkgebühr. Kein Schatten.
Ebene, befestigte Stellflächen für 10 Wohnmobile.
Tel. 05 46 85 10 02.

17320 Luzac Avenue des Vignes** RO-9

Übernachtungsplätze auf einem Parkplatz im Ort in ruhiger Lage.

Von der D728 (Marennes-Saintes) im Kreisel Richtung Luzac abbiegen. Nach 50 m rechts abbiegen. Noch 50 m bis zum Platz (**Avenue des Vignes**).
45° 47' 57" Nord, 1° 02' 54" West. 45° 47,95' Nord, 1° 02,90' West. 45,79915° Nord, 1,04828° West.

Häuser am Parkplatz.
Bäckerei und Geschäfte in der Nähe.
Aufenthaltsdauer 24 Stunden.
Ganzjährig zugänglich.
Ver- und Entsorgung (Bodeneinlass) am Parkplatz.
Besichtigung von Rochefort: Arsenal, Stadtbrunnen, Maison de Loti, Porte du Soleil.
Besuch des Musée des Beaux-Arts und des Musée Naval in Rochfort.
Fahrt zur Île d'Oléron.
Fahrt nach La Rochelle.
Keine Parkgebühr. Kein Schatten.
Ebene, asphaltierte Stellflächen für 5 Wohnmobile.
Tel. 05 46 85 13 03.

17320 St-Just Luzac Ortsrand* RO-10

Übernachtungsplatz am Ortsrand in ruhiger Lage.

Auf der D18 im Kreisverkehr dem Schild Zone Artisanale folgen und nach 50 m rechts in die **Avenue des vignes** abbiegen. Nach 100 m wird der Platz erreicht.
45° 47' 58" Nord, 1° 02' 56" West. 45° 47.97' Nord, 1° 02.93' West. 45,80001° Nord, 1,04801° West.

Häuser am Stellplatz. Geschäfte in der Nähe.
Ver- und Entsorgung am Platz (Euro-Relais). Jetons: marie u.a.
Strom an der Ver- und Entsorgung.
Müllcontainer am Platz.
Ganzjährig zugänglich. Aufenthaltsdauer 48 Stunden.
Besichtigung von Rochefort: Arsenal, Stadtbrunnen, Maison de Loti, Porte du Soleil.
Besuch des Musée des Beaux-Arts und des Musée Naval in Rochefort.
Fahrt zur Île d'Oléron. Fahrt nach La Rochelle.
Asphaltierte Stellflächen für 3 Wohnmobile.
Keine Parkgebühr.
Tel. 05 46 85 13 03.

17320 Marennes Rue Louis Jouvet** RO-11

Übernachtungsplätze auf einem Parkplatz an der Stadthalle in ruhiger Lage.

Von der Umgehungsstraße (D728) Richtung Zentrum abbiegen (D3) und nach 400 m links in die Rue Jean Moulin fahren. Nach 600 m rechts in die **Rue Louis Jouvet** fahren und zum Platz abbiegen.
45° 49' 32" Nord, 1° 05' 49" West. 45° 49,55' Nord, 1° 05,82' West. 45,82573° Nord, 1,09703° West.

Häuser am Parkplatz.
Aufenthaltsdauer 24 Stunden. Ganzjährig zugänglich.
Ver- und Entsorgung am Parkplatz. Gebühr 4 €
Stromversorgung möglich.
Besichtigung von Rochefort: Arsenal, Stadtbrunnen, Maison de Loti, Porte du Soleil.
Besuch des Musée des Beaux-Arts und des Musée Naval in Rochefort.
Fahrt zur Île d'Oléron. Fahrt nach La Rochelle.
Parkgebühr: 4 € für 24 Stunden.
Etwas Schatten durch Randbäume.
Ebene, asphaltierte Stellflächen für 5 Wohnmobile.
Tel. 05 46 85 04 36.

17560 Bourcefranc le chapus Aire de la Gare** RO-12

Wohnmobilplatz im Ort in ruhiger Lage.

In nordwestlicher Richtung ab dem Ortseingangsschild 1,5 km Richtung Plage fahren bis zum Platz rechts (**Rue de Président Kennedy**).
45° 50' 47" Nord, 1° 08' 55" West. 45° 50.75' Nord, 1° 08.92' West. 45,84583° Nord, 1,14867° West.

Häuser und Apotheke am Platz. Geschäfte und Restaurant in der Nähe.
Ver- und Entsorgung am Platz. Jetons: marie, Office de tourisme.
Müllcontainer am Platz.
Informationstafel vorhanden.
Ganzjährig zugänglich. Aufenthaltsdauer: 24 Stunden.
10 Gehminuten zur Ortsmitte.
Besichtigung von Rochefort: Arsenal, Stadtbrunnen, Maison de Loti, Porte du Soleil.
Besuch der Museen des Beaux-Arts und Naval in Rochefort.
Fahrt zur Île d'Oléron. Fahrt nach La Rochelle.
Asphaltierte, ebene Stellflächen für 10 Wohnmobile.
Parkgebühr: 5 €.
Tel. 05 46 85 02 02.

17480 Le Chateau d'Oléron Inselparkplatz*** RO-13

Übernachtungsplatz am Meer in sehr ruhiger und schöner Lage.

Auf der **Boulevard Philippe Dasté** wird 150 m nach dem Campingplatz der Parkplatz rechts erreicht.
45° 53' 28" Nord, 1° 11' 47" West. 45° 53,46' Nord, 1° 11,79' West. 45,89105° Nord, 1,19657° West.

Häuser und Geschäfte in der Nähe.
Bäckerservice am Platz.
Strand in der Nähe.
Ver- und Entsorgung. Gebühr 4 € (Jeton).
Stromanschluss möglich.
Müllcontainer am Platz.
Ganzjährig zugänglich.
Aufenthaltsdauer 1 Nacht.
Besichtigung der Austernzucht und Austernbänke in Marennes.
Besichtigung des Fort du Chapus und Château de la Gataudière.
Asphaltierte, ebene, sehr kurze Stellflächen für 10 Wohnmobile.
Keine sehr großen Wohnmobile.
Parkgebühr: 9 € inkl. Ver- und Entsorgung. Kreditkarte,
Tel. 05 46 75 53 00.

17550 Dolus d'Oleron Aire kommunale** RO-14

Wohnmobilplatz am Tennisclub in ruhiger Lage.

Von Marennes auf die Île d'Oleron fahren (D734) und in Dolus am zweiten Kreisel rechts abbiegen (Route de Boyardville). Nach 1,7 km rechts Richtung stade abbiegen (**Rue du Stade**). Noch 300 m bis zum Platz.
45° 54' 42" Nord, 1° 15' 16" West. 45° 54,70' Nord, 1° 15,26' West. 45,91169° Nord, 1,25435° West.

Ganzjährig zugänglich.
Ver- und Entsorgung am Parkplatz. Wasser 2 €.
Stromversorgung möglich. Gebühr 2 €.
Besichtigung von Rochefort: Arsenal, Stadtbrunnen,
Maison de Loti, Porte du Soleil.
Besuch des Musée des Beaux-Arts
und des Musée Naval in Rochfort.
Fahrt nach La Rochelle.
Parkgebühr: 5 € für 24 Stunden, 30 € für 7 Tage.
Etwas Schatten durch Randbäume.
Ebene, asphaltierte Stellflächen für 15 Mobile bis 9 m Länge.
Tel. 05 46 75 32 84.

17840 La Bree les Bains La Butte aux Anes** RO-15

Übernachtungsplätze auf einem Parkplatz in ruhiger Lage.

Im Norden der Île d'Oleron von der D734 Richtung La Bree abbiegen (D273) und nach 2,5 km am Ortsrand zum Parkplatz rechts abbiegen (**Rue de la Baudette**).
45° 00' 29" Nord, 1° 21' 26" West. 46° 00,49' Nord, 1° 21,43' West. 46,00815° Nord, 1,35710° West.

Aufenthaltsdauer 24 Stunden.
Ganzjährig zugänglich.
Ver- und Entsorgung am Parkplatz. Wasser 4,50 €.
Stromversorgung möglich. Gebühr 2 €.
Besichtigung von Rochefort: Arsenal, Stadtbrunnen,
Maison de Loti, Porte du Soleil.
Besuch des Musée des Beaux-Arts
und des Musée Naval in Rochfort.
Fahrt nach La Rochelle.
Keine Parkgebühr.
Etwas Schatten durch Randbäume.
Ebene, befestigte Stellflächen für 5 Mobile.
Tel. 05 46 47 96 73.

17650 St-Denis d'Oléron Ortsmitte* RO-16

Übernachtungsplatz an der Ortsdurchfahrt

Von der D734 rechts dem Entsorgungsschild folgen (**Boulevard d'Antioche**). Ortsteil La Molière.
46° 02' 39" Nord, 1° 23' 56" West. 46° 02.65' Nord, 1° 23.94' West. 46,04167° Nord, 1,39900° West.

Gaststätte und Geschäfte in der Nähe. Häuser am Platz.
Ver- und Entsorgung (Flot bleu). Gebühr 4,50 € (Jeton).
Stromversorgung möglich. Müllcontainer am Platz.
Ganzjährig zugänglich. Aufenthaltsdauer 24 Stunden
Besichtigung von Saint-Pierre-d'Oleron: Lanterne des Morts mit Blick über die Insel, Musée d'Ile d'Oleron.
Besichtigung von Château d'Oleron. Zitadelle, Hafenmuseum.
Besuch Le Port des Salines: Austernzucht und Austernbänke.
Befestigte Stellplätze für 20 Wohnmobile.
Parkgebühr 6,50 € für 24 Stunden (15.03.-01.10).
Tel. 05 46 47 85 48.

17650 St-Denis d'Oléron Ortsrand**** RO-17

Wohnmobilplatz am Ortsrand in einer Grünanlage in sehr ruhiger und sehr schöner Lage.

Vom Ortseingangsschild St-Denis auf der D734 dem Wohnmobilschild folgend links abbiegen. Nach 300 m wird der Stellplatz rechts erreicht (**Route des Huttes**).
46° 01' 43" Nord, 1° 23' 06" West. 46° 01.71' Nord, 1° 23.10' West. 46,02850° Nord, 1,38500° West.

Kiosk und Bäckerservice am Stellplatz.
Ver- und Entsorgung am Platz. Strom am Platz.
Sanitäranlage, Müllcontainer und Infotafel am Platz.
Waschmaschine und Trockner am Platz.
Ganzjährig zugänglich. Aufenthaltsdauer 4 Nächte.
10 Minuten Fußweg zur Ortsmitte.
Baden im Atlantik. Strandwanderung.
Besichtigung des Phare de Chassiron.
Besichtigung der Austernbänke und Austernzucht in Marennes.
Besichtigung von Saint-Pierre-d'Oleron.
Ebene Stellflächen für 100 Wohnmobile auf Wiesengelände.
Parkgebühr: 8 € (01.06.-30.09.), übrige Zeit 5 €.
Tel. 05 46 47 90 52.

Boyardville Hafenkanal**** RO-18

Geschotterte **Wohnmobilplätze** am Hafenkanal in sehr ruhiger und sehr schöner Lage.

Auf der Ile d'Oleron nach Norden fahren (D26) und 100 m nach dem Ortsanfang Dolus halbrechts Richtung Boyardville abbiegen (D126). Nach weiteren 100 m im Kreisel halbrechts Richtung Boyardville fahren. Nach weiteren 6,8 km – 400 m nach dem Ortsanfang Boyardville an der Brücke – rechts dem Wegweiser Plages/Parking 200 Espaces folgen. Noch 600 m bis zum Parkplatz rechts.
45° 58' 08" Nord, 1° 14' 14" West. 45° 58,14' Nord, 1° 14,24' West. 45,96900° Nord, 1,23740° West.

Gaststätten und Geschäfte in der Nähe. Häuser am Parkplatz.
Blick auf den Hafenkanal. WC und Müllcontainer am Parkplatz.
Ver- und Entsorgung mit Stromanschluss (Euro Relais). Gebühr 4 €.
Getrennte Müllentsorgung am Parkplatz.

Aufenthaltsdauer 24 Stunden. Ganzjährig zugänglich.
Sandstrand am Parkplatz. Angeln im Hafen und am Kanal.
Wanderungen und Radtouren auf der Ile d'Oleron.
Besichtigung von Saint-Pierre-d'Oleron: Lanterne des Morts mit Blick über die Insel, Musée d'Ile d'Oleron.
Besichtigung von Château d'Oleron: Zitadelle, Hafenmuseum.
Fahrt nach Rochefort.
Parkgebühr in der Saison: 6 € für 24 Stunden.
Leicht schräge und ebene Stellflächen für 30 Wohnmobile.
Ausweichparkplätze am anderen Ufer des Kanals.
Tel. 05 46 76 51 02.

Die breite Mündung eines Flusses

Von der Île d'Oleron nach Bordeaux

Tour 4

Auf breiter Front wälzt die Gironde ihre Fluten in den Atlantik. Bis zu zehn Kilometer breit ist die Mündung. Nur an der Schnittstelle mit dem Atlantik ragt die Pointe de Grave in das Mündungsgebiet hinein und verringert den Austritt des Flusswassers auf sechs Kilometer. An dieser Stelle verkehren auch die Autofähren nach Royan.

Wir verlassen die freundliche Île d'Oleron, übernachten in Ronce (**OB-1**) und fahren durch den Fôret de la Coubre nach Süden. Im Ort Les Mathes steht ein Übernachtungsplatz für Wohnmobiltouristen zur Verfügung (**OB-2**). Wander- und Fahrradwege führen kreuz und quer durch dieses große, schöne Waldgebiet. Die kleinen und großen Strandparkplätze liegen unter schattigen Bäumen und sind meistens in Parkbuchten eingeteilt. Der feinsandige Strand und das Dünengelände sind schnell zu erreichen. Nur abends wird es einsam auf den Waldplätzen.

Der mächtige Phare de la Coubre, im Jahr 1907 erbaut, ist 60 Meter hoch und auf 300 Stufen zu erklimmen. Oben hat man einen phantastischen Rundblick über den Fôret de la Coubre bis zur Île d'Oleron.

In La Palmyre ist der 10 ha große Zoo, eingebettet in eine natürliche Umgebung, die Attraktion an der atlantischen Küste. Seine Ausstattung und sein reichhaltiger Tierbestand erreichen hohes, internationales Niveau. Die großen Parkplätze am Strand sind auch für Mobile zugelassen (**OB-3**). Ein ruhiger und erholsamer längerer Aufenthalt ist hier gewährleistet.

Die Strandparkplätze an der la-Grande-Côte im Süden sind für die Übernachtung im Wohnmobil gesperrt. Nach kilometerlangen und sehr breiten Sandstränden branden an der Grande-Côte die hohen Wellen des Atlantiks gegen ein zerklüftetes Felsplateau. Von den Parkplätzen ist dieses Naturschauspiel zu Fuß zu erreichen. Weit reicht von hier der Blick über das wild aufgeschäumte Meer.

Im Seebad Royan stehen nur noch wenige Bauten aus den vergangenen Jahrhunderten. Wahrzeichen ist die aus Beton erbaute moderne Kirche Notre-Dame. Im Ortsteil Pontaillac erinnern noch Villen, umfangreiche Gärten und Prachtbauten an den viktorianischen Stil des vorletzten Jahrhunderts. Südlich von Royan besteht in der Stadt St-Georges eine Übernachtungsmöglichkeit (**OB-4**).

Von Royan kann man mit dem rollenden Ferienhaus nach le Verdon-sur-Mer über die sechs Kilometer breite Gironde übersetzen und so den langen Weg über die Brücke nördlich von Bordeaux einsparen. Nur schemenhaft ist das andere Ufer der Gironde wie eine Insel im Atlantik zu erkennen. Die Mündung des Flusses ist ein riesiges breites Maul. Bei Flut schluckt es viel Wasser und spuckt es bei Ebbe wieder aus.

Wir übernachten in einer ruhigen und idyllischen Umgebung am Hafen in Meschers-sur-Gironde (**OB-5**). Für die Bootsfahrer und Segler wurde eine Ver- und Entsorgungsstation eingerichtet, die auch von Landyachten benutzt werden kann. In St-Seurin ist eine Übernachtung in ruhiger und guter Lage am Hafenkanal möglich (**OB-6**).

Einen ebenso schönen Wohnmobilplatz gibt es im Hafen von Mortagne-sur-Gironde (**OB-7**). Parkplätze auf Schotter oder Grasgelände stehen in einer reizvollen Umgebung zur Verfügung. Von unserem rollenden Ferienhaus beobachten wir den Wechsel von Ebbe und Flut und den lebhaften Bootsverkehr zur Zeit der Flut.

Charente-Maritime Süd

Überall an der Küste und im Hinterland des breiten Flusses werden die Spezialitäten des Landes zum Verkosten angeboten: Cognac, Pineau, Vin Côtes de Blaye. Wir fahren zu einer bekannten Brennerei, auf deren Hof Übernachtungsplätze vorhanden sind (**OB-8**). Nach einer ausgiebigen Kostprobe entschließen wir uns zu einem reichhaltigen Einkauf und genießen den Abend unter schattigen Bäumen vor unserem Mobil.

In den Orten St-Dizant und St-Thomas stehen Stellplätze für die Urlauber im rollenden Ferienhaus zur Verfügung (**OB-9** und **OB-10**). An der N137 hat die Gemeinde St-Caprais einen Übernachtungsplatz für Wohnmobile mit allen Einrichtungen für die Ver- und Entsorgung geschaffen (**OB-11**). Auch hier werden die berühmten Produkte des Landes angeboten. In der Nähe von Blaye ist ein weiterer Stellplatz für Wohnmobile in dem Ort St-Paul eingerichtet worden (**OB-12**).

Die Stadt Blaye hat den Namen für den bekannten Wein der Küstenregion gegeben, Côtes de Blaye. Sehenswert sind in Blaye die wuchtige Zitadelle mit dem Tour l'Aiguillette, die Bastion St-Romain des ehemaligen Klosters und das Château des Rudel auf einer Insel in dem breiten Strom. In Blaye endet unsere Tour auf dem schönen Stellplatz im Hafen (**OB-13**).

Stellplatz am Hafen von Mortagne

Charente-Maritime Süd

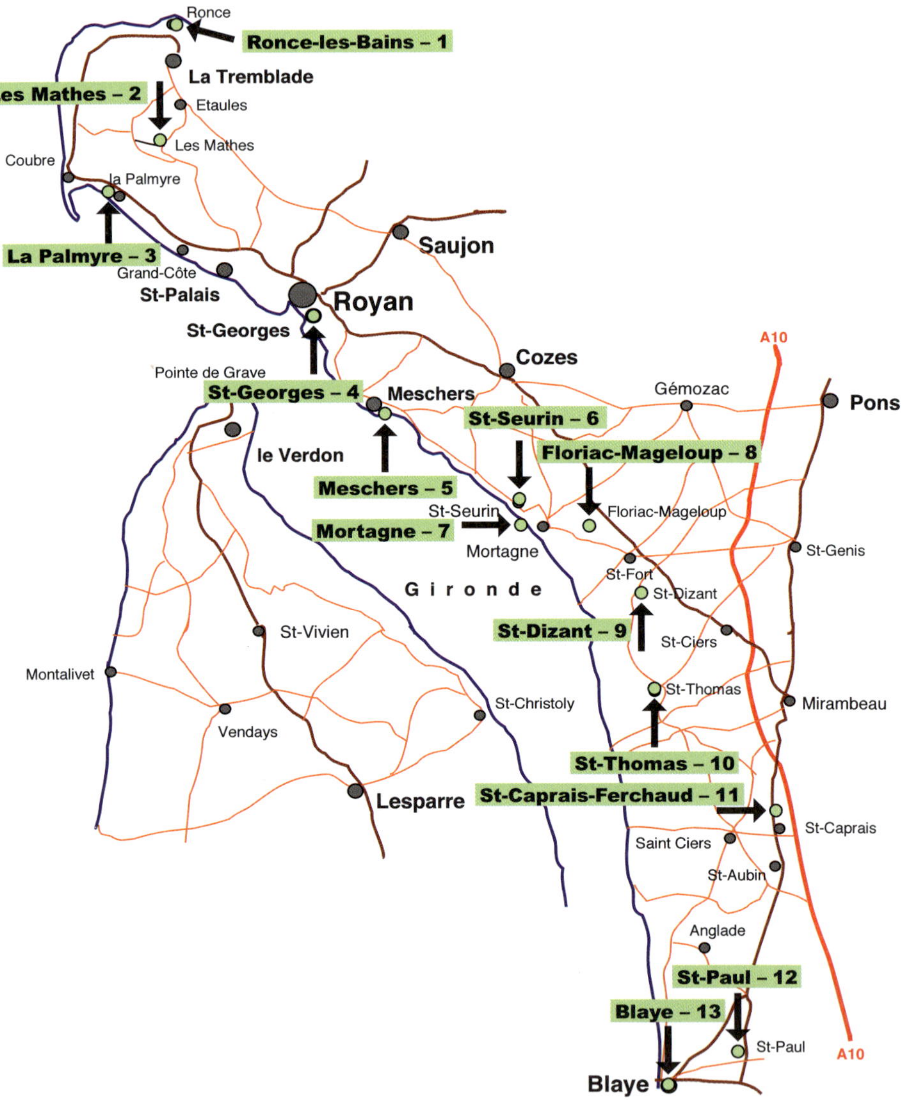

Tour 4: **Île d'Oleron nach Bordeaux**

Nr.	Ort, Bezeichnung	Stell-plätze A	Gast-haus	Häu-ser	WC	Bad See B	Orts-nähe	Ent-sorg. C	Park-dauer D	Park-gebühr
OB-1	**Ronce-les-Bains, Ortsrand ***	3	-	+	-	-	x	+	1	0
OB-2	**Les Mathes, Aire de la Garenne****	20	+	+	-	-	8	+	7	5
OB-3	**La Palmyre, Aire municipal *****	70	+	+	+	+	x	+	7	8
OB-4	**St-Georges, Stade ****	15	+	+	-	-	5	+	1	0
OB-5	**Meschers, Port de Plaisance *****	10	+	+	-	-	x	+	1	8
OB-6	**St-Seurin, Aire Campingautos ****	4	-	+	-	-	x	+	1	6
OB-7	**Mortagne, Port *****	50	+	+	+	-	x	+	1	8
OB-8	**Floriac-Mageloup, Degustation ****	5	-	+	-	-	x	+	U	4
OB-9	**St-Dizant, La rivière Taillon *****	15	+	-	+	-	x	+	U	0
OB-10	**St-Thomas, Ortsmitte ****	5	+	+	-	-	5	+	2	0
OB-11	**St-Caprais-Ferchaud, Gironde ****	5	+	+	+	-	x	+	2	0
OB-12	**St-Paul, Souveur Francais ****	5	-	+	-	-	5	+	1	0
Ob-13	**Blaye, Hafen *****	50	-	+	-	-	5	-	1	0

Legende

****	sehr ruhige und sehr schöne Lage.
***	sehr ruhige und schöne Lage.
**	ruhige und gute Lage.
*	keine ruhige Lage.
A	Stellplätze gestaffelt nach 3, 5, 10, 20, 30, 50 Wohnmobilen. Dabei wird angenommen, dass nur die Hälfte des Platzes zur Verfügung steht und die andere Hälfte durch Pkws belegt ist.
B	Fußweg in Minuten, x über 15 Minuten Fußweg.
C	Aufenthaltsdauer in Tagen.
D	Stellplatzgebühr in Euro pro Wohnmobil und 24 Stunden.
P	Stellplatzgebühr in der Saison.
T	Aufenthaltsdauer einige Tage.
U	Aufenthaltsdauer unbegrenzt.

Ronce-les-Bains Ortsrand* OB-1

Wohnmobilplatz an der D728E1 Richtung Les Mathes.

Von der D728E1 Richtung Les Mathes wird der Platz auf der rechten Seite erreicht.
45° 47' 34" Nord, 1° 09' 00" West. 45° 47.56' Nord, 1° 09.00' West. 45,79267° Nord, 1,15000° West.

Haus am Stellplatz.
Kostenlose Ver- und Entsorgung am Platz.
Müllcontainer am Platz.
Ganzjährig zugänglich.
Aufenthaltsdauer 24 Stunden.
Besichtigung der Austernzucht und Austernbänke in Marennes.
Besichtigung des Fort du Chapus und des Château de la Gataudière.
Besuch des Zoos in La Palmyre.
Fahrt entlang der atlantischen Küste.
Fahrt ins Medoc.
Asphaltierte, ebene Stellflächen für 3 Wohnmobile.
Keine Parkgebühr.
Tel. 05 46 36 99 00.

17570 Les Mathes Aire de la Garenne** OB-2

Übernachtungsplatz im Ort in ruhiger und schöner Lage.

Von der D141 am Ortseingangsschild nach 1 km rechts abbiegen zum Parkplatz links (**place des Ecoles, rue Henri Erable**).
45° 43' 04" Nord, 1° 08' 53" West. 45° 43.07' Nord, 1° 08.88' West. 45,71783° Nord, 1,14800 West.

Gaststätte in der Nähe. Häuser am Stellplatz.
Ver- und Entsorgung am Platz. Jeton für 4 € im Rathaus erhältlich.
Öffnungszeiten Rathaus Mo-Fr 9-12.30 und 13.30-18.00 Uhr
Jetons auch im Juli und August im Touristenoffice (tägl. 9-19 Uhr).
Müllcontainer am Platz. 8 Minuten Fußweg zur Ortsmitte.
Ganzjährig zugänglich. Aufenthaltsdauer 7 Tage.
Fahrt zur Ile d'Oleron.
Besichtigung der Austernzucht und Austernbänke in Marennes.
Besichtigung des Fort du Chapus und des Château de la Gataudière.
Besuch des Zoos in La Palmyre.
Asphaltierte, ebene und leicht schräge Stellflächen für 20 Mobile.
Parkgebühr: 5 € für 24 Stunden.
Tel. 05 46 22 48 72.

17570 La Palmyre Aire municipal du Corsaire*** OB-3

Übernachtungsplatz auf einem Großparkplatz in der Nähe des Strandes in ruhiger und schöner Lage.

Von der D25 (Ronce-Royan) am nördlichen Ortsrand von La Palmyre Richtung Meer abbiegen. Noch 300 m bis zum Platz (**Avenue de l'Atlantique**).
45° 41' 30" Nord, 1° 11' 21" West. 45° 41,50' Nord, 1° 11,35' West. 45,69158° Nord, 1,18910° West.

Häuser, Geschäfte und Gaststätten am Parkplatz.
Ver- und Entsorgung am Platz. Wasser 4 € für 100 l (Jeton).
Stromanschluss 2 € pro Stunde. WC und Müllbehälter am Platz.
Aufenthalt 7 Tage. Ganzjährig zugänglich.
Breiter, langer Sandstrand in 200 m Entfernung.
10 Minuten Fußweg zur Ortsmitte.
Wandern und Radfahren im Forêt de la Coubre und an der Küste.
Besuch des Zoos (1,5 km) und des Leuchtturms de la Coubre (3,5 km).
Besichtigung von Royan: Kirche Notre-Dame,
Terrassen-Wohnanlage Front de Mer, Villen im viktorianischen Stil.
Parkgebühr.: 8 € für 24 Stunden. Parkautomat.
Asphaltierte Stellflächen für 70 Wohnmobile bis 8 m Länge.
Tel. 05 46 22 48 72. www.la-palmyre-les-mathes.com

17110 St-Georges-de-Didonne Stade** OB-4

Wohnmobilplatz im Ort in ruhiger und schöner Lage.

In St-Georges-de-Didonne Richtung Centre Ville und Plage fahren. Dann rechts Richtung Imprimerie/ Marche abbiegen. Noch 250 m bis zum Stellplatz links (**parking du stade/Rue du Docteur Maudet**).
45° 36' 16" Nord, 0° 59' 59" West. 45° 36.27' Nord, 0° 59.99' West. 45,60450° Nord, 0,99983° West.

Für Wohnmobile reserviert von 18.00–10.00 Uhr.
Häuser am Stellplatz. Geschäfte in der Nähe. Restaurant im Ort.
Kostenlose Ver- und Entsorgung am Platz.
Sanitäranlage und Müllcontainer am Platz.
Informationstafel vorhanden.
Sportanlage in der Nähe.
Ganzjährig zugänglich. Aufenthaltsdauer unbegrenzt.
5 Minuten Fußweg in die Ortsmitte.
Besichtigung von Royan: Kirche Notre-Dame,
Terrassen-Wohnanlage Front de Mer, Villen im viktorianischen Stil.
Asphaltierte, ebene Stellflächen für 15 Wohnmobile.
Keine Parkgebühr.
Tel. 05 46 05 09 73.

17132 Meschers-sur-Gironde Port de Plaisance*** OB-5

Asphaltierter und geschotterter **Wohnmobilplatz** am Hafen in sehr ruhiger und schöner Lage.

Von der D730 in Cozes Richtung Talmont abbiegen (D114) und nach 7 km rechts Richtung Meschers fahren (D25). Nach weiteren 4,1 km - 800 m nach dem Ortsanfang links dem Wegweiser Port de Plaisance folgen. Nach 700 m an der Kirche links Richtung Port fahren. Noch 700 m bis zum Platz (**Route des Salines**).
45° 33' 22" Nord, 0° 56' 42" West. 45° 33,37' Nord, 0° 56,70' West. 45,55617° Nord, 0,94500 West.

Gaststätten und Häuser am Parkplatz. Geschäfte in der Nähe.
Ver- und Entsorgungsstation mit Stromanschlüssen (Capitanerie).
Aufenthaltsdauer 24 Stunden. Ganzjährig zugänglich.
Wanderungen und Radtouren an der Küste der Gironde.
Plage de Nonnes in 2 km Entfernung Richtung St-George.
Besichtigung von Royan: Kirche Notre-Dame,
Wohnanlage Front de Mer, Villen im viktorianischen Stil.
Parkgebühr: 8 € inkl. Ver- und Entsorgung. Kreditkarte oder Jeton.
Stellflächen für 10 Mobile.
Tel. 05 46 39 71 00.

17120 St-Seurin d'Uzet Aire Camping des Autos*** OB-6

Übernachtungsplätze am Kanal in ruhiger und schöner Lage.

Von der D145 (Meschers-Mortagne) am Hafen Saint-Seurin Richtung Meer abbiegen. Noch 100 m bis zum Platz (**Rue du Calvaire/Rue de l'Eglise**).
45° 30' 06" Nord, 0° 50' 12" West. 45° 30,09' Nord, 0° 50,20' West. 45,50154° Nord, 0,83667° West.

Häuser am Parkplatz. Supermarkt in der Nähe.
Blick auf Hafenkanal.
Wassersport auf der Gironde. Bootscharter am Parkplatz.
Ver- und Entsorgung am Platz. Stromanschluss Gebühr 4 €
Müllbehälter, Bänke und Tische am Platz.
Aufenthaltsdauer 24 Stunden. Ganzjährig zugänglich.
Einkauf der Spezialitäten des Landes: Pineau, Cognac, Vin d'Pays.
Wanderungen und Radtouren an der Küste der Gironde.
Besuch des Zoos in La Palmyre.
Besichtigung von Royan: Kirche Notre-Dame, Wohnanlage Front de Mer, Villen im viktorianischen Stil.
Parkgebühr: 7 € für 24 Stunden inkl. Ver- und Entsorgung.
Ebene, befestigte Stellflächen für 4 Mobile.
Tel. 05 46 90 44 03.

17120 Mortagne-sur-Gironde Port*** OB-7

Wohnmobilplätze an den Längsseiten des Fischereihafens in sehr ruhiger und schöner Lage.

Von der D730 (Mirambeau-Royan) in Boutenac Richtung Mortagne abbiegen und nach 3,1 km – 300 m nach dem Ortsanfang Mortagne – links Richtung Centre/le Port fahren und dem Wegweiser nach weiteren 600 m geradeaus folgen. Nach 500 m über die Stop-Straße (D245) fahren. Nach 200 m werden die Plätze rechts und links des Hafenbeckens erreicht (**Quai des Pécheurs**).
45° 28' 36" Nord, 0° 47' 31" West. 45° 28,60' Nord, 0° 47,52' West. 45,47667° Nord, 1,79200° West.

Häuser, Gaststätten, Bäcker, Geschäfte und Kiosk am Parkplatz.
Blick auf Hafen und Hafenkanal.
Wassersport auf der Gironde. Bootscharter am Parkplatz.
Ver- und Entsorgung mit Stromanschlüssen am Platz. Gebühr 2 €.
Müllbehälter, WC und Dusche am Platz.
Aufenthaltsdauer 24 Stunden. Ganzjährig zugänglich.
Einkauf der Spezialitäten des Landes: Pineau, Cognac, Vin d'Pays.
Wanderungen und Radtouren an der Küste der Gironde.
Besuch des Zoos in La Palmyre.
Besichtigung von Royan: Kirche Notre-Dame,
Wohnanlage Front de Mer, Villen im viktorianischen Stil.
Parkgebühr: 8 € für 24 Stunden inkl. Ver- und Entsorgung.
Ebene Stellflächen für 50 Mobile. Wenig Schatten.
Tel. 05 46 90 60 01.

17120 Floriac-Mageloup Degustation** OB-8

Geschotterte **Wohnmobilplätze** an der Brennerei Paul Boisnard in sehr ruhiger Lage.

Von der D730 (Mirambeau-Royan) Richtung Mortagne/Saint-Fort abbiegen und nach 1,5 km in Saint-Fort rechts Richtung Mortagne fahren. Nach weiteren 1,8 km links dem Wegweiser Degustation Paul Boisnard folgen. Noch 100 m bis zum Parkplatz (**D145/Rue de l'Enclouse 30**).
45° 28' 00" Nord, 0° 44' 35" West. 45° 28,02' Nord, 0° 44,62' West. 45,46667° Nord, 0,74317° West.

Häuser am Parkplatz.
Einkauf der Spezialitäten: Pineau, Cognac, Bordeaux-Weine.
Ver- und Entsorgung am Parkplatz.
Aufenthaltsdauer nicht begrenzt. Ganzjährig zugänglich.
Wanderungen und Radtouren an der Küste der Gironde.
Besichtigung von Royan: Kirche Notre-Dame,
Terrassen-Wohnanlage Front de Mer, Villen im viktorianischen Stil.
Fahrt entlang der atlantischen Küste.
Parkgebühr: 4 € für 24 Stunden inkl. Ver- und Entsorgung.
Ebene Stellflächen für 5 Wohnmobile.
Wenig Schatten.
Tel. 05 46 90 64 46.

17240 St-Dizant du Gua La rivière Taillon*** OB-9

Übernachtungsplatz am Ortsrand in sehr ruhiger und schöner Lage.

Von der D145 wird der Platz am Ortsrand erreicht (**Rue St-Vincent**).
45° 25' 51" Nord, 0° 24' 25" West. 5° 25,85' Nord, 0° 24,41' Ost. 45,43083° Nord, 0,40683° West.

Häuser und Geschäfte am Stellplatz.
Ver- und Entsorgung am Platz. Bänke und Tische am Platz.
Strom an der Ver- und Entsorgung. Gebühr 2 €
Müllcontainer am Platz.
WC im Kioskgebäude (Benutzbar zu den Öffnungszeiten).
Grünanlage mit Picknickbänken.
Ganzjährig zugänglich. Aufenthaltsdauer unbegrenzt.
Cognac einkaufen im Ort und in der Umgebung.
Besuch der Pineau Renou (500 m Richtung St. Thomas-de-Conac).
Wandern und Radfahren in der Umgebung.
Besuch des Zoos in La Palmyre.
Besichtigung von Royan: Kirche Notre-Dame,
Terrassen-Wohnanlage Front de Mer, Villen im viktorianischen Stil.
Ebene und leicht schräge Flächen auf Schotterwiese für15 Mobile.
Keine Parkgebühr. Teilweise Schatten durch Bäume.
Tel. 05 46 49 96 19.

17150 St-Thomas-de-Cognac Ortsmitte** OB-0

Wohnmobilplatz in der Ortsmitte in sehr ruhiger und schöner Lage.

Von der D252 in westlicher Richtung 500 m nach dem Ortsanfang wird der Stellplatz links erreicht (**D145**).
45° 23' 17" Nord, 0° 41' 25" West. 45° 23,28' Nord, 0° 41,41' Ost. 45,38800° Nord, 0,69017° West.

Häuser am Stellplatz.
Geschäfte in der Nähe.
Bar-Restaurant im Ort.
Kostenlose Ver- und Entsorgung am Platz.
Müllcontainer am Platz.
Informationstafel vorhanden.
Ganzjährig zugänglich. Aufenthaltsdauer 48 Stunden.
Cognac einkaufen im Ort und in der Umgebung.
Besuch der Pineau Renou.
Wandern und Radfahren an der Gironde.
Keine Parkgebühr.
Geschotterte, ebene Stellflächen für 5 Wohnmobile.
Tel. 05 46 86 03 40.

33820 St-Caprais-Ferchaud Porte Gironde** OB-11

Asphaltierte **Wohnmobilplätze** an der Porte Gironde.

Von der Ausfahrt 38 der Autobahn A10 links Richtung Etauliers und nach 1 km Richtung St-Ciers fahren. Nach 900 m rechts Richtung St-Aubin abbiegen (N137). Nach weiteren 4 km rechts zum Parkplatz abbiegen (**Lieu-dit-Ferchaud/N37**).
45° 17' 31" Nord, 0° 34' 09" West. 45° 17,51' Nord, 0° 34,15' West. 45,29183° Nord, 0,56917° West.

Gaststätte und Häuser am Platz. Geräusche durch nahe Straße (N137).
Entsorgung am Parkplatz (Chemietoilette).
Wasserversorgung und Stromanschlüsse an den Stellplätzen.
Gebühr 3 €. WC und Dusche am Parkplatz.
Bänke und Tische am Parkplatz. Informationstafel.
Aufenthaltsdauer 48 Stunden. Ganzjährig zugänglich.
Einkauf der Spezialitäten des Landes: Pineau, Cognac, Cocktail, Vin d'Pays.
Wanderungen und Radtouren an der Küste der Gironde.
Fahrt nach Royan. Fahrt nach Blaye.
Keine Parkgebühr.
Ebene Stellflächen für 5 Mobile bis 3,5 t.
Für große Mobile ungeeignet. Wenig Schatten.
Tel. 05 57 32 88 88.

33390 St-Paul Place du Souveur Français** OB-12

Übernachtungsplatz in der Ortsmitte in ruhiger Lage.

Von der D137 in südliche Richtung dem Wohnmobilschild folgend rechts abbiegen. Nach 200 m im Ort links abbiegen. Noch 50 m bis zum Stellplatz links.
45° 08' 53" Nord, 0° 36' 19" West. 45° 08.88' Nord, 0° 36.31' West. 45,14800° Nord, 0,60517° West.

Häuser am Stellplatz. Geschäfte in der Nähe.
Restaurant im Ort.
Ver- und Entsorgung am Platz (Euro-Relais). Gebühr 2 €
Strom an der Entsorgung.
Müllcontainer am Platz.
Informationstafel vorhanden.
Ganzjährig zugänglich.
Aufenthaltsdauer 24 Stunden.
Fahrt nach Royan. Fahrt nach Blaye.
Asphaltiert, ebene Stellflächen für 5 Wohnmobile.
Keine Parkgebühr.
Tel. 05 57 42 12 09.

33390 Blaye Hafen*** OB-13

Übernachtungsplatz am Hafen in sehr ruhiger und schöner Lage.

In Blaye am Hafen 300 m vor der Anlegestelle rechts zum Platz abbiegen. Noch 200 m bis zum Platz rechts.
45° 07' 34" Nord, 0° 40' 00" West. 45° 07.57' Nord, 0° 40.00' West. 45,12617° Nord, 0,66667° West.

Häuser und Geschäfte am Stellplatz.
Müllcontainer am Platz.
Blick auf die Gironde.
Grünanlage mit Picknickbänken.
Wiesengelände. Teilweise geschottert.
Ganzjährig zugänglich.
5 Minuten Fußweg zur Ortsmitte.
Autofähre über die Gironde nach Lamarque.
Fahrt nach Royan. Fahrt nach Bordeaux.
Ausflug ins Medoc.
Ebene und leicht schräge Stellflächen für 50 Wohnmobile.
Teilweise Schatten durch Bäume.
Keine Parkgebühr.

Der weltberühmte Rote

Im Médoc

Tour 5

Endlos ist der Sandstrand im Süden der Girondemündung. Hier beginnt die Côte d'Argent, die Silberküste. Dahinter erstrecken sich Dünen, Kiefernwälder, Binnenseen und Rebflächen bis zu dem großen Fluss, der Gironde. Kerzengerade verläuft die Küste im Médoc, weltberühmt sind die roten Trauben des Bordeaux-Weines, eine Landschaft zum Erholen und Genießen.

Wir haben mit der Autofähre den großen Strom von Royan zur Nordspitze des Médoc überquert. In le Verdon-sur-Mer führen uns große Wohnmobilschilder zu einem ruhig und schön gelegenen Übernachtungsplatz mit einer Ver- und Entsorgungseinrichtung am Platz und nahe gelegenen Geschäften und Gaststätten (**MD-1**).

Leider bestehen im bekannten Nachbarort an der Silberküste Soulac-sur-Mer für die Wohnmobilurlauber Übernachtungsverbote. Der Phare de Corduan, die romanische Benediktinerkirche Notre-Dame-de-la-Fin-des-Terres und das Musée de l'Archéologie mit vorgeschichtlichen und gallo-römischen Funden aus dem Médoc sind die Sehenswürdigkeiten dieses Ortes. In Soulac landeten im 11. Jahrhundert die englischen Jakobspilger und zogen von hier nach Santiago de Campostella in Spanien. Die damals für die Pilger erbaute Benediktinerkirche verschwand 1756 unter einer Wanderdüne, wurde aber wieder ausgegraben und restauriert. Heute beherrschen in den Pinienwäldern und am Strand die endlosen Reihen der Feriensiedlungen und die vielen Campingplätze das Bild.

In der Saison sind hier sehr viele Touristen. Wir fahren an der Küste entlang nach Süden. Hinter den Dünen bei le Gurp finden wir riesige Parkplätze in sehr ruhiger Lage und reizvoller Umgebung. Während der Badesaison haben Geschäfte, ein Supermarkt und Gaststätten neben den Parkplätzen geöffnet. Leider gibt es kein Hinweisschild für Wohnmobile. In Montalivet übernachten wir am Südstrand, eingerahmt zwischen Wohngebiet und Wald (**MD-2**). Schatten ist auf diesen großen Platz kaum vorhanden, aber der breite unendliche Sandstrand ist ganz in der Nähe.

In Vendays Montavilet besteht auch eine gute, ruhige Übernachtungsmöglichkeit (**MD-3**). Etwas weiter südlich befinden sich bei le Pin-sec und in Hourtin-Plage weitere Parkplätze an der Küste, die ebenfalls für eine Übernachtung gut geeignet sind, obwohl ein Hinweisschild nicht vorhanden ist.

Die Silberküste, der längste Sandstrand Europas, ist einmalig schön, unverbaut, größtenteils unerschlossen, unverfälschte Natur, großartig und einsam. Unentwegt brandet der Atlantik über breiten, feinen Sand. Dann zieht er sich bei Ebbe ein Stück zurück und gibt den festen Sandboden, auf dem man stundenlang wandern kann, wieder frei. Hinter dem trockenen, feinkörnigen Sandstrand erhebt sich ein mächtiger Dünengürtel, begrenzt durch das endlose Grün der Pinienwälder. Schnurgerade zieht sich die Côte d'Argent 250 km nach Süden. Nur schmale Stichstraßen führen zu den kleinen und kleinsten Küstensiedlungen und zu den bewachten Badestränden.

Das Land südlich der Gironne bis zur baskischen Küste war vor Jahrtausenden eine große Meeresbucht, die nach und nach mit dem Schwemmsand der Flüsse und des Meeres aufgefüllt wurde. Der Wind formte hohe Dünen, Kiefern besiedelten das Land. Dieser Prozess setzt sich weiter fort, und so mancher kleine Hafen versandete. Im Osten des heutigen Küstensaumes hat sich das größte zusammenhängende Waldgebiet Frankreichs gebildet, ein endloses grünes Meer.

Gironde Nord

Wir fahren nach Osten, ins Land des weltberühmten roten Bordeaux, zu den Châteaus der Winzer. Die besten und teuersten Rotweine bekommt man in den Châteaus Margaux, Lafite-Rothschild, Mouton-Rothschild, Lanessan und Beaucaillou. Einige große Jahrgangsweine brauchen Jahrzehnte, um ihre Vollendung als „Grand Crus Classes" zu erhalten. Der Weinliebhaber findet hier seine Traumweine. Die teuersten Weine wachsen auf den ärmsten Böden. Um zu der notwendigen Feuchtigkeit zu gelangen, müssen die Wurzeln mehrere Schichten aus Sand, Lehm und Kieseln durchdringen und nehmen dabei viele Mineralstoffe auf, die den Geschmack des Weines verbessern.

Die Römer brachten im ersten Jahrhundert vor Christus den Wein in die Gegend um Bordeaux. Die milden Winter und nur mäßig warmen Sommer begünstigen das Gedeihen der Trauben zu Spitzenprodukten an den Ufern der Flüsse Garonne und Dordogne und ihrem mächtigen Mündungstrichter, der Gironde. Rund 500 Millionen Flaschen Rot- und Weißwein werden jährlich abgefüllt. Der Verschnitt aus mehreren Traubensorten ist im Bordelais zu einer wahren Kunst verfeinert worden. Neben sündhaft teuren Weinen kann man auch Weine zu erschwinglichen Preisen erwerben. Nicht der Name Bordeaux oder Bordelais ist auf dem Etikett bei den guten Weinen zu lesen, sondern die Region, das Herkunftsgebiet wird auf der Flasche angegeben. Die Weine zu vernünftigen Preisen kommen unter den Namen Blayais, Bourgeais, Fronsac, Entre-deux-Mers, Graves, Premières Côte de Bordeaux in den Handel. Berühmte Rotweine sind der Pomerol, der mindesten 5 Jahre lagern soll, der Saint-Emilion, voll und feurig, und der Médoc, der Spitzen-Rotwein des Bordelais. Sehr teure Weißweine, schwer und süß, haltbar bis zu 20 Jahren, tragen das Etikett Sauternes, Barsac und Cérons.

Für uns sind die schwindelerregenden Preise dieser Weine nicht zu bezahlen. Wir probieren und kaufen die schneller reifenden Weine der Crus Bourgeois in den mittleren Preisklassen. An den Châteaus gibt es fast immer Parkplätze, die man nach einem Weinkauf als Übernachtungsplatz nutzen kann. Auch auf den Parkplätzen des Château Mouton-Rothschild und des Château Lafite-Rothschild, Weingüter der obersten Qualitäts- und Preisstufe kann man nach dem Kauf übernachten.

Die Hafenstadt Pauillac ist das Zentrum des roten Bordeaux im Médoc. Wir besichtigen Gläser, Keramiken, Gemälde und Wandteppiche mit Weinmotiven im Musée du Vin, das in einem ehemaligen Weinlager untergebracht ist. Im Norden dieser Stadt besuchen wir das wohl bekannteste Weinschloss Mouton-Rothschild. Wir bewundern die Reben und den „chais", ein über den Erdboden errichteter Bau mit dicken Mauern, der im Médoc den Weinkeller ersetzt. Nur ein Kilometer weiter nördlich liegt das nächste, unter Kennern weltbekannte Weinschloss Château Lafite-Rothschild. In den Kellereien lagern Raritäten, uralte gefüllte Weinflaschen. Beide Schlösser sind nach Voranmeldung zu besichtigen.

Wir bleiben auf dem für Wohnmobile ausgewiesenen Stellplatz an der Gironde in St-Estèphe (**MD-4**). Der Stellplatz ruhig und in reizvollen Umgebung verleitet uns zum Bummeln und zum Weinkauf in St-Estèphe und zu einem längeren Aufenthalt.

Wir fahren auf der Route des Châteaux du Vin und auf der malerischen Uferstraße der Corniche de la Gironde und biegen dann wieder nach Westen zur atlantischen Küste. Ein sehr schöner Stellplatz lädt am Hafen von Hourtin zum längeren Verweilen ein (**MD-5**).

Von allen Parkplätzen an der Côte d'Argent locken die asphaltierten oder gut befestigten Wege in den Kiefernwäldern zu längeren Wanderungen und Radtouren. Eine Ver- und Entsorgungsstation, Stromanschlüsse und sanitäre Anlagen befinden sich am Übernachtungsplatz, Geschäfte, Gaststätten und der Hafen für Sportboote sind in der Nähe. Uns reizt der breite Sandstrand am See. Das Wasser ist erheblich wärmer als im Atlantik, es gibt keine Gezeiten und keine Brandung. Für Schwimmer, Surfer und Segler sind die Binnenseen hinter der atlantischen Küste ein ideales Revier. 17 Kilometer lang ist dieser von Kiefernwäldern umrahmte größte See Frankreichs.

Gironde Nord

Am Ostufer des Sees hat sich eine Heidelandschaft mit Sandstränden entwickelt, bis zum Westufer verlaufen die bewaldeten Dünen. Hourtin und Carcans liegen am Ostufer, ihre Ortsteile Hourtin-Plage und Carcans-Plage befinden sich im Westen an der Küste des Atlantiks. Badefreuden und Wassersport im Salzwasser des wilden Ozeans oder im Süßwasser des ruhigen Sees ist für die Gästen dieser Orte möglich.

Wir kommen zurück von unserem Abendbummel. Es ist schon dunkel, aus der kleinen Taverne dringt noch Licht, es lockt uns in die Kneipe. Drinnen sitzen in Gesprächen vertieft Frauen und Männer. Einer steht auf und bittet uns an seinen Tisch. Er hat auch ein fahrbares Ferienhaus. Wir erhalten viele wertvolle Tipps über Stellplätze für Wohnmobile. Es wird ein gemütlicher Abend beim weltberühmten roten Bordeaux.

Auch in Carcans-Plage wurde ein Wohnmobilplatz unter Pinien eingerichtet (**MD-6**). Sanitäre Einrichtungen, Ver- und Entsorgungsmöglichkeiten, Stromanschluss und Einkaufsmöglichkeiten sind am Platz vorhanden. Der dichte Pinienwald beschattet ausreichend in der Sommersaison.

In Lacaneau am Lac de Lacaneau finden wir im Ortsteil Le Moutchic Übernachtungsplätze (**MD-7**). Im bekannten Badeort Lacaneau-Ocean mit seiner modernen Strandpromenade sind kaum Möglichkeiten, am Strand zu parken. Die Touristen suchen in diesem Ort Abwechslung, Rummel und sportliche Aktivitäten. Aber im Ortsteil Le Huga können wir für zwei Nächte auf einem in einer ruhigen Umgebung sehr schön gelegenen Stellplatz bleiben (**MD-8**).

Auf der Fahrt nach Bordeaux besteht am Complex sportif in St-Jean d'Illac westlich von Bordeaux die Möglichkeit, das rollendes Zuhause für mehrere Tage abstellen (**MD-9**).

Am Zoo von La Palmyre

Gironde Nord

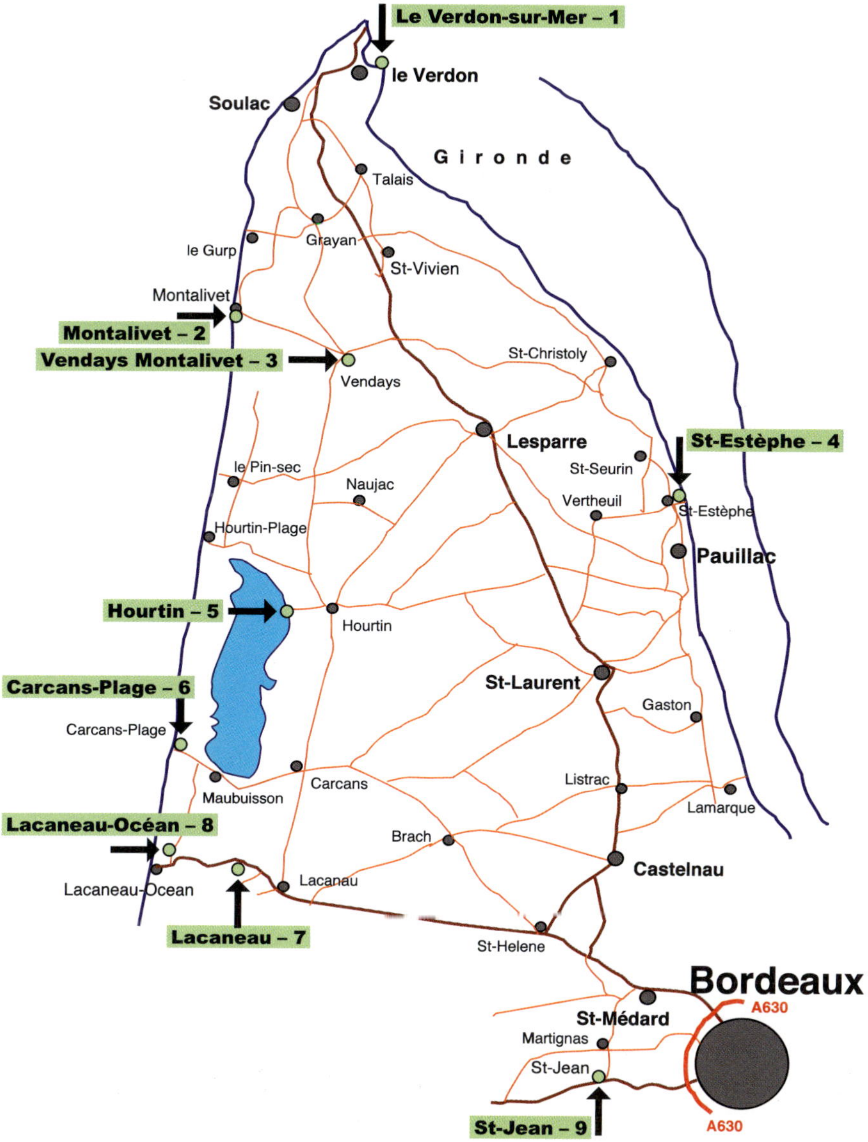

Gironde Nord

Tour 5: **Im Medoc**

Nr.	Ort, Bezeichnung	Stell-plätze A	Gast-haus	Häu-ser	WC	Bad See B	Orts-nähe	Ent-sorg. C	Park-dauer D	Park-gebühr
MD-1	**Le Verdon-sur-Mer, Mobilplatz ****	30	+	+	-	+	x	+	U	4
MD-2	**Montalivet, Plage Sud *****	30	-	+	-	+	x	+	2	5
MD-3	**Vendays Montalivet, l'Europe *****	30	-	+	-	-	x	+	2	8
MD-4	**St-Estèphe, Rue des Pecheurs *****	10	-	-	-	-	x	+	3	0
MD-5	**Hourtin, Port ******	30	+	+	+	+	x	+	U	6
MD-6	**Carcans-Plage, Aire d'Auto-C. *****	70	+	+	+	+	x	+	1	6
MD-7	**Lacaneau, Le Moutchic *****	30	-	+	-	-	x	+	2	11
MD-8	**Lacaneau-Océan, Le Huga ******	50	+	+	-	-	x	+	2	11
MD-9	**St-Jean, Complexe sportif ***	4	-	+	-	-	5	+	T	0

Legende

****	sehr ruhige und sehr schöne Lage.
***	sehr ruhige und schöne Lage.
**	ruhige und gute Lage.
*	keine ruhige Lage.
A	Stellplätze gestaffelt nach 3, 5, 10, 20, 30, 50 Wohnmobilen. Dabei wird angenommen, dass nur die Hälfte des Platzes zur Verfügung steht und die andere Hälfte durch Pkws belegt ist.
B	Fußweg in Minuten, x über 15 Minuten Fußweg.
C	Aufenthaltsdauer in Tagen.
D	Stellplatzgebühr in Euro pro Wohnmobil und 24 Stunden.
P	Stellplatzgebühr in der Saison.
T	Aufenthaltsdauer einige Tage.
U	Aufenthaltsdauer unbegrenzt.

Parkplatz am Atlantik im Medoc

33123 Le Verdon-sur-Mer **Wohnmobilplatz Chambrette**** MD-1

Wohnmobilstellplatz am Ortsrand in ruhiger und schöner Lage.

Bei Anfahrt aus dem Süden (N215) 200 m nach dem Ortsanfang rechts dem Symbol folgen. Nach 400 m links fahren (kein Hinweisschild). Noch 500 m bis zum Platz rechts (**Allée des Baines**). Bei Anfahrt aus dem Norden (von der Fähre) 800 m nach dem Verdon links dem Symbol folgen und nach weiteren 800 m links Richtung Centre/Symbol fahren. Noch 500 m bis zum Parkplatz rechts (**Allée des Baines**).
45° 32' 44" Nord, 1° 03' 49" West. 45° 32,74' Nord, 1° 03,82' West. 45,54557° Nord, 1,05473° West.

Gaststätten und Geschäfte, Sandstrand in der Nähe.
Ver- und Entsorgung am Parkplatz. Gebühr 3 €. Strom möglich.
Aufenthaltsdauer nicht begrenzt. Ganzjährig zugänglich.
Wanderungen und Radtouren an der Küste und im Médoc.
Autofähre nach Royan.
Besichtigung von Soulac: Kirche Notre-Dame-de-la-Fin-des-Terres, Musée de l'Archéologie, Pointe de Grave.
Fahrt entlang der atlantischen Küste.
Parkgebühr: 4 €/für 24 Stunden.
Stellmöglichkeiten für 30 Mobile.
Wohnmobil-Übernachtungsverbote im Ortsgebiet von Soulac.
Tel. 05 56 09 60 19.

33930 Montalivet **Plage Sud***** MD-2

Wohnmobilstellplatz hinter den Dünen am Strand in sehr ruhiger und sehr schöner Lage.

Von Vendays Richtung Montalivet fahren (D102) und durch Montalivet fahren. Am Ende der Straße am Meer links fahren (Boulevard du Front de Mer). Am Straßenende nach 700 m links abbiegen (**Boulevard de Lattre de Tassigny**). Noch 100 m bis zum Parkplatz.
45° 22' 35" Nord, 1° 09' 25" West. 45° 22,58' Nord, 1° 09,42' West. 45,37625° Nord, 1,15693° West.

Häuser am Platz. Sandstrand am Platz.
Ver- und Entsorgung am Stellplatz. Wasser 1 €
Stromanschluss möglich. Müllcontainer am Platz.
Aufenthaltsdauer 48 Stunden. Zugänglich 01.05.–01.10.
Wandern- und Radfahren in der Umgebung.
Fahrt entlang der atlantischen Küste.
Fahrt nach Bordeaux.
Kein Schatten.
Geschotterte, ebene Stellflächen für 30 Mobile bis 12 m Länge.
Parkgebühr 5 € für 24 Stunden.
Tel. 05 56 73 32 02.

33930 Vendays Montalivet **Avenue de l'Europe***** MD-3

Wohnmobilstellplatz vor dem Campingplatz Municipal in ruhiger und sehr schöner Lage.

Von der D102, in westliche Richtung, in Montalivet links dem Schild Camping-Cars folgen. Noch 800 m bis zum Stellplatz links (**Avenue de l'Europe**).
45° 22' 13" Nord, 1° 08' 40" West. 45° 22.21' Nord, 1° 08.67' West. 45,37017° Nord, 1,14450° West.

Häuser am Platz. Ver- und Entsorgung am Stellplatz.
Stromanschluss möglich. Müllcontainer am Platz.
01.05.–30.09. zugänglich. Aufenthaltsdauer 48 Stunden.
Schranke vor der Ein- und Ausfahrt.
Tickets an der Rezeption zu Öffnungszeiten (10–12 und 15–18 Uhr)
Lebensmittel (Aldi) 500 m vor dem Platz.
Wandern- und Radfahren in der Umgebung.
Fahrt entlang der atlantischen Küste. Fahrt nach Bordeaux.
Schatten durch Bäume. Grünanlage.
Geschotterte, ebene, teilweise mit Wiese bewachsene Stellflächen für 30 Wohnmobile.
Parkgebühr 8 € inkl. Strom
Informationen: Tel. 05 56 09 33 45.

33180 Pauillac-St-Estèphe Rue des Pecheurs*** MD-4

Übernachtungsplatz auf einem Parkplatz in sehr ruhiger und schöner Lage am Ufer der Gironde.

Von Pauillac am Ufer der Gironde Richtung St-Estèphe fahren (D2) und vor Estèphe links zur **Rue des Pecheurs** abbiegen. Noch 50 m bis zum Platz.
45° 15' 53" Nord, 0° 45' 28" West. 45° 15,84' Nord, 0° 45,49' West. 45,26471° Nord, 0,75781° West

Ver- und Entsorgung am Platz. 1 Jeton für 100 l Wasser.
Stromanschluss möglich. Jeton.
Aufenthaltsdauer 72 Stunden. Ganzjährig zugänglich.
Wanderungen und Radtouren im Médoc.
Besichtigung von Soulac: Kirche Notre-Dame-de-la-Fin-des-Terres, Musée de l'Archéologie, Pointe de Grave.
Weinkauf in Pauillac.
Fahrt zu den Weingütern im Haut-Médoc bei Pauillac.
Fahrt nach Bordeaux.
Keine Parkgebühr. Befestigte Stellflächen für 10 Wohnmobile.
Tel. 05 56 59 35 93.

33390 Hourtin Wohnmobilplatz Port**** MD-5

Wohnmobilplätze unter Bäumen am Lac d'Hourtin et de Carcans in sehr ruhiger und schöner Lage.

Von der D3 (Lacaneau-Lesparre) in Hourtins Richtung Port fahren. Nach 1,6 km wird der Parkplatz links erreicht (**Avenue du lac/Lieu-dit Mombet**).
45° 10' 56" Nord, 1° 04' 53" West. 45° 10,93' Nord, 1° 04,88' West. 45,18077° Nord, 1,08102° West.

Gaststätte, Geschäfte und Häuser in der Nähe.
WC und Dusche am Parkplatz.
Ver- und Entsorgungsstation am Platz. Gebühr 2 €.
Müllcontainer am Parkplatz. Kein Strom.
Aufenthaltsdauer nicht begrenzt. 01.04.–01.10. zugänglich.
Minigolf und Fahrradverleih am Parkplatz.
Breiter Sandstrand am Etang in der Nähe.
Surfen und Segeln auf dem See. Segelschule in der Nähe.
Wandern und Radtouren im Médoc. Radwanderwege am Parkplatz.
Fahrt zu den Weingütern im Haut-Médoc bei Pauillac.
Park- und Übernachtungsgebühr in der Saison 6 €.
Geschotterte Flächen für 30 Mobile. Schatten durch hohe Bäume.
Informationen: Tel. 05 56 73 28 43.

Sonnenuntergang am Atlantik

33121 Carcans-Plage Aire d'Auto-Caravanes*** MD-6

Wohnmobilplatz in einem Pinienwald in sehr ruhiger Lage und landschaftlich reizvoller Umgebung.

Von der D3 in Carcans Richtung Carcans-Plage abbiegen (D207) und nach 11 km am Ortsanfang Carcans-Plage rechts dem Wegweiser Aire d'Auto-caravanes folgen. Noch 100 m bis zum Stellplatz vor dem Campingplatz Municipal (**D207**).
45° 04' 11" Nord, 1° 08' 34" West. 45° 04,19' Nord. 1° 08,57' West. 45,06961° Nord, 1,14284° West.

Gaststätten in der Nähe.
Häuser am Parkplatz.
WC und sanitäre Einrichtungen auf dem Campingplatz.
Ver- und Entsorgungsstationen am Parkplatz. Gebühr 3 €
Strom- und Wasseranschluss möglich.
Für sehr große Wohnmobile nicht geeignet.
01.04.–01.10. zugänglich.
Feinsandiger, breiter Strand in der Nähe (400 m).
Wassersport auf dem Lac d' Hourtin.
Stellmöglichkeiten für 70 Wohnmobile. Für Caravan verboten.
Parkgebühr in der Saison: 6 € für 24 Stunden.
Auf den Parkplätzen in Carcans-Plage und Maubuisson Verbote.
Tel. 05 56 03 90 20.

33680 Lacaneau Le Moutchic*** MD-7

Wohnmobilstellplatz in Seenähe in sehr ruhiger und schöner Lage.

Auf der D 6 in Le Moutchic nach 1,2 km links dem Schild Aire de Service folgen. Noch 200 m bis zum Stellplatz rechts.
44° 59' 56" Nord, 1° 09' 55" West. 44° 59.93' Nord, 1° 09,92' West. 44,99880° Nord, 1,16528° West.

Häuser am Stellplatz. Geschäfte in der Nähe.
Kostenlose Ver- und Entsorgung am Platz.
Strom an der Ver- und Entsorgung.
Ganzjährig zugänglich. Aufenthaltsdauer 48 Stunden.
Baden und Bootfahren auf dem Lac de Lacaneau.
Wandern und Radtouren im Médoc. Asphaltierte Radwanderwege.
Fahrt zu den Weingütern im Haut-Médoc bei Pauillac.
Geschotterte Flächen für 30 Mobile.
Etwas Schatten durch Bäume.
Parkgebühr 11 € für 24 Stunden inkl. Ver- und Entsorgung und Strom. Parkautomat.
Informationen: Tel. 05 56 03 83 03.

Gänse am Etang

33680 Lacaneau Océan Le Huga**** MD-8

Wohnmobilhafen in sehr ruhiger und sehr schöner Lage.

Auf der D 106, 100 m hinter dem Ortseingangsschild Lacaneau Océan wird der Platz rechts erreicht (**Allee de Saiviels**).
45° 00' 22" Nord, 1° 09' 56" West. 45° 00.37' Nord, 1° 09.94' West. 45,00584° Nord, 1,16528° West.

Parzellierte Stellflächen.
Meistens direkt mit Strom und Wasser.
Häuser am Stellplatz. Restaurant in der Nähe.
Zwei Ver- und Entsorgungsstellen am Platz.
Stromanschluss möglich.
Müllcontainer am Platz.
Informationstafel vorhanden.
01.06.-01.09. zugänglich. Aufenthaltsdauer 48 Stunden.
Strandwanderungen am Meer (ca. 2 km entfernt).
Wanderungen und Radtouren im Médoc.
Asphaltierte Radwanderwege am Parkplatz.
Fahrt entlang der atlantischen Küste.
Fahrt zu den Weingütern im Haut-Médoc bei Pauillac.
Fahrt nach Bordeaux.
Befestigte, teilweise leicht schräge Stellflächen für 50 Wohnmobile.
Parkgebühr 11 € inkl. Ver-und Entsorgung, Strom. Parkautomat.
Tel. 05 56 03 83 03.

33127 St-Jean d'Illac Complexe sportif* MD-9

Wohnmobilplatz am Sportzentrum.

Von der D106 in westlicher Richtung dem Wohnmobilschild folgend links abbiegen. Sofort rechts wird der Platz erreicht (**Rue des Badines**).
44° 48' 34" Nord, 0° 46' 41" West. 44° 48.56' Nord, 0° 46.68' West. 44,81015° Nord, 0,77691° West.

Häuser am Stellplatz. Supermarkt in der Nähe.
Restaurant im Zentrum. 5 Minuten Fußweg.
Kostenlose Entsorgung in der Nähe des Platzes. Wasser 2 €.
Müllcontainer am Platz. Informationstafel an der Entsorgung.
Ganzjährig zugänglich. Aufenthaltsdauer unbegrenzt.
Schmale Zufahrt. Herabhängende Äste in der Zufahrt.
Wanderungen und Radtouren im Medoc.
Fahrt zu den Weingütern im Haut-Médoc bei Pauillac.
Fahrt nach Bordeaux.
Stellfläche für 4 Wohnmobile. Geschotterte, ebene Stellflächen.
Keine Parkgebühr.
Ausweichplatz: Place de l' Église
Koordinaten:44° 48.73' Nord, 0° 46.80' West.
Tel. 05 57 97 83 00.

Parkplatz am Strand des Atlantiks

Die Straße der Austern

Das Becken von Arcachon

Tour 6

Bevor wir uns dem süßen Nichtstun am Strand der Silberküste wieder hingeben, wollen wir noch der Metropole Bordeaux einen Besuch abstatten. In der Stadt mit 650.000 Einwohnern herrschen chaotische Verkehrsverhältnisse. Die Hauptstadt von Aquitanien, schon von den Römern als Hafenstadt Burdigala gegründet, entwickelte sich dank des Hafens an der Garonne im letzten Jahrhundert zum Wirtschaftszentrum im Südwesten Frankreichs.

Die Altstadt wurde unter Denkmalschutz gestellt, einige Straßen sind für den Autoverkehr gesperrt, ein Rundgang zu Fuß führt an den wichtigsten Sehenswürdigkeiten vorbei. Ein bedeutendes Bauwerk ist das klassizistische Grand-Theâtre, erbaut 1780, beherrscht von zwölf korinthischen Säulen, die den Vorbau mit den Göttinnen Juno, Venus und Minerva und den neun Musen tragen. Die reiche Bürgerschaft der Stadt hat sich mit diesem Theater, das zu den schönsten in Frankreich zählt, ein Denkmal gesetzt. Die Cathédrale St-André wurde im romanischen Stil erbaut, im gotischen Stil vollendet. Meisterwerke der Gotik sind der Chor, der Chorumgang und die Kapellen. Der Glockenturm wurde frei neben der Kirche errichtet. Zu der reichhaltigen Ausstattung zählen die Skulpturen der Heiligen, das Abendmahl, die Auferstehung im Tympanon und die Portale.

Der Platz de la Bourse, eine Ansammlung von großartigen barocken Gebäuden, wurde 1755 im klassizistischen Baustil angelegt. Die Börse mit einer reich verzierten Fassade dient noch heute ihrer ursprünglichen Bestimmung. Einer der größten Plätze Europas entstand nach dem Abriss der Burg 1828, die Esplanade des Quinconces. Ein Denkmal für die Girondisten von 1895, zwei Säulen mit den Symbolfiguren Handel und Schifffahrt, 1829 aufgestellt, und die überlebensgroßen Statuen der in der Nähe von Bordeaux geborenen Philosophen Montaigne und Montesquieu schmücken den riesigen Platz. Weitere Sehenswürdigkeiten sind die Porte Calhau, ein mittelalterliches Torhaus, die Porte de la Grosse-Cloche, ein Tor der Stadtmauer, und die gotische Kirche Saint-Michael mit dem höchsten Glockenturm Südfrankreichs neben der Kirche. Im Musée Beaux-Arts sind Werke von Tizian, van Dyck, Veronese, Perugino, vor allem aber die berühmte „Löwenjagd“ von Delacroix zu bewundern. Das Musée des Arts Décorativs präsentiert Keramik, Gläser, Möbel und Goldschmiedearbeiten. Informationen über die Tiere und Pflanzen im Südwesten Frankreichs erhält der Besucher im Musée d' Histoire Naturelle.

Südlich von Bordeaux befindet sich das gotische Chateau de Labrède, in dem der große französische Philosoph und Staatmann Montesquieu 1689 geboren wurde und in dem er lange Zeit lebte. Seine demokratischen Gedanken beeinflussten entscheidend die Verfassung der Vereinigten Staaten von Amerika.

Wir erreichen die Küste bei le Porge. Auf dem wunderschönen Stellplatz am Strand von le Porge-Océan ist leider kein Hinweisschild für Wohnmobile aufgestellt. Der Weg zum Sandstrand ist kurz, die hohen Pinien spenden am Tage ausreichend Schatten. Einige Wohnmobile bleiben über Nacht.

Wir fahren weiter nach Süden an der Küste entlang. In Grand Crohot Océan gibt es wieder einen wunderschönen und sehr großen Parkplatz im Pinienwald, gleich hinter den Dünen. Leider finden große Wohnmobile nur am Rande des Waldes einen Parkplatz. Grand Crohot-Océan, was für ein Name für zwei Häuser und eine Gaststätte. Hier faulenzen wir am Strand, essen vorzüglich im Restaurant und genießen den blutroten Sonnenuntergang.

Gironde Süd

Es ist Ebbe. Auf der Fahrt nach Cap Ferret sehen wir die weiten Sandflächen der „Ile aux Oiseau", die vom Meer nur bei Ebbe freigegeben werden. In der Ferne sind auf der Insel die berühmten, halb im Wasser verschwundenen, auf Stelzen gebauten Hütten der Austernzüchter zu sehen. Bei Ebbe erreicht die Insel eine Fläche von 1000 ha. Ein Austerndorf nach dem anderen reiht sich entlang des Beckens auf unserer Fahrt am Westufer. Austernstände locken überall mit dieser Delikatesse und den dazu passenden Bordeaux-Weinen.

Die Aufzucht von Austern dauert vier Jahre. Im Herbst werden die Austernlarven auf gekalkten Dachziegeln in den Austernparks ausgelegt und im folgenden Frühjahr abgepflückt. In flachen Maschensäcken müssen die Baby-Austern erneut ausgesetzt werden. Nach 1,5 Jahren, im Winter, fischt man sie aus dem Wasser, sichtet und sortiert sie. Dann bleiben sie 2,5 Jahre bis zur Marktreife im Wasser. Die Austernzüchter müssen in dieser Zeit regelmäßig Algen, Gras und Sand beseitigen, damit das Wachstum der Austern nicht beeinträchtigt wird.

Wir folgen einer schmalen Straße zum Atlantik und finden wieder einen sehr schönen Parkplatz bei le Trut Vert. Im Schatten unter hohen Pinien sind genügend Plätze für Wohnmobile, aber das Hinweisschild fehlt auch hier. In wenigen Minuten sind wir am Meer und erfrischen uns durch ein Bad im Atlantik. Am nächsten Morgen besuchen wir le Cap Ferret. Die schnurgerade Küstenlinie wird nur einmal am Cap Ferret durch das Becken von Arcachon aufgebrochen. Die Landspitze hat sich im Laufe der letzten Jahrhunderte gebildet. Das günstige Klima, der Wald und die beiden gegenüberliegenden Strände am Atlantik und an der Bucht locken die Touristen an. Leider sind die Parkplätze nur schmal und für die Übernachtung nicht geeignet.

Vom 52 Meter hohen Leuchtturm, erbaut 1839, von der deutschen Besatzung zerstört und 1946 wieder errichtet, haben wir einen schönen Blick auf das Becken von Arcachon, auf die Halbinsel Ferret und auf die gegenüberliegende, gewaltige Düne von Pilat. Eine ausgedehnte Sandbank liegt vor dem Cap Ferret, ein Vogelparadies. In einigen Jahrhunderten wird die Sandbank zu festem Land werden und die Halbinsel verlängern.

Um zur Düne von Pilat, zur größten Düne Europas zu gelangen, müssen wir die Bucht umfahren. Die Ostküste des Beckens von Arcachon ist dicht besiedelt. In Lègè-Cap Ferret finden wir einen Stellplatz für Wohnmobile im Ortsteil Claouey (**BA-1**). 50 Mobile haben hier Platz. Eine Gebühr wird nicht erhoben. In Ares gehen wir zur Mole und bewundern am Abend die Lichter der Orte im Westen, Norden und Süden. Nicht weit vom Pier ragt im fahlen Dämmerlicht ein alter Turm empor, Überreste einer Mühle aus antiken Zeiten.

In Andernos fallen uns die vielen weiß gekalkten Dachziegel auf, die vor den Hütten der Austernfischer gestapelt sind, um später mit Austernlarven in den Austernparks ausgelegt zu werden. Eine der wenigen Spuren aus der römischen Epoche findet man in Andernos, die Überreste einer Basilika aus dem 4. Jahrhundert. Gleich daneben steht die romanische Kirche Saint-Eloi.
Am Hafen darf das Wohnmobil für zwei Tage abgestellt werden (**BA-2**). Zwischen Andernos und Audenge gibt es schöne Wanderwege, die zu Schleusenanlagen, Austernhütten, Fischbecken und Austernparks führen.

Audenge ist durch die Fischbecken des Maquis de Civrac, die auf dem Weg von der Küste bei Lanton nach Audenge zu erreichen sind, zu einem Ort für Touristen geworden. Die auf Pfeilern erbauten Jagdhütten der Enten- und Taubenjäger sind überall zu sehen. Von der Landspitze Branne bietet sich dem Wanderer ein schönes Panorama. Wir sind am Südufer der Bucht. Hier am weit verzweigten Delta des Flusses Leyre hat sich eine Sumpf- und Wasserlandschaft gebildet, die günstige Bedingungen für Pflanzen und Tiere bietet. Im „Parc Ornitholique" von le Teich erleben wir viele Vogelarten der französischen Atlantikküste in freier Natur. Der große Vogelpark wurde erst 1972 angelegt, hat sich aber schnell zu einem Paradies für Brut- und Zugvögel entwickelt. In diesem Naturschutzgebiet, einer Landschaft aus Wasser, Sumpf, Schilf und Land, kann man über 250 Vogelarten auf einer Fläche von 150 ha beobachten. Einen Stellplatz finden wir vor dem Campingplatz Le Braou in Audenge (**BA-3**).

Gleich neben dem Vogelpark, am Bootshafen gibt es einen sehr ruhigen und schön gelegenen Parkplatz. Ein kleiner warmer Badesee lädt zum Schwimmen ein, ein Beobachtungshügel erlaubt einen herrlichen Rundblick über die Flusslandschaft. Das rollende Ferienhaus kann hier sogar ver- und entsorgt werden. Wanderungen durch das Flussdelta und zu den Austernbänken zählen zu den stärksten Eindrücken und Erlebnissen.

Unser nächstes Ziel ist Gujan-Mestras, „capitale des huitres", das Zentrum der Austernzucht. Der Austernmarkt, die sieben Austernhäfen und die Hütten der Austernzüchter sind beliebte Ausflugsziele. Hier kosten wir nicht nur die Austern, sondern machen uns auch mit der vierjährigen Aufzucht der Austern vertraut. Auch im Freizeitpark für Wassersport Aquacity und im Tierpark La Cochinelle ist viel Abwechslung garantiert. Weiter im Westen, in la Hume, lohnt sich der Besuch einer weiteren Attraktion, Village Medivial, ein mittelalterliches Dorf. Hier erlebt man im Sommer die vergangenen Jahrhunderte, wenn die Handwerker kommen und in ihrer Kluft die Kunst der alten Berufe zeigen.

Die Bucht von Arcachon liegt abgeschieden vom rauhen Atlantik, ideale Bedingungen für den Wassersport, für Motor- und Segelboote. Die meisten liegen im Hafen von Arcachon. Die Stadt ist heute ein weithin bekannter Touristen- und Vergnügungsort. Unser erster Weg führt uns zum Hafenpier. Vom Denkmal für die Seeleute, die auf dem Atlantik ihr Leben ließen, können wir nicht nur die Stadtfront, sondern auch die ganze Küstenregion überblicken. Arcachon ist wie Cap Ferret im Winter ein Aufenthaltsort für Prominente. Feine Villen und großartige Yachten bestimmen das Bild dieser Stadt. Noch im 19. Jahrhundert war Arcachon ein vom Lärm der Welt abgeschiedener Zufluchtsort für alle Menschen, die die Einsamkeit suchten. Das änderte sich Ende des 19. Jahrhunderts, als die Mediziner das günstige Klima für Lungenkranke entdeckten. Villen entstanden, in Arcachon ließen sich Reiche und Prominente nieder. Das Aquarium und das Meeresmuseum vermitteln alles Wissenswerte über die Austernzucht. Zu den Austernzüchtern werden Bootsfahrten angeboten. In der Stadt sind die Kirche St-Ferdinand, der Park Pereire, die Kirche Notre Dame und die Häuser des 19. Jahrhunderts, im Stil der Belle Epoche erbaut, sehenswert. Zwei Wohnmobilplätze mit Ver- und Entsorgungsmöglichkeiten hat die Stadt eingerichtet (**BA-4** und **BA-5**). Der erste Platz liegt leider an einer Hauptverkehrsstraße, der zweite Platz in ruhiger und schöner Umgebung und am breiten Sandstrand. Er ist aber meistens belegt und kann nicht von großen Wohnmobile genutzt werden.

La Test-de-Buch, südlich von Arcachon, war früher das Zentrum der Region. Aus dem Erbe des 18. und 19. Jahrhunderts sind viele historische Bauten in der Stadt anzutreffen: Maison Lalanne, ein Hotel aus dem 18. Jahrhundert mit Abbildungen von Seilen, Ankern und Kindern an der Fassade, die Kirche St-Vincent mit einer sehenswerten Holzstatue der Jungfrau Maria und die ehemalige Kapelle des Schlosses. Belebt und vielfältig sind die Markttage in la Teste auch heute noch.

Die Düne von Pilat, die wir schon aus der Ferne von Cap Ferret aus bewundert haben, übersteigt alle unsere Erwartungen. Sie ist eine landschaftliche Sehenswürdigkeit ersten Ranges. Majestätisch überragt sie Meer und Wälder. Sie erreicht eine Höhe von 110 Metern, ist 3,5 Kilometer lang und zwei Jahrhunderte alt. Der mühevolle Aufstieg über Holztreppen und Sandpfade wird durch einen grandiosen Blick über den Ozean, über die Landspitze von Cap Ferret und über die ausgedehnten Wälder des Hinterlandes belohnt. Wir erleben den Sonnenuntergang, sehen das Glitzern der Sonnenstrahlen auf dem Meer und beobachten die veränderten schemenhaften Umrisse der Dünen. Nun wissen wir, warum dieser Küstenstreifen den Namen Silberküste erhielt.

Am Fuße der Düne, auf dem großen Parkplatz südlich von Pyla-Plage, ist das Übernachten im Wohnmobil erlaubt (**BA-6**). Tagsüber herrscht hier großes Gedränge, aber abends wird es ruhig. Wir genießen ein Glas Bordeaux-Wein und lassen noch einmal die vielen schönen Eindrücke dieser Fahrt um das Becken von Arcachon an uns vorüberziehen.

Sportboothafen am Becken von Arcachon

Sonnenuntergang am Etang

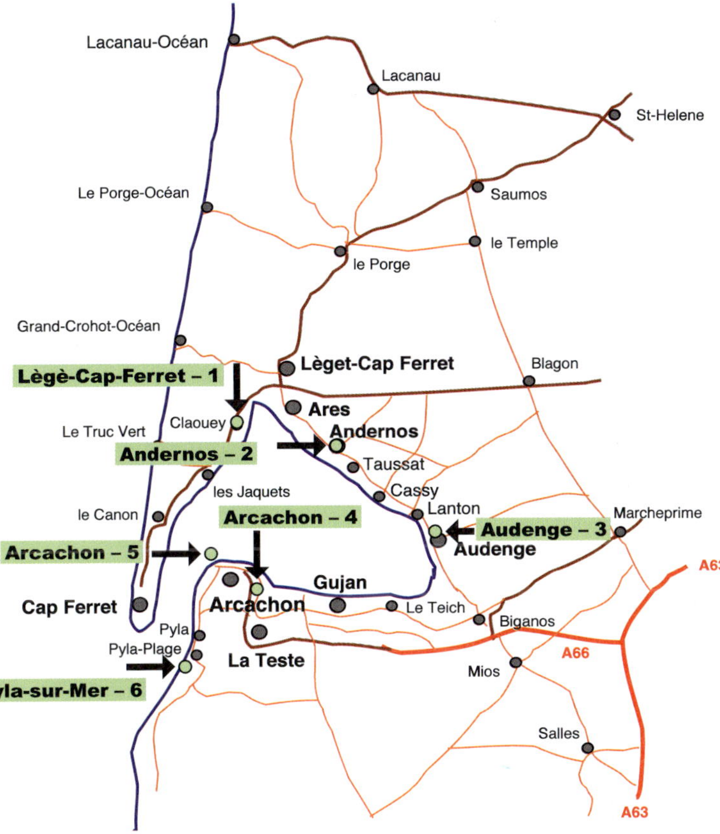

Tour 6: **Das Becken von Arcachon**

Nr.	Ort, Bezeichnung	Stell-plätze	Gast-haus	Häu-ser	WC	Bad See	Orts-nähe	Ent-sorg.	Park-dauer	Park-gebühr
		A				B		C	D	
BA-1	**Lègè-Cap-Ferret, Claouey ****	50	+	+	-	+	x	+	1	0
BA-2	**Andernos, Hafen ****	20	+	+	-	-	10	+	2	8
BA-3	**Audenge, Le Braou ****	20	+	+	+	-	10	+	1	8
BA-4	**Arcachon, Boulevard Mestrégat ***	10	+	+	-	-	8	+	1	0
BA-5	**Arcachon, Allée du Arbousiers ****	5	+	+	-	+	x	+	1	0
BA-6	**Pyla-sur-Mer, Dune du Pilat**	50	+	-	+	+	x	-	U	10

Legende

****	sehr ruhige und sehr schöne Lage.
***	sehr ruhige und schöne Lage.
**	ruhige und gute Lage.
*	keine ruhige Lage.
A	Stellplätze gestaffelt nach 3, 5, 10, 20, 30, 50 Wohnmobilen. Dabei wird angenommen, dass nur die Hälfte des Platzes zur Verfügung steht und die andere Hälfte durch Pkws belegt ist.
B	Fußweg in Minuten, x über 15 Minuten Fußweg.
C	Aufenthaltsdauer in Tagen.
D	Stellplatzgebühr in Euro pro Wohnmobil und 24 Stunden.
P	Stellplatzgebühr in der Saison.
T	Aufenthaltsdauer einige Tage.
U	Aufenthaltsdauer unbegrenzt.

33950 Lègè-Cap-Ferret Claouey** BA-1

Übernachtungsplätze am Strand in einem Pinienwald in sehr ruhiger und schöner Lage.

Von Lègè Richtung Cap Ferret fahren (D106) und in der Ortsmitte von Claouey zum Parkplatz abbiegen (**D106, Avenue du Général de Gaulle**).
44° 45' 06" Nord, 1° 10' 49" West. 44° 45,10' Nord, 1° 10,81' West. 44,75169° Nord, 1,18021° West.

Gaststätte und Häuser am Parkplatz.
Ver- und Entsorgung am Platz. Wasser 3 €
Stromanschluss möglich.
Bewachter feinsandiger Badestrand am Parkplatz.
Für sehr hohe Wohnmobile nicht geeignet.
Ganzjährig zugänglich.
Strandwanderungen.
Fahrt um das Becken von Arcachon.
Fahrt zu den Weingütern im Medoc.
Besuch der Düne von Pilat.
Stellmöglichkeiten für 50 Wohnmobile. Keine Parkgebühr.
Tel. 05 56 03 84 00.

33510 Andernos-les-Bains Hafen** BA-2

Wohnmobilplatz am Hafen in ruhiger und schöner Lage.

Auf der D3 – 1 km nach dem Ortseingangsschild – rechts dem Schild Air de Camping cars folgen. Nach 200 m wird der Stellplatz erreicht (**Port Ostréicole**).
44° 44' 41" Nord, 1° 06' 34" West. 44° 44.68' Nord, 1° 06.56' West. 44,74400° Nord, 1,10823° West.

Häuser am Stellplatz. Geschäfte (Austern) und Restaurant in der Nähe.
Ver- und Entsorgung (Euro-Relais) 50 m vor dem Platz.
Wasser 2 €/100 l, Strom 2 €/1 Stunde
Sanitäranlage und Müllcontainer am Platz.
Ganzjährig zugänglich. Aufenthaltsdauer 48 Stunden.
Sporthafen am Platz. Austernhafen in der Nähe.
12 Minuten Fußweg zum Zentrum.
Besuch des Vogelparks in le Teich.
Besichtigung von Arcachon.
Ausflug zur Düne von Pilat. Fahrt nach Bordeaux.
Stellflächen auf hügeligem Wiesengelände unter Bäumen für 20 Wohnmobile. Schatten durch Bäume.
Parkgebühr 8 € am Parkautomat (Kreditkarte).
Tel. 05 57 76 11 00 (Marie).

33980 Audenge Le Braou** BA-3

Übernachtungsplatz vor dem Camping Municipal le Braou in ruhiger und schöner Lage.

Von der D3 (Ares-Audenge) in der Ortsmitte Richtung Lubec abbiegen (D5) und nach 1,1 km rechts zum Platz vor dem Campingplatz le Braou fahren (**Rue de Bordeaux**).
44° 41' 04" Nord, 1° 00' 16" West. 44° 41,06' Nord, 1° 00,27' West. 44,68440° Nord, 1,00452° West.

Häuser am Stellplatz. Geschäfte (Austern) und Restaurant in der Nähe.
Ver- und Entsorgung am Platz. Gebühr 1 €.
Stromanschluss möglich. Gebühr 3 €.
Sanitäranlage und Müllcontainer am Platz.
Ganzjährig zugänglich. Aufenthaltsdauer 24 Stunden.
Sporthafen am Platz. Austernhafen in der Nähe.
10 Minuten Fußweg zum Zentrum.
Besuch des Vogelparks in le Teich. Besichtigung von Arcachon.
Ausflug zur Düne von Pilat. Fahrt nach Bordeaux.
Stellflächen unter Bäumen für 20 Wohnmobile.
Schatten durch Bäume.
Parkgebühr.
Informationen: Tel. 05 56 03 81 50.

Im Vogelpark Le Teich

Austernfischer im Becken von Arcachon

33120 Arcachon Boulevard Mestrégat* BA-4

Asphaltierter **Wohnmobilplatz** am Ortsrand.

Von den Autobahnen A63/A66 Richtung Arcachon fahren (D250) und an der Ausfahrt Port Arcachon abbiegen. Nach 1 km – 100 m vor dem Ortsanfang Arcachon – am Stade Arcachon-Marines links zum Parkplatz abbiegen (**Boulevard Mestégat, D650**).
44° 39' 05" Nord, 1° 08' 54" West. 44° 39,09' Nord, 1° 08,90' West. 44,65145° Nord, 1,14834° West.

Gaststätte, Häuser, Geschäfte und Tankstelle am Parkplatz.
Ver- und Entsorgungsstation (Euro Relais) am Parkplatz.
Aufenthaltsdauer 24 Stunden. Ganzjährig zugänglich.
Verkehrsgeräusche durch die Schnellstraße.
8 Minuten zum Ortszentrum. Besichtigung von Arcachon.
Wandern und Radfahren am Becken von Arcachon.
Besuch des Vogelparks in Le Teich.
Besuch des mittelalterlichen Dorfes (Village Médiéval La Hume).
Ausflug zur Düne von Pilat. Fahrt nach Bordeaux.
Stellmöglichkeiten für 10 Wohnmobile. Keine Parkgebühr.
Tel. 05 57 52 98 98.

33120 Arcachon Allée du Arbousiers** BA-5

Asphaltierter **Wohnmobilplatz** am Ortsrand in sehr ruhiger und schöner Lage.

Von der Schnellstraße D250 Richtung La Teste/Pyla-sur-Mer fahren (D217). 1,4 km nach dem Ortsanfang im Kreisel links Richtung Dune du Pilat fahren (D218) und nach 100 m rechts Richtung Plage de Abatilles/Pereire abbiegen. Nach weiteren 100 m links in die Allée du Arbousiers einbiegen. Noch 200 m.
44° 38' 43" Nord, 1° 11' 56" West. 44° 38,72' Nord, 1° 11,94' West. 44,64533° Nord, 1,19001° West

Gaststätte und Häuser am Parkplatz.
Ver- und Entsorgungsstation (Euro Relais) am Parkplatz.
Aufenthaltsdauer 24 Stunden. Ganzjährig zugänglich.
Wohnmobile fast immer anzutreffen.
Feiner Sandstrand am Parkplatz.
Wandern und Radfahren am Becken von Arcachon.
Besichtigung von Arcachon. Besuch des Vogelparks in Le Teich.
Besuch des mittelalterlichen Dorfes (Village Médiéval La Hume).
Ausflug zur Düne von Pilat.
Fahrt nach Bordeaux.
Leicht schräge Stellflächen für 5 Wohnmobile.
Für große Wohnmobile ab 6 m Länge nicht geeignet.
Keine Parkgebühr. Schatten durch Bäume.
Ausweichmöglichkeit Pkw-Parkplatz. Meistens offene Schranke.
Tel. 05 57 52 98 98.

33260 Pyla-sur-Mer Dune du Pilat*** BA-6

Übernachtungsplätze und Waldparkplätze an der Düne von Pilat.

Von Bordeaux (N250) und von Arcachon Richtung Dune du Pilat fahren und diesem Hinweisschild folgen. Der Parkplatz wird nach Pyla-sur-Mer an der D218 erreicht (**Avenue de Biscarosse**).
44° 35' 54" Nord, 1° 11' 50" West. 44° 35,90' Nord, 1° 11,83' West. 44,59833° Nord, 1,19717° West.

Gaststätten, Verkaufsläden und Kiosk am Parkplatz.
WC und Wasserversorgung am Parkplatz.
Aufenthaltsdauer nicht begrenzt. Ganzjährig zugänglich.
Badestrand Pilat-Plage in der Nähe.
Besteigung der über 100 m hohen Düne.
Panoramablick über Meer und Wald.
Fahrt entlang der Côte d'Argent.
Fahrt nach Archachon.
Stellmöglichkeiten für 50 Wohnmobile.
Parkgebühr: 5 €, mit Übernachtung 10 €.
An den Stränden südlich der Düne ist das Übernachten im Wohnmobil von 22.00–9.00 Uhr verboten.

Wälder, Dünen und Strand

Die Küste Les Landes

Tour 7

Ursprünglich war die Landschaft Les Landes nichts anderes als Sand und Heide. Weil aber der Sand wegen des ständigen Windes stets wegflog, begannen die Franzosen Ende des 18. Jahrhunderts den Sand durch Lattenzäune einzufangen und ihn zum Absetzen zu zwingen. Als erstes siedelte sich der Ginster an, dann folgten die Kiefern, die heute den größten Teil der Les Landes bedecken und das größte zusammenhängende Waldgebiet Europas bilden.

Südlich der Dune du Pyla führen kleine Stichstraßen zu großen Parkplätzen in landschaftlich sehr reizvoller Lage gleich hinter den Dünen am Strand. Leider sind diese Plätze „Le petite nice Plage“, „Plage la Lagune“ und „Plage la Salie“ für die Übernachtung im Wohnmobil nicht zugelassen, sie eignen sich aber, um einen Badetag am Atlantik zu genießen.

Für eine späte Anreise aus Richtung Bordeaux ist der Stellplatz in Hostens (**KL-1**) oder der Aire du Muret an der N10 gut für die erste Übernachtung (**KL-2**) geeignet. Der Stellplatz liegt abseits der Schnellstraße unter hohen Bäumen neben Tischen und Bänken. Tankstelle, Geschäft und Kiosk haben alles Notwendige für die Weiterfahrt zur Küste.

In Sanguinet befindet sich im Wald ein kleiner Wohnmobilplatz, der aber nur für kleinere Fahrzeuge geeignet ist (**KL-3**). Wir übernachten am Seeufer in Port Navarosse (**KL-4**). Der Platz liegt in einer sehr reizvollen Landschaft in einer sehr ruhigen Lage. Im Sommer gewähren einige hohe Bäume viel Schatten. Auf dem Grasgelände ist ausreichend Platz auch für Camping-Ausrüstung und Markise vorhanden.

Der nächste Ferienort Biscarosse-Plage verfügt über ein reichhaltiges Freizeit- und Sportangebot. Wir sind angenehm überrascht, als wir schon am Ortseingang Hinweisschilder zu einem Wohnmobil-Stellplatz vorfinden (**KL-5**). Dieser Platz unter hohen Pinien in sehr ruhiger Lage ist mit einer Ver- und Entsorgungstation ausgerüstet. Viele Wohnmobile stehen verstreut auf dem großzügig angelegten Gelände. Leider sind zum Strand fast zwei Kilometer zurückzulegen. Wir fahren deshalb zu den Parkplätzen am Strand, müssen abends aber zum Wohnmobil-Stellplatz zurückfahren, weil das Übernachten am Strand nicht erlaubt ist.

Am südwestlichen Ufer des großen Binnensees Étang de Cazaux et de Sanguinet fahren wir viele Kilometer entlang und sind enttäuscht. Wir erblicken den See, freuen uns auf den langen sandigen Strand und finden keine Zufahrt. Die als „Teppichstangen“ bekannten Höhenbarrieren verhindern auch hier jede Parkmöglichkeit für Wohnmobile. Die Campingplätze an diesem Étang liegen nicht am Strand. Der See ist für uns nicht zugänglich, vom Campingplatz muss man zum Strand fahren und dort ist das Parken nicht möglich.

In Ferienort Parentis am Étang de Biscarosse et de Parentis kann man eine harmlose Art des Stierkampfes erleben. Der Stier wird von mutigen Männer gehetzt, die in gefährlichen Situationen beiseite springen oder durch kühne Sprünge über die Hörner entkommen. Der Stier wird hierbei nicht verletzt. Für Einheimische und Touristen ist dies ein Nervenkitzel. Die Gemeinde hat für die Wohnmobiltouristen einen Stellplatz mit Ver- und Entsorgung eingerichtet (**KL-6**).

Es ist schon später Nachmittag, wir suchen einen Platz für die Nacht und werden nicht enttäuscht. In Gastes am Südufer des großen Sees folgen wir dem Schild Plage und entdecken auf einer Wiese am Hafen für Sportboote einen für Wohnmobile ausgewiesenen Platz (**KL-7**). Der feine Sandstrand und die angenehmen Wassertemperaturen veranlassen uns zu einem Bad in der Dämmerung.

Landes Nord

Einen der schönsten Stellplätze finden wir am Sportboothafen in St-Eulalie (**KL-8**). Überall an den vielen Becken des Hafens oder am Seeufer können wir unser Schlafmobil aufstellen, einen Platz unter einem schattenspendenden Baum aussuchen, Tisch und Stühle aufbauen und die Markise ausrollen. Wir wählen einen Platz am See, trinken vor unserem Ferienhaus auf Rädern den guten Bordeaux und genießen das Untergehen der blutroten Sonne über dem leise plätschernden See.

Ein Abstecher in das Hinterland führt uns in eine herbe Heidelandschaft. Die Reize der Les Landes muss man zu Fuß oder mit dem Fahrrad entdecken, die Spezialitäten dieses Gebietes, Steinpilze und Armangnac, kann man überall genießen.

Am nächsten Tag fahren wir nach Mimizan-Plage, größter Ferienort zwischen Arcachon im Norden und Biarritz in Süden. Im Sommer ist hier lebhaftes Treiben. Das Freizeitangebot ist unbegrenzt: Surfen, Segeln, Wellenreiten kann erlernt werden, Fahrräder sind zu leihen, Tennis kann gespielt werden, Ausritte werden veranstaltet und abends bieten Strandclubs und Diskotheken viel Abwechslung. Für Wohnmobiltouristen hat die Gemeinde einen Stellplatz mit Ver- und Entsorgungstation und Elektroanschlüssen gleich hinter der Düne eingerichtet (**KL-9**). Auch im Hauptort Mimizan und am Centre commercial in St-Julien darf man sein Mobil abstellen (**KL-10** und **KL-11**).

Über Bias fahren wir Richtung Leon. Die Sonnenstrahlen, die gegen Mittag die Wolkendecke aufreißen, verleiten uns kurz vor St-Julien en Born das Wohnmobil wieder zur Küste zu lenken. In Contis-le-Bains entdecken wir einen schönen, bewachten Strand, gute Fischlokale und einen Wohnmobil-Stellplatz (**KL-12**). Schon bei der Anfahrt zum Strand werden wir durch ein Schild auf diesen Stellplatz hingewiesen. Alles, was überflüssig an Bord ist, können wir hier entsorgen und frisches Wasser tanken. Das Blinken des nahen Leuchtturms begleitet uns in den gemütlichen Abendstunden am Wohnmobil. Mit anderen Wohnmobilurlaubern tauschen wir Erfahrungen und Erinnerungen aus.

Die nächste Stichstraße zum Meer endet am Cap de l'Horny. Ein Schild auf dem großen Parkplatz am Meer weist die Wohnmobile ab 22.00 Uhr vom Platz. Wir fahren weiter. Der kleine Ort St-Girons Plage ist wohnmobilfreundlich. Gleich am Ortseingang macht ein Wohnmobil-Schild auf den Stellplatz mit einer Ver- und Entsorgungsstation aufmerksam (**KL-13**). Auf dem Campingplatz nebenan kann man die Duschen, Waschanlagen und Toiletten benutzen.

Nach den vielen Tagen am Atlantik mit der hohen Brandung und den niedrigen Wassertemperaturen bekommen wir Lust auf einen ruhigen See mit wärmeren Temperaturen. Am Étang de Léon finden wir einen ruhigen Platz direkt am Ufer (**KL-14**). Vom Bootsverleiher am Strand mieten wir ein Boot und rudern weit hinaus über das glitzernde Wasser des Sees.

Auch in Léon finden wir am Seeufer unter hohen Bäumen wieder einen schönen Übernachtungsplatz für Wohnmobile (**KL-15**). Zwei Tage darf man auf diesem Platz sein rollendes Heim abstellen und den Urlaub am See genießen. Am nächsten Morgen mieten wir in Leon schon wieder ein Boot – diesmal aber mit Fährmann –, der uns durch die einmalige fast tropische Flusslandschaft des Courant d'Huchet rudert. Zehn Kilometer schlängelt sich der kleine Fluss durch die unter Schutz gestellte Wildnis bis zum Atlantik, ein einmaliges Erlebnis.

Landes Nord

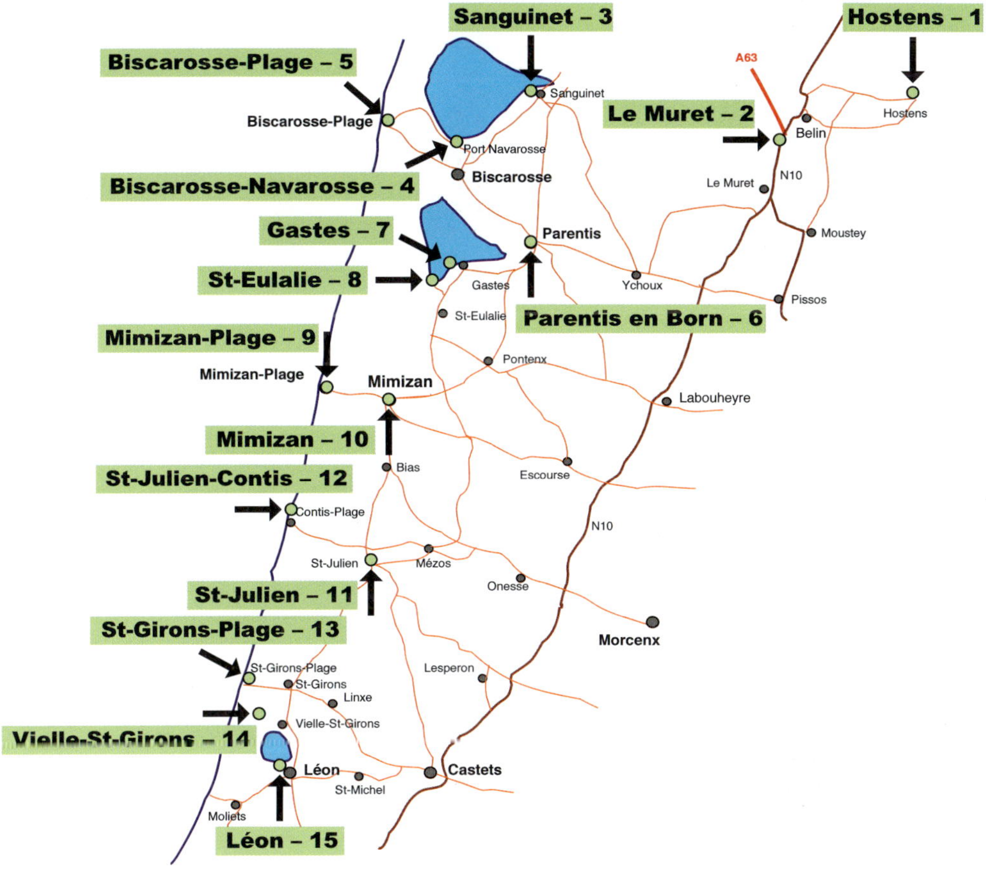

Hostens – 1
Le Muret – 2
Sanguinet – 3
Biscarosse-Navarosse – 4
Biscarosse-Plage – 5
Parentis en Born – 6
Gastes – 7
St-Eulalie – 8
Mimizan-Plage – 9
Mimizan – 10
St-Julien – 11
St-Julien-Contis – 12
St-Girons-Plage – 13
Vielle-St-Girons – 14
Léon – 15
A63
N10
Hostens
Belin
Le Muret
Moustey
Pissos
Sanguinet
Biscarosse-Plage
Port Navarosse
Biscarosse
Parentis
Ychoux
Gastes
St-Eulalie
Pontenx
Labouheyre
Mimizan-Plage
Mimizan
Bias
Escourse
Contis-Plage
St-Julien
Mézos
Onesse
Morcenx
Lesperon
St-Girons-Plage
St-Girons
Linxe
Vielle-St-Girons
Léon
St-Michel
Castets
Moliets

Tour 7: **Die Küste les Landes**

Nr.	Ort, Bezeichnung	Stell-plätze	Gast-haus	Häu-ser	WC	Bad See	Orts-nähe	Ent-sorg.	Park-dauer	Park-gebühr
		A				B		C	D	
KL-1	**Hostens, Rue de Chantegrue****	5	-	-	-	-	x	+	U	0
KL-2	**Le Muret, Aire du Muret****	20	-	-	+	-	x	-	1	0
KL-3	**Sanguinet, Avenue de Losa****	5	-	-	-	+	x	+	2	8
KL-4	**Biscarosse-Navarosse, Port******	50	+	+	-	+	x	+	1	8
KL-5	**Biscarosse-Plage, Mobilplatz*****	30	+	-	+	-	x	+	1	8
KL-6	**Parentis en Born, Sit du Lac*****	20	-	+	-	-	x	+	7	P
KL-7	**Gastes, Aire Camping car*****	50	+	-	+	+	x	+	1	7
KL-8	**St-Eulalie, La Port******	20	-	-	+	+	x	+	1	7
KL-9	**Mimizan-Plage, Strand****	50	+	+	+	+	x	+	8	12
KL-10	**Mimizan, Wohnmobilplatz*****	20	-	-	-	-	x	+	U	6
KL-11	**St-Julien, Centre Commercial***	5	-	+	-	-	x	+	U	0
KL-12	**St-Julien-Contis Plage, Leuchtt.****	30	+	+	+	+	x	+	2	11
KL-13	**St-Girons-Plage, Mobilplatz****	50	-	+	-	-	x	+	U	P
KL-14	**Vielle-St-Girons, Ètang de Léon*****	30	+	+	+	+	x	+	1	7
KL-15	**Léon, Étang de Léon****	50	+	+	+	+	x	+	2	10

<u>Legende</u>

****	sehr ruhige und sehr schöne Lage.
***	sehr ruhige und schöne Lage.
**	ruhige und gute Lage.
*	keine ruhige Lage.
A	Stellplätze gestaffelt nach 3, 5, 10, 20, 30, 50 Wohnmobilen. Dabei wird angenommen, dass nur die Hälfte des Platzes zur Verfügung steht und die andere Hälfte durch Pkws belegt ist.
B	Fußweg in Minuten, x über 15 Minuten Fußweg.
C	Aufenthaltsdauer in Tagen.
D	Stellplatzgebühr in Euro pro Wohnmobil und 24 Stunden.
P	Stellplatzgebühr in der Saison.
T	Aufenthaltsdauer einige Tage.
U	Aufenthaltsdauer unbegrenzt.

Hostens Rue de Chantegrue*** KL-1

Wohnmobilstellplatz vor dem Campingplatz in sehr ruhiger und sehr schöner Lage.

Von der D 3 aus westlicher Richtung – 1 km nach dem Ortseingangsschild – links Richtung Campingplatz abbiegen. Nach 400 m wird der Platz erreicht (**Rue de Chantegrue**).

44° 29' 35" Nord, 0° 37' 44" Ost 44° 29.59' Nord, 0° 37.74 West 44,49317° Nord, 0,62900° Ost

Stellplatz im hellen Waldgebiet.
Ver- und Entsorgung am Platz. Flot Bleau mit Kartenzahlung. Gebühr 3 €.
Strom an der Ver- und Entsorgung.
Müllcontainer am Platz.
Kleiner See am Stellplatz.
Ganzjährig zugänglich. Aufenthaltsdauer unbegrenzt.
Wandern und Radwandern im Waldgebiet zum Lac du Bousquey.
Fahrt nach Bordeaux.
Fahrt zur atlantischen Küste.
Ebene und leicht schräge Stellflächen, geschotterte, teilweise mit Wiese bewachsene Stellflächen für 5 Wohnmobile.
Teilweise Schatten durch Bäume. Grünanlage.
Keine Parkgebühr.
Tel. 05 56 88 70 29.

Le Muret Aire du Muret** KL-2

Unbefestigter **Wohnmobil- und Caravanplatz** unter hohen Pinien in ruhiger und schöner Lage.

Von Bordeaux Richtung Bayonne fahren (A63 und N10) und nach 9 km auf der N10 – 4 km nach der Ausfahrt Muret – zum Rastplatz abbiegen und dem Caravan-Symbol folgen. Anfahrt nur von Norden wegen des Mittelstreifens möglich.

Wasserversorgung und WC am Parkplatz.
Geschäft, Kiosk am Parkplatz.
Tankstelle am Parkplatz.
Spielplatz am Parkplatz.
Bänke und Tische am Parkplatz.
Wandern und Radfahren in den Les Landes.
Fahrt zur Küste.
Fahrt nach Bordeaux und Bayonne.
Ebene und unebene Stellplätze für 20 Wohnmobile oder Caravans.
Keine Parkgebühr.
Viel Schatten durch hohe Bäume.

Sanguinet Avenue de Losa** KL-3

Unbefestigte **Wohnmobilplätze** unter hohen Bäumen in ruhiger und schöner Lage.

Von Biscarosse Richtung Sanguinet fahren (D652) und 600 m nach dem Ortsanfang Sanguinet links Richtung le Lac/aire de camping-car abbiegen. Nach weiteren 600 m an der Seeufer-Straße links Richtung aire de camping-car fahren. Noch 400 m bis zum Wohnmobilplatz vor dem Campingplatz le Grand Pins (**Avenue de Losa**).

Blick auf den See. Strand und Segelschule in der Nähe.
Ver- und Entsorgung (Bodeneinlass) am Parkplatz. Keine Gebühr.
Müllcontainer am Parkplatz.
Aufenthaltsdauer 48 Stunden. Ganzjährig zugänglich.
Wandern und Radfahren in den Les Landes.
Fahrt zur Küste. Fahrt nach Bordeaux und Bayonne.
Ebene und unebene weiche Stellplätze für 5 kleine Wohnmobile.
Für Wohnmobile ab 6 m Länge nicht geeignet.
Parkgebühr: 7 € für 24 Stunden.
Schatten durch hohe Bäume.
Ausweichparkplatz am Hafen. Untergrund weich und sandig.
Tel. 05 58 82 11 82.

Biscarosse-Navarosse Port Navarosse**** KL-4

Befestigte **Wohnmobilplätze** und Plätze auf Grasgelände in ruhiger und schöner Lage.

In Biscarosse Richtung Arcachon/Bordeaux fahren und von der D652 nördlich von Biscarosse links und nach 1,4 km rechts Richtung Port Navarosse/Navarosse Plage abbiegen (D305). Nach 600 m rechts Richtung Port Navarosse fahren. Nach 100 m wieder rechts abbiegen. Noch 100 m bis zu den Stellplätzen rechts und links. Bei Anfahrt von Sanguinet 200 m vor dem Ortsanfang Biscarosse rechts Richtung Port Navarosse/Navarosse Plage abbiegen. Weitere Anfahrt siehe oben.

Gaststätten und Häuser in der Nähe.
Blick auf See und Hafen.
Ver- und Entsorgung (Euro Relais) am Platz. Strom möglich.
Müllcontainer und Müllbehälter am Platz.
Sportboothafen am Parkplatz. Wassersport auf dem See.
Badestrand in der Nähe.
Aufenthaltsdauer 24 Stunden.
Wandern und Radfahren in den Les Landes.
Fahrt zur Küste.
Fahrt nach Bordeaux und Bayonne.
Ebene Stellplätze für 50 Wohnmobile.
Parkgebühr: 7 € für 24 Stunden.
Teilweise Schatten durch hohe Bäume.
Tel. 05 58 83 40 40.

Biscarosse-Plage Wohnmobilplatz*** KL-5

Wohnmobilplatz in einem Pinienwald in sehr ruhiger Lage und landschaftlich reizvoller Umgebung.

Von Arcachon Richtung Biscarosse-Plage fahren (D213/D83) und 700 m nach dem Kreisel vor Biscarosse-Plage (300 m vor dem Ortsanfang) dem Wohnmobil-Hinweisschild folgen. Nach weiteren 300 m rechts abbiegen. Noch 700 m bis zum Parkplatz (**Impasse des Pluviers**).

Gaststätte in der Nähe.
WC und Wasserversorgung am Parkplatz.
Abwasser- und Fäkalienentsorgung (Bodeneinlass) am Platz.
Stromanschluss möglich.
Aufenthaltsdauer nicht begrenzt. 01.04. bis 31.10. geöffnet.
In der Nebensaison Campingplatz für gleiche Gebühr benutzen.
Strand in 1 km Entfernung.
Parkplätze am Strand für die Übernachtung im Mobil nicht erlaubt.
Parkplätze am Etang de Cazaux in 2 m Höhe abgeschrankt.
Wandern und Radfahren an der Küste.
Besichtigung der Dune de Pilat. Größte Düne Europas.
Parkgebühr 8 € einschließlich Ver- und Entsorgung.
Ebene Stellplätze für 50 Mobile. Viel Schatten durch hohe Bäume.
Informationen: Tel. 05 58 83 40 40.

Parentis en Born Sit du Lac*** KL-6

Wohnmobilstellplatz in Seenähe in sehr ruhiger und sehr schöner Lage.

Von der D 43 in westlicher Richtung, links Richtung Le Lac abbiegen. Nach 2 km rechts auf die Route de Campings. Nach 100 m rechts Richtung Air Accueil Camping-Cars abbiegen.
44° 20' 38" Nord, 1° 05' 55" Ost 44° 20,64 Nord, 1° 05.92 West 44,34400° Nord, 1,09867° Ost

Stellplatz am Étang de Parentis (200 m). Häuser am Stellplatz.
Geschäfte in Parentis en Born.
Kostenlose Ver- und Entsorgung am Platz (Euro-Relais).
Müllcontainer am Platz.
Geschotterte, teilweise mit Wiese bewachsene Stellflächen für 20 Wohnmobile. Teilweise Schatten durch Bäume.
Ganzjährig zugänglich.
Aufenthaltsdauer 7 Tage.
Wandern und Radfahren am See.
Besuch der Düne von Pilat.
Fahrt entlang der Côte d'Argent.
Keine Parkgebühr.
Tel. 05 58 78 40 02.

Gastes Aire Camping car *** KL-7

Wohnmobilplatz auf einem Wiesengelände am Hafen in sehr ruhiger und schöner Lage.

Von der D 652 (Parentis en Born – Mimizan-Plage) in Gastes Richtung Plage abbiegen und dem Wohnmobil-Hinweisschild folgen. Nach 400 m links fahren. Noch 200 m bis zum Parkplatz links.
44° 19' 44" Nord, 1° 09' 05" Ost 44° 19,73' Nord, 1° 9,08' West 44,32883° Nord, 1,15133° Ost

Gaststätte in 400 m Entfernung. Kiosk in der Nähe.
Blick auf den See.
Ver- und Entsorgung am Platz.
WC und Dusche (Kaltwasser) am Parkplatz.
Aufenthaltsdauer 1 Nacht oder 12 Stunden.
Sandstrand in der Nähe.
Bootshafen am Parkplatz.
Wandern und Radfahren am See.
Besuch der Düne von Pilat.
Fahrt entlang der Côte d'Argent.
Stellmöglichkeiten für 50 Wohnmobile.
Für Wohnanhänger verboten.
Parkgebühr: 7 € für 12 Stunden.
Rathaus Tel. 05 58 09 75 03.

St-Eulalie La Port**** KL-8

Übernachtungsplätze auf Wiesengelände in einer Grünanlage am Hafen in sehr ruhiger Lage und landschaftlich sehr reizvoller Umgebung.

Von Mimizan Richtung St-Eulalie und durch St-Eulalie fahren (D87). 1,6 km nach dem Ortsende St-Eulalie links dem Wegweiser le Lac folgen. Nach weiteren 1,7 km rechts in die Rue du Lac einbiegen. Noch 300 m bis zu den Stellplätzen am Hafen (**Bord du lac**).
44° 18' 26" Nord, 1° 10' 52" West. 44° 18,43' Nord, 1° 10,86' West. 44,30634° Nord, 1,18206° West.

Ver- und Entsorgung und Sanitäranlagen am Parkplatz.
Sportboothafen am Parkplatz.
Blick auf See und Hafen.
Bademöglichkeit am Parkplatz.
Angeln im Hafen und im See.
Aufenthaltsdauer 24 Stunden. Ganzjährig zugänglich.
Wandern und Radfahren am See.
Besuch der Düne von Pilat.
Stellmöglichkeiten für 20 Wohnmobile.
Parkgebühr: 6,50 € für 24 Stunden.
Ebene Stellplätze. Schatten durch einzelne Bäume.
Informationen: Rathaus Tel. 05 58 09 70 10.

Mimizan-Plage Wohnmobilplatz Strand** KL-9

Wohnmobilplatz hinter den Dünen in ruhiger Lage.

Von Mimizan Richtung Mimizan-Plage fahren (D626) und dem Symbol folgen. 900 m nach dem Ortsanfang Mimizan-Plage links abbiegen. Der Parkplatz wird nach 1 km am Ortsende erreicht (**Rue des Lacs**).
44° 12' 19" Nord, 1° 17' 49" West. 44° 12,31' Nord, 1° 17,81' West. 44,20517° Nord, 1,29675° West.

Gaststätten in der Nähe. Häuser und Geschäfte in der Nähe.
WC und Entsorgungsstation am Parkplatz.
Wasserversorgung am Parkplatz. Elektroanschluss möglich.
Aufenthaltsdauer 8 Tage. Ganzjährig zugänglich.
Bewachter Badestrand am Parkplatz.
Alle anderen Parkplätze in Mimizan-Plage sind für Wohnmobile gesperrt.
Stellmöglichkeiten für 50 Wohnmobile.
Aufenthaltsdauer nicht begrenzt.
Fahrt entlang der Côte d'Argent.
Parkgebühr 10 € einschließlich Ver- und Entsorgung und Elektroanschluss. 4 € außerhalb der Saison.
Tel. 05 58 09 44 44.

Mimizan Wohnmobilplatz*** KL-10

Wohnmobilhafen am Campingplatz in ruhiger und sehr schöner Lage.

Auf der D 652 in südlicher Richtung wird 200 m vor Mimizan links der Stellplatz erreicht.
44° 13' 09" Nord, 1° 13' 46" West. 44° 13.15' Nord, 1° 13.76' West. 44,21917° Nord, 1,22933° West.

Geschäfte und Restaurant in Mimizan.
Ver- und Entsorgung am Platz. Flot bleu 2 €.
Strom und Müllcontainer am Platz.
Sanitäranlage am Platz.
Grillstelle am Platz.
Ebene, geschotterte Stellflächen in einer Grünanlage für 20 Wohnmobile.
Ganzjährig zugänglich.
Aufenthaltsdauer unbegrenzt.
Fahrt zur Küste.
Besuch des Étang d'Aureilhan (Entfernung: 2 km).
Fahrt entlang der Côte d'Argent.
Parkgebühr zwischen 4 € und 6 € je nach Saison und 0,20 € pro Person Taxe.
Tel. 05 58 09 44 44.

40170 St-Julien Centre Commercial* KL-11

Übernachtungsplatz am Ortsrand.

Von der D 652 in Richtung St-Julien on Born fahren. Der Platz wird links am Einkaufsmarkt Shopi erreicht (Magasin Shopi).
44° 04' 14" Nord, 1° 13' 49" West. 44° 04,23' Nord, 1° 13,82' West. 44,07050° Nord, 1,20033° West.

Tankstelle am Platz.
Geschäft am Platz. Restaurant im Ort.
Ver- und Entsorgung am Platz (2 €).
Müllcontainer am Platz.
Ganzjährig zugänglich.
Aufenthaltsdauer unbegrenzt.
Nationalstraße in der Nähe.
Wandern und Radfahren.
Fahrt entlang der Côte d'Argent.
Asphaltierte, ebene Stellflächen für 5 Wohnmobile.
Keine Parkgebühr.

40170 St-Julien-Contis Plage Leuchtturm** KL-12

Übernachtungsplatz in sehr ruhiger Lage.

Von der D652 (Mimizan-Leon) nördlich von St-Julien Richtung Contis-Plage abbiegen (D41) und nach 7,6 km in Contis-les-Bains 800 m nach dem Ortsanfang dem Wohnmobil-Hinweisschild folgen. Nach weiteren 300 m wird links der Parkplatz erreicht (**Route du Phare**).
44° 05' 38" Nord, 1° 19' 14" West. 44° 05,63' Nord, 1° 19,23' West. 44,09380° Nord, 1,32055° West.

Gaststätten in 300 m. Kiosk in der Nähe. Häuser am Platz.
WC und Ver- und Entsorgungsstation am Parkplatz.
Aufenthaltsdauer 48 Stunden.
Ganzjährig zugänglich.
Bewachter Badestrand in der Nähe.
Wandern und Radfahren.
Die anderen Parkplätze sind abgeschrankt oder für Wohnmobile verboten.
Fahrt entlang der Côte d'Argent.
Stellmöglichkeiten für 30 Wohnmobile.
Schatten durch Bäume am Rand.
Parkgebühr: 11 € einschl. Ver- und Entsorgung. Nebensaison 4 €.
Stellplatz für Wohnanhänger verboten.
Informationen: Tel. 05 56 42 80 08.

40560 St-Girons-Plage Wohnmobilplatz** KL-13

Zwei **Wohnmobilplätze** in sehr ruhiger Lage.

Von der D652 (Mimizan-Soustous) nördlich von Léon in St. Girons-en-Marens in Richtung St. Girons-Plage abbiegen (D42). Nach 4,1 km rechts fahren. Noch 100 m bis zum Parkplatz rechts.
43° 57' 11" Nord, 1° 21' 29" West. 43° 57,19' Nord, 1° 21,48' West. 43,95317° Nord, 1,35800° West.

Häuser in der Nähe.
Gaststätte in 500 m Entfernung.
Ver- und Entsorgung am Platz (Flot bleu).
Wasserversorgung und Abwasserentsorgung am Parkplatz.
Stromversorgung möglich.
Aufenthaltsdauer nicht begrenzt.
Wandern und Radfahren.
8 Minuten Fußweg zum Strand.
Parkplatz am Cap de l' Hormy ist Tag und Nacht für Wohnmobile gesperrt.
Fahrt entlang der Côte d'Argent.
Parkgebühr: Je nach Saison einschl. Ver- und Entsorgung.
Ebene und leicht schräge Stellmöglichkeiten für 50 Mobile.

40560 Vielle-St-Girons Étang de Léon*** KL-14

Durch Grünstreifen eingeteilter **Wohnmobilplatz** am Strand des Sees in sehr ruhiger und schöner Lage.

Von der D652 (Mimizan-Soustous) nördlich von Léon in de Vielle-St-Giros zum Lac/Plage abbiegen. Nach 1,7 km wird der Parkplatz links erreicht.
43° 54' 11" Nord, 1° 18' 32" West. 43° 54,18' Nord, 1° 18,54' West. 43,90302° Nord, 1,30900° West.

Schmale Einfahrt durch große Steine begrenzt.
Gaststätte und Häuser am Parkplatz. Geschäfte in der Nähe.
Ver- und Entsorgung, WC und Sanitäranlage am Parkplatz.
Badestrand am Parkplatz.
Wassersport auf dem See.
Boots- und Surfbrettverleih in der Nähe.
Minigolf am Parkplatz.
Freizeitaktivitäten in der Nähe.
Aufenthaltsdauer 19 Stunden. 15.03.-31.08. zugänglich.
Fahrt entlang der Côte d'Argent.
Parkgebühr: 7 €, 8 € vom 01.07. bis 31.08.
Ebene, geschotterte Stellflächen für 30 Wohnmobile.

40550 Léon Étang de Léon** KL-15

Wohnmobilplatz am Étang de Léon in ruhiger und schöner Lage.

Von der D652 (Mimizan-Soustous) in Léon Richtung Étang/Lac/Plage abbiegen. Nach 2 km wird der Parkplatz für Wohnmobile am Seeufer erreicht (**Berges du Lac**).
43° 53' 02" Nord, 1° 19' 05" West 43° 53,04' Nord, 1° 19,09' West. 43,88444° Nord, 1,31861° West.

Gaststätte und Häuser in der Nähe.
Ver- und Entsorgung am Parkplatz.
WC und Dusche am Platz.
Badestrand am Parkplatz. Wassersport auf dem See. Bootsverleih.
Aufenthaltsdauer 48 Stunden. Ganzjährig zugänglich.
Fahrt entlang der Côte d'Argent.
Parkgebühr: 10 € einschließlich Ver- und Entsorgung. Parkautomat.
Stellmöglichkeiten für 50 Wohnmobile.
Tel. 05 58 49 20 00.

Am Stellplatz bei St-Eulalie

Baskenmütze und Bajonette

Die südliche Atlantikküste

Tour 8

Wir sind wieder zum Atlantik nach Messange-Plage gefahren. Dort haben sich nur ein paar Häuser und eine Segelschule angesiedelt. Der große, asphaltierte Platz liegt direkt hinter der Sanddüne, abgeschirmt vom Seewind und Sturmboen (**SA-1**). Wieder ein schönes Plätzchen für Wohnmobiltouristen, um Strand und Sonne zu genießen.

Wir möchten aber nach den vielen ruhigen Tagen einen Schaufensterbummel machen, viele Menschen sehen, Gespräche führen, Geschenke einkaufen. Sechs Kilometer südlich im Ferien- und Fischerort Vieux-Boucau-les-Bains finden wir alles, was wir suchen. Neben den üblichen touristischen Attraktionen und Aktivitäten hat die Stadt auch Stierkämpfe im Angebot, ein Schauspiel, das uns nicht reizen kann. Wir bummeln lieber über die Geschäftsstraßen, kaufen, was das Herz begehrt, und bestaunen die an diesem Tag gewaltige Brandung des Atlantiks. Von unserem Stellplatz hinter der Düne holen wir am nächsten Morgen frisches Baguette vom Bäcker, der freundlicherweise sein Geschäft neben unserem Wohnmobil eröffnet hat. In Vieux-Boucau gibt es auch einen guten Wohnmobilplatz am Ortsrand (**SA-2**).

Wir fahren nur wenige Kilometer und bleiben auf dem schönen und sehr ruhigen Stellplatz in Port d'Albret (**SA-3**). Hohe Bäume spenden viel Schatten, kleine Boxen engen die Räume ein und der feine Sandstrand lädt zum Baden und Faulenzen ein.

Im Landesinnere sollte man St-Paul auf dem rechten und Dax auf dem linken Ufer des Adour besuchen. Sehenswert sind die Kirche St-Paul mit bemerkenswerten Reliefs aus dem 12. Jahrhundert und in Dax die Kathedrale Notre-Dame Sainte Marie aus dem 17. Jahrhundert, die Adour-Brücke und die Reste der römische Stadtmauer. Dax ist der zweitgrößte Kurort Frankreichs mit einem sehr modernen Thermalbad. Beide Städte haben gute Stellplätze für die Besichtigung und für die Übernachtung (**SA-4** und **SA-5**).

Am Étang de Soustons in ruhiger und schöner Lage finden wir einen großen Parkplatz, der nicht weit von den Geschäften, Banken und Gaststätten entfernt liegt, aber leider nicht für Wohnmobile gekennzeichnet ist. Wir ergänzen unsere Lebensmittel in Soustons. Wir baden in dem ruhigen, warmen See und wandern am stillen Ufer auf den sandigen Wegen. Holzstege führen durch die üppige Pflanzenwelt des Naturschutzgebietes um den Étang Noir. Wohnmobilurlauber finden in les Estagnos einen Stellplatz im Wald und können dort übernachten (**SA-6**).

Das Gesicht der Küste ändert sich. Die Pinienwälder mussten dem Siedlungsbau weichen. Die Orte Hossegor und Capbreton sind dicht bebaut, haben alte Stadtkerne mit gut erhaltenen Bürgerhäusern aus dem 15. und 16. Jahrhundert und zahlreiche Feriensiedlungen und Hotels. Wir schlendern durch den Fischereihafen und besuchen das Ecomusée de la Pêche et de la Mer.

In Capbreton wurde am Strand gleich hinter der Düne ein Wohnmobil-Übernachtungsplatz mit einer Ver- und Entsorgungsstation eingerichtet, ein idealer Platz für einen Badeurlaub (**SA-7**). In Labenne-Océan darf man am Aqua parc übernachten (**SA-8**).

Um die Städte Bayonne und Biarritz zu besuchen, fahren wir nach Plage d' Ondres, wenige Kilometer nördlich des weltbekannten Biarritz, und übernachten auf dem großen Parkplatz unmittelbar am Strand (**SA-9**). Wohnmobile sind in Plage d' Ondres willkommen, sanitäre Einrichtungen befinden sich auf dem großen Platz am Strand, es sind nur wenige Schritte. Fischlokale laden zum Abendessen ein, und der Aufenthalt ist nicht begrenzt. An der Zufahrtsstraße zum Parkplatz locken uns die Verkaufsstände mit Armangnac und Bordeaux-Weinen.

Landes Süd

Bayonne war schon zur Römerzeit eine bedeutende Hafenstadt. Wir besuchen zuerst das Musée Basque, um uns einen Überblick über die Geschichte und das Volkstum der Basken in Frankreich zu verschaffen. Das eindruckvollste Bauwerk der Stadt, schon von weitem nicht zu übersehen, ist die Cathédrale Sainte-Marie. Der gotische Bau, begonnen im 13. Jahrhundert, wurde aber erst im 19. Jahrhundert vollendet. Sehenswert sind vor allem die Kirchenfenster und eder Kreuzgang. Im 17. Jahrhundert wurde Bayonne Festung. Das Bajonette wurde in dieser Zeit von den Soldaten erfunden und im Nahkampf eingesetzt. Erfreulicher aber ist ein anderer Exportartikel, die Baskenmütze.

Unmittelbar an Bayonne grenzt die wenig bekannte Stadt Anglet. Am Leuchtturm, mit dem Blick auf die Mündung des Flusses Adour wurde ein ruhig gelegener, schöner Wohnmobilplatz eingerichtet (**SA-10**).

Unmittelbar an Bayonne und Anglet schließt sich das weltbekannte Seebad Biarritz an. Bis zum 17. Jahrhundert wurde in diesem Küstenort intensiver Walfischfang betrieben, dann waren die Wale fast ausgerottet, und der Fischerort dämmerte vor sich hin, bis Napoleon III. kam und Biarritz als Badeort berühmt wurde. Die prächtigen Villen voller Erker, Türmchen und bürgerlichem Glanz wurden in dieser Epoche von reichen Franzosen als Sommersitz an der baskischen Küste errichtet.

Biarritz zeigt heute eine Häuserfront im Stil des 19. Jahrhunderts mit vielen mondänen, teuren Hotels. Das Freizeitangebot ist unbegrenzt, Ausflüge mit dem Katamaran auf den Atlantik, Tauchkurse, Hochseefischfang sind nur einige der besonderen Attraktionen. Reizvoll ist ein Spaziergang an der Seeseite. Wir lassen unser Wohnmobil auf dem Parkplatz am Leuchtturm, bummeln auf einem Weg am felsigen Ufer entlang, genießen den malerischen Anblick der Klippen im Atlantik und sind in 20 Minuten in der Stadtmitte. Hier liegt das Musée de la Mer, ausgestattet mit zahlreichen Becken und Aquarien, die den Fischbestand der Biskaya und des Atlantiks zeigen. Am Fischerhafen stehen noch die alten Fischerhäuschen, heute Fischlokale mit baskischen Spezialitäten. Wir können dem vielfältigen Angebot nicht widerstehen, genießen das üppige Mahl und bewundern die Brandung des Atlantiks über die hingestreuten Klippen vor dem Hafen.

Wir kehren zum Leuchtturm zurück, steigen die vielen Stufen hinauf, um mit einem weiten Blick über Meer, Stadt und Land Abschied zu nehmen von einem Ort der Gegensätze. Die Sandstrände am nördlichen Stadtrand haben viel Parkraum, die Übernachtung im Wohnmobil ist aber leider nicht gestattet. Im Süden der Stadt wurde ein kleiner Übernachtungsplatz eingerichtet (**SA-11**).

Südlich von Biarritz schließen sich die kleinen Badeorte Bidart und Guethary an, die aber in der Saison nicht zum Bleiben auffordern, weil die Sandbuchten zwischen den felsigen Ufern im Sommer hoffnungslos überfüllt und die Parkplätze abgeschrankt sind. Später werden wir erkennen, dass unser Strand in Ondres der günstigste Standort für einen ruhigen Badeurlaub an diesem unruhigen Küstenabschnitt ist.

Tourismus, aber auch Thunfischfang bilden die Lebensgrundlage der Stadt Saint-Jean-de-Luz. Trotz der weiten Sandbucht gibt es kaum freie Plätze am Strand. Das Meer ist zum Schwimmen gut geeignet, weil ein Wellenbrecher aus Felsen die Brandung des Atlantiks zurückhält. Der abendliche Rummel in Bars, Kneipen, Nachtclubs und Diskotheken ist dem Nachtleben in Biarritz fast ebenbürtig. Das schönste Gebäude ist die Kirche Saint-Jean-Baptiste, im gotischen Stil erbaut und mit einem prachtvollen Barockaltar ausgestattet, bekannt aber wegen der großartigen Hochzeit des Sonnenkönigs Ludwig XIV. im Jahre 1660.

Leider liegt der Stellplatz für Wohnmobile zwischen Straße und Schiene (**SA-12**). Wir können ihn deshalb für die Übernachtung nicht empfehlen. Er eignet sich aber für eine Besichtigung der Stadt und zum Ergänzen der Vorräte für die mobile Küche.

Landes Süd

Der letzte französische Badeort vor der spanischen Grenze ist Hendaye, der von der Hektik der anderen Badeorte verschont geblieben ist, aber auch hier ist der breite Sandstrand hoffnungslos überbelegt. Einen Stellplatz hat die Stadt an der Brücke Charles de Gaulle eingerichtet (**SA-13**).

Wir parken auf dem hoch gelegenen großen Parkplatz an der Corniche, der einen prächtigen Blick auf die felsige baskische Küste bis nach Spanien und auf das unruhige Meer frei gibt.

Eine alte Zahnradbahn fährt zum berühmten, 900 m hohen Aussichtsberg La Rhune, zehn Kilometer vom Atlantik entfernt. Zum Abschied haben wir vom Berg noch einmal einen weiten Blick über die baskische Küste, über den Atlantik und zu den nahen Pyrenäen.

Wir wollen zum Mittelmeer und fahren nach Osten Richtung Autobahn. Am Lac-Aintzira in St-Pée stellen wir in einer ruhigen und reizvollen Umgebung unser Schlafauto zum letzten Mal auf dieser Tour ab (**SA-14**).

Tour 8: **Die südliche Atlantikküste**

Nr.	Ort, Bezeichnung	Stellplätze A	Gasthaus	Häuser	WC	Bad See B	Ortsnähe	Entsorg. C	Parkdauer D	Parkgebühr
SA-1	**Messanges-Plage, Parkplatz*** **	20	-	-	+	+	x	-	2	0
SA-2	**Vieux-Boucau, Bire Plecq** **	50	+	+	-	-	10	+	2	11
SA-3	**Port d'Albret, Camping car*** **	30	+	+	-	+	x	+	1	10
SA-4	**St-Paul les Dax, See** **	7	-	-	-	-	x	+	2	0
SA-5	**Dax, Adour** **	8	-	-	-	-	x	+	3	0
SA-6	**Seignosse, Les Estagnots** **	30	-	+	-	-	x	+	1	8
SA-7	**Capreton, Aire de Camp. car*** **	50	-	+	-	+	x	+	2	10
SA-8	**Labenne, Aquatic Parc** **	40	-	+	-	-	x	-	1	7
SA-9	**Ondres, Plage d'Ondres*** **	50	+	+	+	+	x	+	1	9
SA-10	**Anglet, La Barre*** **	50	+	+	+	+	x	+	1	6
SA-11	**Biarritz, Parking de la Milady** **	10	+	+	-	+	x	+	2	10
SA-12	**St-Jean de Luz, Pont de Gaulle***	10	+	+	-	+	5	+	1	0
SA-13	**Hendaye, Gare de 2 Twin** **	10	-	+	-	-	5	+	1	0
SA-14	**St-Pée, Lac-Aintzira*** **	50	+	+	-	+	x	+	2	6

Legende

****	sehr ruhige und sehr schöne Lage.
***	sehr ruhige und schöne Lage.
**	ruhige und gute Lage.
*	keine ruhige Lage.
A	Stellplätze gestaffelt nach 3, 5, 10, 20, 30, 50 Wohnmobilen. Dabei wird angenommen, dass nur die Hälfte des Platzes zur Verfügung steht und die andere Hälfte durch Pkws belegt ist.
B	Fußweg in Minuten, x über 15 Minuten Fußweg.
C	Aufenthaltsdauer in Tagen.
D	Stellplatzgebühr in Euro pro Wohnmobil und 24 Stunden.
P	Stellplatzgebühr in der Saison.
T	Aufenthaltsdauer einige Tage.
U	Aufenthaltsdauer unbegrenzt.

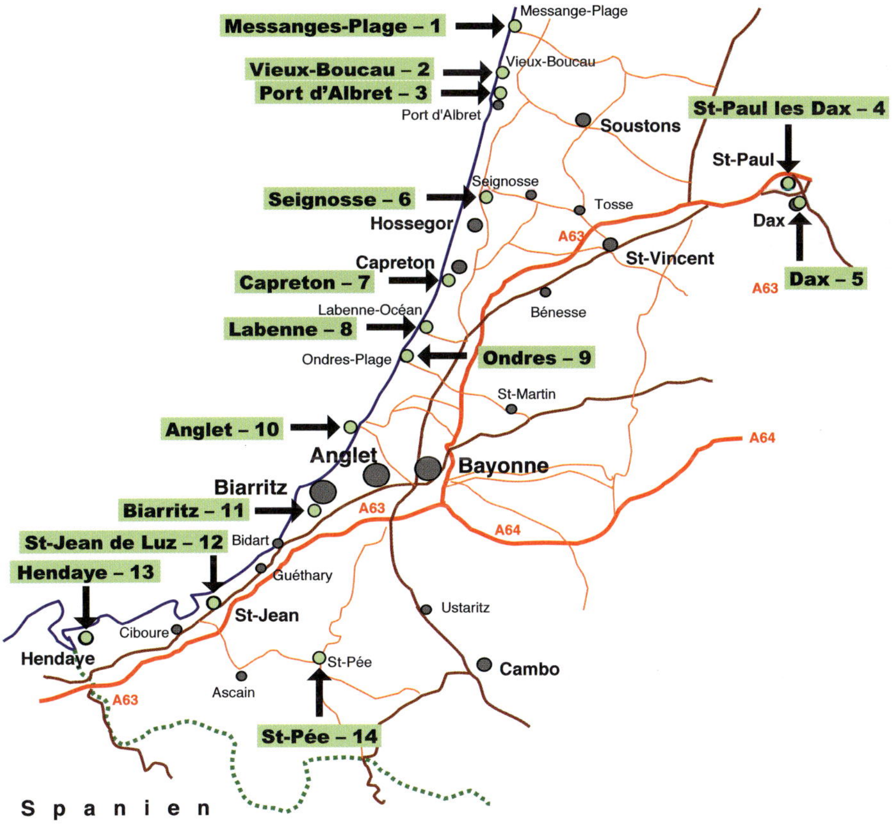
Messanges-Plage – 1
Messange-Plage
Vieux-Boucau – 2
Vieux-Boucau
Port d'Albret – 3
Port d'Albret
Soustons
St-Paul les Dax – 4
St-Paul
Seignosse
Seignosse – 6
Tosse
Hossegor
A63
Dax
St-Vincent
Capreton
Capreton – 7
A63
Dax – 5
Labenne-Océan
Bénesse
Labenne – 8
Ondres-Plage
Ondres – 9
St-Martin
Anglet – 10
A64
Anglet
Bayonne
Biarritz
Biarritz – 11
A63
A64
St-Jean de Luz – 12
Bidart
Hendaye – 13
Guéthary
St-Jean
Ustaritz
Ciboure
Hendaye
St-Pée
Cambo
A63
Ascain
St-Pée – 14
Spanien

Stellplatz an einem Etang

40660 Messanges-Plage Strandparkplatz*** SA-1

Wohnmobilplatz hinter der Düne am Strand und Plätze im Pinienwald in sehr ruhiger und schöner Lage.

Von der D652 (Léon-Soustous) nördlich von Vieux-Boucau in Messanges Richtung Messanges-Plage abbiegen (D82). Am Ende der Straße wird nach 2,1 km der Parkplatz erreicht (**Avenue de la Plage**).
43° 48' 58" Nord, 1° 24' 03" West. 43° 48,96' Nord, 1° 24,05' West. 43,81555° Nord, 1,40095° West.

Müllcontainer am Parkplatz.
Bewachter Badestrand am Parkplatz.
Surfschule am Parkplatz.
Verkaufstände für Bordeaux-Weine und Armagnac.
Aufenthaltsdauer 48 Stunden.
Ganzjährig zugänglich.
Fahrt entlang der Côte d'Argent.
Ausflug nach Biarritz.
Keine Parkgebühr.
Stellmöglichkeiten für 20 Wohnmobile.
Ebene und leicht schräge, geschotterte Stellflächen.
Teilweise Schatten durch Bäume.
Tel. 05 58 48 93 10.

40480 Vieux-Boucau Bire Plecq** SA-2

Wohnmobilplätze in Parkboxen unter einzelnen Bäumen am Ortsrand in ruhiger und schöner Lage.

Bei Anfahrt aus dem Norden von der D652 (Léon-Soustous) 1,7 km nach dem Ortsanfang Vieux Boucau im Kreisel rechts Richtung Port d'Albret abbiegen. Nach weiteren 400 m rechts dem Wohnmobil-Symbol folgen. Noch 100 m bis zum Parkplatz rechts (**Promenade de Bire Plecq**).
43° 46' 46" Nord, 1° 24' 02" West. 43° 46,76' Nord, 1° 24,03' West. 43°77970° Nord, 1,40080° West.

Schranke vor der Einfahrt.
Gaststätten in der Nähe. Häuser am Parkplatz.
Ver- und Entsorgung (Bodeneinlass) am Parkplatz.
Stromanschluss möglich. Müllcontainer und Infotafel am Parkplatz.
Aufenthaltsdauer 48 Stunden. Ganzjährig zugänglich.
10 Minuten Fußweg zur Ortsmitte.
Fahrt auf der Route de Lacs. Fahrt entlang der Côte d'Argent.
Ebene, geschotterte Stellflächen für 50 Mobile.
Teilweise Schatten.
Parkgebühr: 11 € einschließlich Ver- und Entsorgung und Strom, vom 1.06. bis 30.09., sonst 6 €. Parkautomat.
Tel. 05 58 48 13 22.

40140 Soustons-Port d'Albret Aire de camping car*** SA-3

Geschotterte und unbefestigte **Mobilplätze** mit einzelnen Bäumen in sehr ruhiger und schöner Lage.

Bei Anfahrt von der D652 am südlichen Ortsanfang Vieux Boucau im Kreisel Richtung Port d'Albret abbiegen. Nach 1,2 km wird der Platz geradeaus erreicht. Bei Anfahrt von Soustons im Kreisel D652/D79 geradeaus fahren und nach 1 km im Kreisel links Richtung Port d'Albret abbiegen. Noch 1,2 km.
43° 46' 31" Nord, 1° 24' 36" West. 43° 46,51' Nord, 1° 24,60' West. 43,77517° Nord, 1,41000° West.

Gaststätten in der Nähe. Häuser am Parkplatz. Bäcker-Service.
Ver- und Entsorgung (Euro-Relais) am Platz. Stromanschluss.
See mit feinem Sandstrand am Parkplatz. Müllbehälter am Platz.
Aufenthaltsdauer 24 Stunden. Ganzjährig zugänglich.
Schrankenschleuse vor der Einfahrt.
Für Wohnmobile über 10 m Länge wegen Einfahrt nicht geeignet.
Wassersport auf dem See. Segel- und Surfschule in der Nähe.
Fahrt entlang der Côte d'Argent. Fahrt auf der Route de Lacs.
Ebene und leicht schräge Stellflächen für 30 Wohnmobile.
Parkgebühr: 10 € (Parkautomat) 01.06.-30.09, sonst 5 €.
Teilweise Schatten.
Tel. 05 58 41 24 80.

40990 St-Paul les Dax See-Parkplatz** SA-4

Befestigte **Übernachtungsplätze** am See unter hohen Bäumen in ruhiger und schöner Lage.

Von der N124 in Saint Paul les Dax Richtung Lac de Christus abbiegen (**Allée du Plumet**). Am See entlang fahren. Noch 1,8 km bis zum Platz.
43° 44' 01" Nord, 1° 04' 30" West. 43° 44,02' Nord, 1° 04,50' West. 43,73433° Nord, 1,07709° West.

Ver- und Entsorgung am Platz.
See am Parkplatz.
Müllbehälter am Platz.
Aufenthaltsdauer 48 Stunden.
Ganzjährig zugänglich.
Wassersport auf dem See.
Besichtigung von St-Paul und Dax.
Fahrt entlang der Côte d'Argent.
Fahrt auf der Route de Lacs.
Ebene Stellflächen für 7 Wohnmobile.
Keine Parkgebühr.
Schatten durch hohe Bäume.
Tel. 05 58 91 20 20.

40100 Dax Adour** SA-5

Befestigte **Übernachtungsplätze** am Ortsrand in ruhiger und schöner Lage.

Von der 947 (Orthes-Dax) Richtung Dax und in Dax Richtung St-Paul fahren. Im Kreisel vor der Brücke über den Adour rechts Richtung Pont des Arenes/Parking d'Adour abbiegen. Noch 200 m bis zum Platz. (**Pont des Arenes/Boulevard des Sports**).
43° 42' 51" Nord, 1° 02' 57" West. 43° 42,85' Nord, 1° 02,95' West. 43,71416° Nord, 1,04916° West.

Adour-Brücke

Ver- und Entsorgung (Bodeneinlass) am Platz. Keine Gebühr.
Müllbehälter am Platz.
Aufenthaltsdauer 72 Stunden.
Ganzjährig zugänglich.
Flussufer in der Nähe.
Besichtigung von St-Paul und Dax.
Fahrt zur der Côte d'Argent.
Ebene, asphaltierte Stellflächen für 8 Wohnmobile.
Keine Parkgebühr.
Wenig Schatten durch Randbäume.
Tel. 05 58 56 86 86.

Seignosse Les Estagnots** SA-6

Übernachtungsplätze im Wald in ruhiger und schöner Lage.

Von Seignosse Richtung Hossegor/les Estagnots und nach 4 km im Kreisel (D79) links Richtung Hossegor fahren (D89). Nach weiteren 1,6 km im Kreisel der D86 folgen. Noch 200 m bis zum Wohnmobilplatz rechts.
43° 41' 26" Nord, 1° 25' 32" West. 43° 41,44' Nord, 1° 25,54' West. 43,69072° Nord, 1,42570° West.

Häuser am Parkplatz. Bänke und Tische am Parkplatz.
Ver- und Entsorgung am Parkplatz (Euro Relais). Gebühr 3 €.
Müllcontainer am Parkplatz.
Aufenthaltsdauer 24 Stunden. Ganzjährig zugänglich.
Fahrt entlang der atlantischen Küste.
Fahrt nach Biarritz. Fahrt auf der Route de Lacs.
Ebene, unebene und schräge Stellflächen für 30 Wohnmobile.
Parkgebühr: 8 € für 24 Stunden
Wohnmobil-Übernachtungsverbot am Plage de Estagnots und am Plage de Penon in Seignosse-Plage.
Viel Schatten durch hohe Bäume.
Stellplatz für Wohnwagen und Pkw verboten.
Tel. 05 58 72 88 41.

40130 Capreton Aire de Camping car*** SA-7

Asphaltierter **Wohnmobilplatz** am Strand hinter der Düne in sehr ruhiger und schöner Lage.

Von der N10 bei Anfahrt aus dem Süden links Richtung Capreton abbiegen (D652). Nach 5,1 km – 1,4 km nach dem Ortsanfang – links Richtung Centre Ville fahren und nach 400 m links, nach 100 m wieder links und nach weiteren 200 m rechts dem Wohnmobil-Symbol und dem Wegweiser La Plage folgen. Noch 800 m bis zum Parkplatz (**Allée des Ortolan**).
43° 38' 09" Nord, 1° 26' 49" West. 43° 38,15' Nord, 1° 26,81' West. 43,63578° Nord, 1,44681° West.

Häuser in der Nähe. Bäckerservice am Platz.
Feinsandiger Strand am Parkplatz. Stranduschen.
Ver- und Entsorgungsstation am Parkplatz.
Stromanschluss möglich.
Aufenthaltsdauer 48 Stunden. Ganzjährig zugänglich.
Wellenreiten und Surfen. Angeln im Meer.
Besuch des Fischereihafens.
Besuch des Ecomusée de la Pêche et de la Mer.
Ebene Stellflächen für 50 Wohnmobile. Kein Schatten.
Parkgebühr in der Saison: 10 €, 8,50 €, 6 € je nach Saison.
Wohnmobil-Übernachtungsverbot am Plage de Penon und Plage de Estagnots.
Tel. 05 58 72 10 09 (Marie).

40560 Labenne Aquatic Parc** SA-8

Wohnmobilplatz in ruhiger und schöner Lage.

Von der N10 (Saint Vincent-Bayonne) Richtung Labenne/Labenne-Océan abbiegen (D126). Nach 3,2 km zum Platz Franco am Ortsrand abbiegen (**Avenue de l' Océane, D126**).
43° 35' 41" Nord, 1° 27' 17" West. 43° 35,68' Nord, 1° 27,29' West. 43,59470° Nord, 1,45485° West.

Häuser in der Nähe.
Grauwasserentsorgung und Wasserversorgung am Parkplatz.
Aufenthaltsdauer 48 Stunden.
15.06.–15.09. zugänglich.
Sandstrand in 700 m Entfernung.
Wellenreiten und Surfen. Angeln im Meer.
Besuch des Fischereihafens.
Besuch des Ecomusée de la Pêche et de la Mer.
Ebene Stellflächen für 40 Wohnmobile.
Parkgebühr in der Saison: 7 €. Schatten durch Bäume.
Wohnmobil-Übernachtungsverbot am Plage de Penon und Plage de Estagnots.
Tel. 05 59 45 46 60.

40440 Ondres Plage d'Ondres*** SA-9

Wohnmobilplatz am Strand in sehr ruhiger Lage und landschaftlich reizvoller Umgebung.

Von der N10 (Bordeaux-Bayonne) in Ondres (7 km nördlich von Bayonne) Richtung Ondres-Plage abbiegen. Am Ende der Straße wird nach 3,7 km der Parkplatz erreicht (**Avenue de la Plage**).
43° 34' 34" Nord, 1° 29' 11" West. 43° 34,56' Nord, 1° 29,18' West. 43,57610° Nord, 1,48622° West.

Gaststätte, Kiosk und Häuser am Parkplatz. Brötchen-Service.
Ver- und Entsorgung (Flot bleu) am Parkplatz.
Stromanschluss möglich. WC und Dusche am Strand.
Bewachter Badestrand am Parkplatz. Surfschule am Parkplatz.
Aufenthaltsdauer unbegrenzt.
Verkaufsstände für Bordeaux-Weine und Armagnac an der Zufahrtsstraße.
Besichtigung von Biarritz und Bayonne.
Fahrt entlang der Côte d'Argent und der Côte basque.
Stellmöglichkeiten für 50 Wohnmobile. Kein Schatten.
Parkgebühr: 9 € für 24 Stunden, außerhalb der Saison 7 € inkl. Ver- und Entsorgung und Strom.
Tel. 05 59 45 30 06.

64600 Anglet La Barre*** SA-10

Asphaltierter **Wohnmobilplatz** am Leuchtturm in sehr ruhiger und schöner Lage.

Von Bayonne Richtung Anglet fahren. Nach der Brücke rechts Richtung Anglet/Anglet-Plage fahren (D5). Nach weiteren 3,7 km – 2,9 km nach dem Ortsanfang Anglet – wird rechts der Parkplatz am Sportboothafen erreicht. Noch 800 m bis zum Wohnmobilplatz am Leuchtturm (**Avenue de l'Adour**).
43° 30' 25" Nord, 1° 32' 01" West. 43° 30,42' Nord, 1° 32,02' West. 43,50696° Nord, 1,53373° West.

Gaststätte am Parkplatz. Häuser und Supermarkt am Parkplatz.
Blick auf die Mündung des Flusses Adour.
WC und Informationstafel am Parkplatz.
Ver- und Entsorgung am Parkplatz. Stromanschluss möglich.
Müllbehälter am Parkplatz.
Feiner Kiesstrand am Parkplatz. Angeln von der Mole.
Bushaltestelle am Parkplatz.
Aufenthaltsdauer 24 Stunden. Ganzjährig zugänglich.
Besichtigung von Biarritz und Bayonne.
Fahrt entlang der Côte d'Argent und der Côte basque.
Ebene Stellflächen für 50 Wohnmobile. Kein Schatten.
Parkgebühr in der Saison (Juli-August): 6 €
Tel. 05 59 58 35 00.

64200 Biarritz Parking de la Milady** SA-11

Asphaltierter **Wohnmobilplatz** am südlichen Ortsrand in schöner Lage.

Bei Anfahrt aus dem Südwesten von der A63/A5 an der ersten Ausfahrt Biarritz (4) abfahren. Nach 100 m links Richtung Biarritz/Bidart und durch Bidart fahren (N10). Nach weiteren 2 km links Richtung Bibarritz abbiegen (D911/Rue de la Milady). Nach 400 m halbrechts Richtung Biarritz fahren. Noch 1,6 km bis zum Parkplatz rechts (**Avenue de la Milady/Rue de Madrid**).
43° 27' 55" Nord, 1° 34' 18" West. 43° 27,91' Nord, 1° 34,30' West. 43,46520° Nord, 1,57170° West.

Häuser und Gaststätte am Parkplatz. Strand in der Nähe.
Für sehr große Wohnmobile nicht geeignet.
Ver- und Entsorgung am Parkplatz (Flot bleu). Stromanschluss.
Bushaltestelle in der Nähe.
Aufenthaltsdauer 48 Stunden. Ganzjährig zugänglich.
Besichtigung von Biarritz: Klippen, mondäne Hotels und Villen, Leuchturm, Musée de la Mer.
Besichtigung von Bayonne: Gotische Cathédrale Sainte-Marie, Pont Marengo, Château Vieux, Musée Basque, Musée Bonnat.
Leicht schräge Stellflächen für 10 Wohnmobile.
Parkgebühr: 10 € für 24 Stunden. Teilweise Schatten.
Tel. 05 59 41 59 41.

64500 St-Jean de Luz Pont Charles de Gaulle* SA-12

Asphaltierter **Wohnmobilplatz** im Ort zwischen Schiene und Straße in guter Lage.

Von der N10 (Biarritz – St-Jean de Luz) in der Ortsmitte vor dem Fluss La Nivelle zur **Avenue Pierre Larramendy** abbiegen. Noch 50 m bis zum Platz zwischen Straße und Schiene.
43° 23' 07" Nord, 1° 38' 47" West. 43° 23,11' Nord, 1° 38,78' West. 43,38511° Nord, 1,66297° West.

Häuser und Gaststätte am Parkplatz. Strand in der Nähe.
Für große Wohnmobile nicht geeignet.
Ver- und Entsorgung am Parkplatz.
Stromanschluss möglich.
5 Minuten Fußweg zum Zentrum.
Aufenthaltsdauer 24 Stunden. Ganzjährig zugänglich.
Besichtigung von St-Jean de Luz.
Besichtigung von Biarritz: Klippen, mondäne Hotels und Villen, Leuchturm, Musée de la Mer.
Besichtigung von Bayonne: Gotische Cathédrale Sainte-Marie, Pont Marengo, Château Vieux, Musée Basque, Musée Bonnat.
Asphaltierte Stellflächen für 10 Wohnmobile. Keine Parkgebühr. Kein Schatten.
Tel. 05 59 51 61 71.

64700 Hendaye Gare des 2 Twin** SA-13

Asphaltierter **Wohnmobilplatz** am Ortsrand in schöner Lage.

Von der D10 über Ciboure nach Hendaye fahren und von der D912 in Hendaye 1,5 km nach dem Ortsanfang links zur Rue de Pohotenis abbiegen. Noch 800 m bis zum Platz (**Rue d'Ansoenia**).
43° 22' 13" Nord, 1° 45' 52" West. 43° 22,22' Nord, 1° 45,86' West. 43,37041° Nord, 1,76438° West.

Häuser und Bahnhof am Parkplatz.
Für sehr große Wohnmobile nicht geeignet.
Ver- und Entsorgung am Parkplatz.
5 Minuten Fußweg zum Zentrum.
Aufenthaltsdauer 24 Stunden. Ganzjährig zugänglich.
Besichtigung von Biarritz: Klippen, mondäne Hotels und Villen, Leuchturm, Musée de la Mer.
Besichtigung von Bayonne: Gotische Cathédrale Sainte-Marie, Pont Marengo, Château Vieux, Musée Basque, Musée Bonnat.
Asphaltierte Stellflächen für 10 Wohnmobile. Keine Parkgebühr. Kein Schatten.
Tel. 05 59 48 23 23.

64310 Saint-Pée-Sur-Nivelle Lac-Aintzira*** BA-14

Wohnmobilhafen am See in ruhiger und sehr schöner Lage.

Aus Richtung Norden in St-Pée im Kreisverkehr geradeaus auf die D918 Richtung Le Lac-Aintzira dem Wohnmobilschild folgen. 1,6 km nach dem Ortsausgangsschild im Kreisverkehr links Richtung Le Lac fahren. Nach 200 m rechts. Noch 900 m bis zum Stellplatz am Ende des Sees.
43° 20' 57" Nord, 1° 31' 17" West. 43° 20.95' Nord, 1° 31.28' West. 43,34917° Nord, 1,52133° West.

Häuser am Stellplatz. Geschäfte, Restaurant in 300 m Entfernung.
Schranke vor dem Stellplatz. Müllcontainer am Platz.
Ver- und Entsorgung vor dem Platz. Flot bleu mit Jeton.
Jetonautomat mit Karten vor dem Platz. 1 Jeton = 1 €
Strom an den Stellflächen (1 Jeton = 4 Stunden).
Ganzjährig zugänglich. Aufenthaltsdauer 48 Stunden.
Freibad am See. Seilbahnparagleiten am See.
Besichtigung von Biarritz: Klippen (Ausläufer der Pyrenäen), mondäne Hotels und Villen, Leuchtturm.
Besichtigung von Bayonne: Gotische Cathédrale Sainte-Marie, Pont Marengo, Château Vieux, Musée Basque, Musée Bonnat.
Geschotterte, ebene Stellflächen mit Bäumen für 50 Wohnmobile.
Parkgebühr 6 € (5 Jeton) für max. 48 Stunden.
Police Tel. 05 59 54 19 38, Marie Tel. 05 59 10 19.

Die Purpurküste am Sitz der Götter

Côte Vermeille und Massif du Canigou

Tour 9

Nach vielen schönen Urlaubstagen am Atlantik fahren wir zur französischen Mittelmeerküste. Fast immer haben wir am Atlantik direkt am Strand einen für Wohnmobile ausgewiesenen Stellplatz gefunden, auf dem wir auch unser rollendes Zuhause von allem überflüssigen Ballast entsorgen und Frischwasser an Bord nehmen konnten. Auch auf der Autobahn sind mehrere Raststätten mit Ver- und Entsorgungsstationen für Wohnmobile eingerichtet. Wir sind gespannt, ob auch die Gemeinden an der Mittelmeerküste die Vorzüge des Reisemobiltourismus erkannt haben, und wir werden zunächst nicht enttäuscht.

Im Süden stoßen die Pyrenäen ins Meer. Diesen reizvollen felsigen Küstenabschnitt nennen die Franzosen Côte Vermeille, die Purpurküste. Freie Stellplätze sind trotz der schmalen Straße und felsiger Küste in Port Vendes zu finden. Wir erfreuen uns an der bezaubernden Küstenlandschaft, erfrischen uns an einer Badestelle und besuchen die bekannten Orte Banyuls-sur-Mer, Port Vendres und Collioure. Es sind nur 20 km bis zur Ebene nördlich der Pyrenäen.

Gleich nach der spanischen Grenze, kurz vor dem Ort Cerbère gibt es einen außerordentlich schön gelegenen großen Parkplatz am Cap Cerbère, der leider für Mobile nicht ausgewiesen ist. Wir blicken auf das Meer und sehen die felsige Küste bis Llanca in Spanien und Banyuls im Norden. Am Verkaufsstand erwerben wir Spezialitäten des Landes, kosten den bekannten Wein und Aperitif Banyuls und essen in einem guten Fischrestaurant in Cerbère zu Abend. Leider ist auch der große Parkplatz am Strand bei Cap Rederis nur noch für Gäste und Besucher der Feriensiedlung zugänglich.

Banyuls-sur-Mer ist ein bekannter Weinort. Besichtigungen von Weinkellern und Weinproben gehören zum touristischen Programm. Das Aquarium des Meeresforschungszentrums vermittelt uns einen guten Überblick über die zahlreichen Fische und Lebewesen des Mittelmeers.

In Port Vendres dümpeln Yachten und Fischerboote im Hafen, eine Schiffsverbindung führt nach Algerien. Im 17. Jahrhundert sollte der Ort zu einem Militärhafen ausgebaut werden. Das Projekt scheiterte an den unzulänglichen finanziellen Mitteln, die Pläne des berühmten Baumeisters Vauban wurden nie vollendet. Port Vendres hat für die Urlauber im Wohnmobil einen Übernachtungsplatz mit einer Ver- und Entsorgungsstation eingerichtet (**CV-1**). Eine Gaststätte ist in der Nähe und der Hafen und der Ortskern sind zu Fuß zu erreichen. Leider ist die Einfahrt zu dem ruhig und schön gelegenen Platz klein und winklig, so dass größere Wohnmobile Schwierigkeiten haben, diesen Platz anzufahren.

Malerisch liegt Collioure an zwei kleinen Hafenbuchten in einer Nische der Küstenpyrenäen, getrennt durch einen steilen Felsen. Wir schlendern durch winklige Gässchen, laufen durch dunkle Felsgewölbe mit kleinen Geschäften, bestaunen das Fort auf einem Felsvorsprung und sehen den Kirchturm, der ein Leuchtturm ist. An der Hafenpromenade pinseln Hobbymaler hübsche Ansichten der Küste und des Ortes. Im Hôtel des Templiers, dem Stammlokal bekannter Maler des letzten Jahrhunderts, sind die Wände mit Zeichnungen und Gemälden dieser Künstler bedeckt.

Auf dem Stellplatz am Ortsrand trifft man immer Wohnmobil-Touristen (**CV-2**). Der Platz ist in Terrassen angelegt und bietet Aussichten über die Landschaft der Pyrenäen. Für große Fahrzeuge kann es Schwierigkeiten bei der Auf- und Abfahrt zu den einzelnen Terrassenabschnitten geben, weil die Kurven oft zu eng und die Auffahrt steil ist.

Pyrénées Orientales

Bei Argeles-sur-Mer ändert die Küste ihr Gesicht, die Pyrenäen treten zurück und breite Sandstrände säumen die Küstenlinie. Trotz der vielen großzügigen Parkplätze wartet eine Enttäuschung auf uns: Alle Strandparkplätze sind für Wohnmobile gesperrt und meistens durch Höhenbarrieren auch am Tage nicht zu benutzen. Obwohl eine Ver- und Entsorgungsstation am nördlichen Ortsrand aufgestellt wurde, ist das Übernachten im Wohnmobil auch dort nicht erlaubt. In St-Andre, nur wenige Kilometer entfernt, besteht im Ort die Möglichkeit zum Übernachten (**CV-3**).

Falls man die Autobahn nach Spanien benutzt, hat der Wohnmobiltourist die Möglichkeit, in einer ruhigen Umgebung zu übernachten (**CV-4**). Bei der Anfahrt kann es auch hier für sehr große Mobile Schwierigkeiten geben.

Wir fahren über Elne weiter nach Westen in Richtung Pyrenäen. Diese Kleinstadt ist eine der ältesten Städte Frankreichs. Elne wurde unter den Westgoten Bischofssitz und später Hauptstadt des Roussillion. Die großartige Cathédrale Sainte-Eulalie wurde im 12. Jahrhundert im lombardischen Stil begonnen. Der Kreuzgang, der noch in seiner ursprünglichen Form besteht, ist ein Meisterwerk der romanischen Baukunst.

Unsere Reise führt uns nun in das Landesinnere, denn wir wollen den Sitz der Götter, den 2785 Meter hohen Pic du Canigou erkunden. Der weiße Riese Canigou ist schon von der Küste eindrucksvoll sichtbar. Kein Wunder, dass die Iberer den Sitz ihrer Götter auf diesen Berg verlegten. In der Antike war das Tal des Têt, dem wir folgen, eine wichtige Verbindungsstraße nach Andorra.

Wir fahren durch eine aufregende Landschaft. Ein Abstecher auf schmaler, kurvenreicher Straße zur Prioratskirche von Serrabonne führt uns ein paar Kilometer in die Stille des Bergmassivs des Canigou. Der Reiz des Kirchenbauwerks liegt in seiner Verschmelzung mit der Natur, mit der einsamen Landschaft. Kirche und Mauerreste haben die Jahrhunderte überdauert. Äußerlich ziemlich schmucklos, erwartet uns im Inneren auf der Tribüne eine Attraktion der romanischen Skulptur, die Sängerkanzel, von außergewöhnlichen Säulen und Kapitellen getragen, dekoriert mit in Stein verewigtem Schmuck. Die Tribüne teilt den Raum. Monster, Engel, Greife und Sänger haben ihren Platz auf der Kanzel.

Zum Übernachten kann man die Stellplätze in Amélie (**CV-5**) und in der Ortsmitte von St-Marsal (**CV-6**) aufsuchen. In Céret wandeln wir auf den Spuren Picassos. Der Künstler hatte hier ein leerstehendes Haus gemietet und machte den Ort 1911-1913 zu einem Mekka des Kubismus. Im Museum zu Céret bewundern wir diese Werke des großen Meisters.

Prades, die Stadt zu Füßen des Canigou, ist ein wichtiges Zentrum mit farbigen und lauten Wochenmärkten. Sehenswert ist die Pfarrkirche mit dem Hauptaltar aus Katalonien, Reliefs der Apostelfürsten und mit dem Schwarzen Christus, einem Meisterwerk der Holzschnitzkunst.

Südlich von Prades liegt das Kloster Saint-Michael-de-Cuxa aus dem 9. Jahrhundert. Die Besichtigung beginnt an der romanischen Krypta, der Kapelle der Krippenmadonna, führt dann durch die vorromanische Hauptkirche mit hufeisenförmigen Bögen, rechteckigen Chören und Freskenmalereien an den Pfeilern und schließlich durch tunnelartige Gänge zur Chorrotunda mit einem kleinen Museum. Der Kreuzgang aus dem 11. Jahrhundert, richtungsweisend für die vorromanische Kultur, wurde im 19. Jahrhundert abgebaut und nach Amerika verschifft. Die Rekonstruktion begann 1952 unter Verwendung des gleichen roten Marmors aus dem Conflent. Die Vervollständigung des Kreuzgangs ist vorgesehen.

Am Bahnhof in Villefrache de Conflet hat die Stadt einen Stellplatz für Wohnmobile eingerichtet. Allerdings sind keine Ver- und Entsorgungseinrichtungen und keine Stromanschüsse vorhanden (**CV-7**).

Pyrénées Orientales

Das Kloster St-Martin-du-Canigou, in einer phantastischen Lage an den Steilhängen des Pic du Canigou, können wir nur zu Fuß auf einem sehr steilen Weg erreichen. In Casteil müssen wir unser Wohnmobil auf dem Parkplatz für Busse parken, in dem kleinen Ort gibt es für Wohnmobile kaum Parkmöglichkeiten, der Pkw-Parkplatz ist nur klein und außerdem abgeschrankt.

Die Geschichte des Bergklosters beginnt im 11. Jahrhundert. Benediktinermönche bewohnten die Abtei bis Ende des 18. Jahrhunderts, dann wurde sie geplündert und verfiel schnell zur Ruine.

Vom Aussichtspunkt haben wir einen zauberhaften Ausblick auf die wildromantische Bergwelt des Canigou und sehen, wie das Kloster am Felsen klebt, ein Ort der Stille. Die malerische Ruine des Bergklosters wurde zum Teil restauriert. Am besten erhalten sind die zwei Kirchen und die Südgalerie des Kreuzgangs. Der kleine Kreuzgang ist ein Ort der Abgeschiedenheit, die Öffnung zum Gebirge war ursprünglich durch eine Mauer abgeschirmt. Das Leben der Mönche sollte nur dem Gebet gewidmet sein. Der Glockenturm aus dem 11. Jahrhundert ist die Krönung des Bauwerks. Von seinen vier Stockwerken wurden nur drei wieder aufgebaut.

Die Übernachtung planen wir in Casteil (**CV-8**), finden dort aber nur Stellflächen für kleine Mobile. Deshalb fahren wir nach Villefranche zurück. In dem Kurort Vernes-les-Bains schmiegt sich der alte Ortskern am Hang um die romanische Kirche und die mittelalterliche Burg.

Wir fahren zur Küste zurück. Für einen Zwischenstopp und Einkauf kann man den abseits der Fahrbahnen angelegten und für Wohnmobile und Wohnanhänger eingerichteten Übernachtungsplatz an der Raststätte Katalanisches Dorf südlich von Perpignan für einen ruhigen Schlaf in seinem Ferienhaus auf Rädern nutzen (**CV-9**). Alle Einrichtungen der Raststätte, Tankstelle, der Geschäfte, der sanitären Einrichtungen und die Ver- und Entsorgungsmöglichkeiten sind für die Wohnmobilurlauber von großem Vorteil.

Die Stadt Perpignan hat sich ihren mediterranen Charakter und Charme bewahrt. Die Fahrt in diese Stadt lohnt sich bestimmt. Wir fahren von dem Autobahnzubringer in den Boulevardring, der die Innenstadt umschließt. Auf dem Großmarkt im Norden hat man nachmittags die besten Parkmöglichkeiten. Das eindruckvollste Bauwerk der Stadt ist auf einem Hügel der Palast der Könige von Mallorca, der später zu einer Festung ausgebaut wurde. Trotzdem wirkt der Palast wohnlich, weitläufig und großzügig. Hinter den ausgehölten Arkaden der Palastfront ragt die harmonische romanische Fassade der Kapelle hervor.

Das Wahrzeichen Perpignans ist der Verteidigungsbau Le Castillet am Porte de Notre-Dame mit hohen Ziegelmauern und beeindruckenden Zinnen. Der Bau der Cathédrale Saint-Jean wurde durch das Königreich Mallorca beeinflusst. Großartig wurde sie begonnen, dann nach dem Untergang des Königreiches vernachlässigt und in späteren Jahrhunderten in einfacher Form vollendet. Das wenig harmonische Äußere der Kathedrale ist vergessen, wenn man das breite, eindrucksvolle Hauptschiff, den harmonischen Kapitelsaal mit einem vielgestaltigen gotischen Gewölbe, den Hauptaltar im Renaissancestil mit einer Statue Johannes des Täufers und das aus einem Monolithen gefertigte Taufbecken der Westgoten gesehen hat.

Ruscino hieß die iberische Siedlung vier Kilometer östlich der Stadtmitte, die dem Roussillon den Namen gegeben hat, als Vorläufer von Perpignan gilt und heute ausgegraben wird. Im 13. Jahrhundert erhielt Perpignan das Gepräge einer Residenzstadt durch die Bauten der Könige von Mallorca. Aber schon bald zerfiel dieses Reich wieder, Perpignan wurde bedeutende Handelsstadt und blieb Metropole im Roussillon.

Einen der schönsten Stellplätze im Süden Frankreichs entdecken wir in Latour bas Elne (**CV-10**). Wir ruhen uns in einer großzügigen Parkanlage unter Palmen aus. Alle Einrichtungen für den mobilen Gast sind hier vorhanden. Zwei Tage dürfen wir bleiben. Leider ist die Küste zu weit entfernt.

Auch im nächsten Ferienort, in St-Cyprien-Plage, finden wir keinen Stellplatz am Meer. Aber auf dem Stellplatz am Yachthafen können wir bleiben und übernachten (**CV-11**). Der Ort ist modern, die Straßen sind breit und gerade, das Angebot an Souvenirs und Unterhaltung ist reichhaltig, die Speisekarten sind umfangreich, im Hafen liegen teure Yachten, ein typischer Touristenort.

Zwischen St-Cyprien-Plage und Canet-Plage ist endlich ein naturbelassenes Stück Land zu finden. Fünf Kilometer erstreckt sich ein breiter Sandstreifen an der Küste, ohne dass Betonburgen oder Reklameschilder die Landschaft entzaubern. Wir können direkt am Strand parken, allerdings ist der Parkstreifen an der Straße für eine Übernachtung nicht geeignet, denn dieser Verkehrsweg wird auch nachts viel befahren.

Canet-Plage, ein Seebad aus der Retorte, ist am Wochenende durch die Einwohner von Perpignan, das nur 12 km entfernt ist, überfüllt. Es wird fleißig weiter gebaut. Hochhäuser und Appartmentblocks wuchern ins Landesinnere, denn an der Küste ist kein freier Platz. Wir flüchten aus solchen im Sommer überfüllten Ferienorten an der Küste. Wir mögen es ruhiger.

Skulpturen in der Klosterkirche St-Michael-de-Cuxa

Pyrénées Orientales

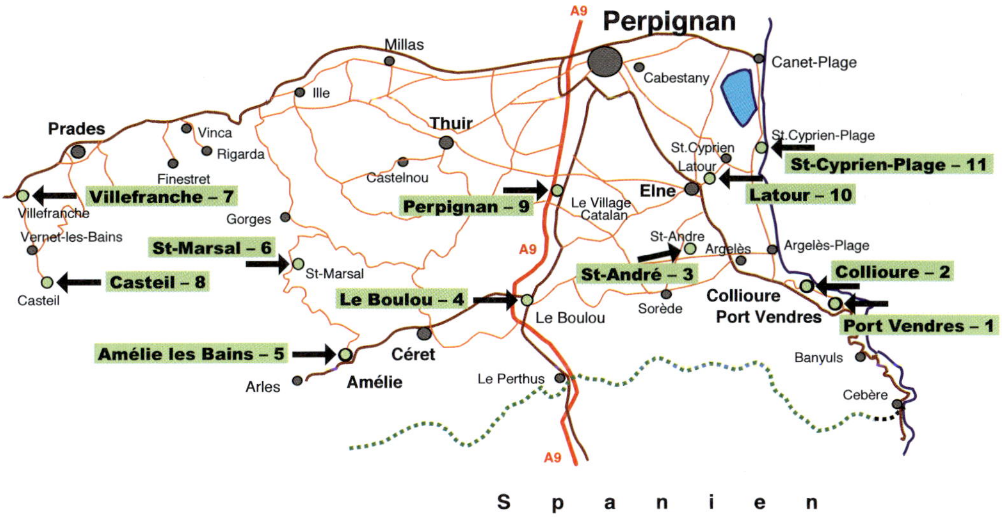

Tour 9: **Côte Vermeille und Massif du Canigou**

Nr.	Ort, Bezeichnung	Stell-plätze A	Gast-haus	Häu-ser	WC	Bad See	Orts-nähe B	Ent-sorg.	Park-dauer C	Park-gebühr D
CV-1	**Port Vendres, Wohnmobilplatz****	10	+	+	-	-	x	+	1	8
CV-2	**Collioure, Ortsrand*****	100	-	-	-	-	x	+	U	8
CV-3	**St-André, Parking de Taxo****	6	-	+	-	-	5	+	3	2
CV-4	**Le Boulou, Ortsrand****	20	+	+	+	-	8	+	1	0
CV-5	**Amélie les Bains, Lledoners****	20	-	+	-	-	10	+	2	0
CV-6	**St-Marsal, Ortsmitte*****	20	+	+	-	-	5	+	U	3
CV-7	**Villefranche, Bahnhof****	10	+	+	-	-	10	-	1	3
CV-8	**Casteil, Ortsrand****	5	-	-	+	-	5	-	2	0
CV-9	**Perpignan, Village Catalan****	20	+	+	+	-	x	+	1	0
CV-10	**Latour, Aire de Latour******	40	-	+	-	-	x	+	2	10
CV-11	**St-Cyprien-Plage, Yachthafen****	50	+	+	-	-	8	+	U	12

Legende

**** sehr ruhige und sehr schöne Lage.
*** sehr ruhige und schöne Lage.
** ruhige und gute Lage.
* keine ruhige Lage.
A Stellplätze gestaffelt nach 3, 5, 10, 20, 30, 50 Wohnmobilen. Dabei wird angenommen, dass nur die Hälfte des Platzes zur Verfügung steht und die andere Hälfte durch Pkws belegt ist.
B Fußweg in Minuten, x über 15 Minuten Fußweg.
C Aufenthaltsdauer in Tagen.
D Stellplatzgebühr in Euro pro Wohnmobil und 24 Stunden.
P Stellplatzgebühr in der Saison.
T Aufenthaltsdauer einige Tage.
U Aufenthaltsdauer unbegrenzt.

Hafen von St-Cyprien

Stellplatz an der Côte Vermeille

66660 Port Vendres Wohnmobilplatz** CV-1

Übernachtungsplatz am Ortsrand in ruhiger Lage.

Von der Umgehungsstraße (N114) südlich von Port Vendres Richtung Port de Commerce abbiegen (D86b) und 200 m nach dem Ortsanfang Port Vendres rechts im Kreisel dem Gaststätten-Symbol folgen. Noch 100 m bis zum Parkplatz rechts (**Route de la Jetée**).
42° 31' 05" Nord, 3° 06' 47" Ost. 42° 31,08' Nord, 3° 06,78' Ost. 42,51800° Nord, 3,11302° Ost.

Gaststätte in der Nähe. Häuser am Parkplatz.
Ver- und Entsorgungsstation am Parkplatz. Gebühr 2 € (Jeton).
Schmale Einfahrt. Für sehr große Wohnmobile nicht geeignet.
Aufenthaltsdauer 24 Stunden. Ganzjährig zugänglich.
Bademöglichkeit in der Nähe.
Wanderungen an der Côte Vermeille.
Besichtigung von Port Vendres: Seehafen, Ortsbild.
Besichtigung von Banyuls: Aquarium, Haus von Aristide Maillol.
Besichtigung von Collioure: Ortsbild, Leuchtturm, Hafen, Küstenfort, Hôtel de Templiers, Kirche mit barocken Holzaltären.
Stellflächen für 10 Wohnmobile.
Parkgebühr: 8 € für 24 Std.
Tel. 04 68 82 01 03.

66190 Collioure Ortsrand*** CV-2

In Terrassen angelegter, asphaltierter **Wohnmobilstellplatz** am Ortsrand.

Von der D914 an der Ausfahrt 14 Richtung Collioure Centre abbiegen (D80) und nach 400 m im Kreisel dem Wegweiser aire de camping car folgen. Noch 200 m bis zum Platz (**Route de Madeloc**)
42° 31' 34" Nord, 3° 04' 07" Ost. 42° 31,56' Nord, 3° 04,12' Ost. 42,52603° Nord, 3,06877° Ost.

Blick auf Weinfelder und Pyrenäen. Bewachter Platz.
Aufenthalt nicht begrenzt.
Ver- und Entsorgung und Mülltonne am Platz. 4 Stromanschlüsse.
Wanderungen am Felsufer (Holzstege) und an der Côte Vermeille.
Besichtigung von Collioure: Ortsbild, Leuchtturm, Hafen, Küstenfort, Hôtel de Templiers, Kirche mit barocken Holzaltären.
Besichtigung von Port Vendres: Seehafen, Ortsbild.
Besichtigung von Banyuls: Aquarium, Haus von Aristide Maillol.
Fahrt entlang der Côte Vermeille.
Ebene und schräge asphaltierte Stellflächen für 100 Wohnmobile.
Keine sehr großen Mobile wegen steiler Auffahrt und enger Kurven.
Parkgebühr: 7,50 € für 24 Std. inkl. Ver- und Entsorg. und Strom. Parkautomat.
Tel. 04 68 82 15 47.

66690 St-André Parking de Taxo** CV-3

Übernachtungsplatz im Ort in ruhiger Lage.

Von der D 914 Richtung St-André abbiegen. Nach 1,9 km rechts dem Symbol folgen. Nach 100 m links fahren. Noch 100 m bis zum Stellplatz auf der linken Seite (**Rue de Taxo**).
42° 33' 08" Nord, 2° 58' 24" Ost. 42° 33.14' Nord, 2° 58.41' Ost. 42,55224° Nord, 2,97357° Ost.

Häuser am Stellplatz. Supermarkt in der Nähe.
Grünanlage nebenan.
Ver- und Entsorgung am Platz (Flot bleu). Gebühr 3 € (Jeton).
Stromanschluss möglich. Mülltonne am Platz.
Ganzjährig zugänglich.
Aufenthaltsdauer 72 Stunden.
5 Gehminuten zur Ortsmitte.
Besichtigung von Collioure: Ortsbild, Leuchtturm, Hafen, Küstenfort, Hôtel de Templiers, Kirche mit barocken Holzaltären.
Besichtigung von Elne: Cathédrale Sainte-Eulalie, lombardischer Kreuzgang.
Asphaltierte, ebene Stellflächen für 6 Wohnmobile.
Teil des Platzes auch für PKW zugelassen.
Parkgebühr 2,30 € für Übernachtung. Tagsüber keine Gebühren.
Tel. 04 68 89 04 85.

66160 Le Boulou Ortsrand** CV-4

Übernachtungsplatz am Ortsrand in ruhiger und guter Lage.

Von der Ausfahrt Le Boulou der A9 Richtung Le Boulou fahren (D115) und im Kreisel zum Ort abbiegen (Avenue Jean Moulin). Noch 800 m bis zum Platz (**Chemin du Mouli nou**).
42° 31' 38" Nord, 2° 50' 14" Ost. 42° 31,63' Nord, 2° 50,23' Ost. 42,52722° Nord, 2,83722° Ost.

Gaststätte in der Nähe. Häuser am Parkplatz.
Ver- und Entsorgung und WC am Parkplatz.
Aufenthaltsdauer 24 Stunden.
Ganzjährig zugänglich.
8 Minuten zur Ortsmitte.
Besichtigung von Perpignan: Palais des Rois de Majorque, Le Castillet, Plage de la Loge, Cathédrale Saint-Jean.
Besichtigung von Elne: Cathédrale Saint-Eulalie mit dem romanischen Kreuzgang, Altstadt.
Fahrt nach Spanien.
Asphaltierte Stellflächen für 20 Wohnmobile.
Keine Parkgebühr.
Tel. 04 68 87 51 00.

66110 Amélie les Bains Rue des Lledoners** CV-5

Wohnmobilplatz oberhalb des Campingplatzes Municipal in schöner Lage.

Von der D 115 in westlicher Richtung bei dem Schild Aire d'Acceuil Camping Car rechts abbiegen zum Stellplatz (**Rue de Lledoners**).
42° 28' 45" Nord, 2° 40' 29" Ost. 42° 28.75' Nord, 2° 40.48' Ost. 42,48077° Nord, 2,68049° Ost.

Häuser am Stellplatz. Geschäfte in der Nähe.
Restaurant im Ort. 10 Minuten Fußweg.
Ver- und Entsorgung am Platz (Raclet). Gebühr 3 €.
Strom an der Ver- und Entsorgung.
Müllcontainer am Platz.
Ganzjährig zugänglich.
Aufenthaltsdauer 48 Stunden.
Besichtigung von Elne: Cathédrale Saint-Eulalie mit dem romanischen Kreuzgang, Altstadt.
Fahrt nach Perpignan.
Geschotterte, ebene Stellflächen für 20 Wohnmobile.
Keine Parkgebühr.
Tel. 04 68 39 22 37.

66110 St-Marsal Ortsmitte*** CV-6

Wohnmobilplatz im Ort in sehr ruhiger und schöner Lage.

Vom Ortseingangsschild St-Marsal nach 100 m dem Wohnmobilschild folgend rechts abbiegen. Nach 50 m links und nach weiteren 50 m wird der Stellplatz links erreicht.
42° 32' 17" Nord, 2° 37' 21" Ost. 42° 32.29' Nord, 2° 37.35' Ost. 42,53767° Nord, 2,62223° Ost.

Restaurant und Geschäfte in der Nähe. Häuser am Stellplatz.
Wasserversorgung unterhalb des Platzes. Müllcontainer am Platz.
Ver- und Entsorgung (Kassetten) am Platz. Dusche 2,30 €.
Ganzjährig zugänglich.
Aufenthaltsdauer unbegrenzt.
5 Gehminuten zur Ortsmitte.
Besichtigung von Elne: Cathédrale Saint-Eulalie mit dem romanischen Kreuzgang, Altstadt.
Fahrt nach Perpignan.
Ebene, geschotterte, teilweise mit Wiese bewachsene Stellflächen für 20 Wohnmobile.
Parkgebühr 3 € pro Nacht. Gebühr wird ab 20.00 Uhr kassiert.
Tel. 04 68 39 41 14.

66500 Villefranche de Conflent Bahnhof** CV-7

Übernachtungsplatz am Bahnhof in ruhiger und guter Lage.

Von der N116 nordöstlich von Villefranche südlich Richtung gare abbiegen (**Garrigue d'Potis, N116**).
42° 35' 26" Nord, 2° 22' 12" Ost. 42° 35,44' Nord, 2° 22,21' Ost. 42,59061° Nord, 2,37013° Ost.

Restaurant und Häuser in der Nähe.
Müllcontainer am Platz.
Keine Ver- und Entsorgung am Platz.
Ganzjährig zugänglich.
Aufenthaltsdauer 24 Stunden.
10 Gehminuten zur Ortsmitte.
Besichtigung von Villefranche.
Ausflug zum Kloster St. Martin du Canigou.
Besichtigung von Elne: Cathédrale Saint-Eulalie mit dem romanischen Kreuzgang, Altstadt.
Fahrt nach Perpignan.
Ebene, asphaltierte Stellflächen für 10 Wohnmobile.
Parkgebühr 3 € pro Nacht.
Tel. 04 68 96 10 78.

66820 Casteil Ortsrand** CV-8

Übernachtungsplatz am Ortsrand in ruhiger und schöner Lage.

Von der N116 Richtung St. Martin du Canigou fahren und zum Platz abbiegen (**N116**).
42° 31' 58" Nord, 2° 23' 34" Ost. 42° 31,99' Nord, 2° 23,52' Ost. 42,53331° Nord, 2,39206° Ost.

Müllcontainer am Platz.
Wasserversorgung und WC am Platz.
Ganzjährig zugänglich.
Aufenthaltsdauer 48 Stunden.
5 Gehminuten zur Ortsmitte.
Wohnmobile und Busse im Ort verboten.
Ausflug zum Kloster St. Martin du Canigou.
Besichtigung von Elne: Cathédrale Saint-Eulalie mit dem romanischen Kreuzgang, Altstadt.
Fahrt nach Perpignan.
Ebene, befestigte Stellflächen für 5 kleine Wohnmobile.
Keine Parkgebühr.
Tel. 04 68 05 67 63.

66000 Perpignan Village Catalan** CV-9

Wohnmobil- und Caravanplatz unter Bäumen an der Raststätte Aire du Village Catalan in ruhiger Lage.

Zwischen den Ausfahrten Le Boulon und Perpignan-Sud der Autobahn A9 15 km nördlich der spanischen Grenze. Von beiden Seiten der Autobahn zugänglich.
42° 34' 49" Nord, 2° 50' 52" Ost 42° 34,81' Nord, 2° 50,87' Ost. 42,58017° Nord, 2,84783° Ost.

Gaststätte, Kiosk, Geschäfte, Tankstelle, Häuser am Parkplatz.
Durch Grünstreifen von Lkw und Pkw abgetrennte Stellplätze.
Ver- und Entsorgungsstation mit Stromanschluss am Parkplatz.
WC am Parkplatz. Spielplatz und Freiduschen am Parkplatz.
Einkaufen im katalanischen Dorf.
Besichtigung von Perpignan: Palais des Rois de Majorque, Le Castillet, Plage de la Loge, Cathédrale Saint-Jean.
Besichtigung von Elne: Cathédrale Saint-Eulalie mit dem romanischen Kreuzgang, Altstadt.
Fahrt zum Fort de Salses.
Fahrt nach Spanien.
Stellmöglichkeiten für 20 Wohnmobile. Keine Parkgebühr.

66200 Latour Bas Elne Aire de Latour Bas Elne**** CV-10

Wohnmobil- und Caravanplatz in einer sehr schönen und sehr ruhigen Grünanlage mit Palmen.

Von der D914 Richtung St-Cyprien/Latour abbiegen. Im Kreisel am Ortsanfang der Hauptstraße und dem Symbol durch den Ort folgen. Nach 300 m am Ortsende rechts dem Symbol folgen (8 t). Noch 500 m bis zur Einfahrt. Noch 200 m bis zum Platz.
42° 36' 00" Nord, 3° 00' 24" Ost. 42° 36,01' Nord, 2° 00,41' Ost. 42,59988° Nord, 3,00627° Ost.

Häuser am Stellplatz.
Tor vor dem eingezäunten Platz. 21.30–7.00 Uhr geschlossen.
Ver- und Entsorgung am Platz. Gebühr ohne Stellplatz 4 €. Wasser 2 €.
Stromanschluss möglich. Gebühr 2 €.
Müllbehälter am Platz. Hundeverbot.
Aufenthaltsdauer 48 Stunden. Zugänglich April–Oktober
Besichtigung von Collioure: Ortsbild, Leuchtturm, Hafen, Küstenfort, Hôtel de Templiers, Kirche mit barocken Holzaltären.
Besichtigung von Elne: Cathédrale Sainte-Eulalie, lombardischer Kreuzgang.
Parkgebühr 10 € für 24 Stunden inkl. Ver- und Entsorgung.
Ebene Stellflächen für 40 Mobile oder Caravan auf festem Rasen.
Tel. 04 68 22 24 33.

66750 St-Cyprien-Plage Yachthafen** CV-11

Eingezäunter **Wohnmobilplatz** in guter und ruhiger Lage am Yachthafen.

Von St-Cyprien nach St-Cyprien-Port fahren und dem Wegweiser Le Port folgen. Am Yachthafen dem Wegweiser air de camping car folgen und zum Platz abbiegen (**Chemin des Donaniers**).
42° 37' 04" Nord, 3° 00' 25" Ost. 42° 37,07' Nord, 2° 01,41' Ost. 42,61802° Nord, 3,03525° Ost.

Häuser am Stellplatz. Gaststätten und Supermarkt in der Nähe.
Schranke vor dem Platz. Ticket (Bank- oder Kreditkarte).
Ver- und Entsorgung am Platz (Flot bleu océan).
Müllbehälter am Platz.
Aufenthaltsdauer nicht begrenzt.
Besichtigung von Collioure: Ortsbild, Leuchtturm, Hafen, Küstenfort, Hôtel de Templiers, Kirche mit barocken Holzaltären.
Besichtigung von Elne: Cathédrale Sainte-Eulalie, lombardischer Kreuzgang.
Fahrt nach Perpignan.
Asphaltierte, ebene Stellflächen für 50 Mobile.
Parkgebühr 12,20 € für 24 Stunden 15.03.–15.10., 10,15 € 16.10.–14.03. inkl. Ver- und Entsorgung.
Tel. 04 68 22 24 33.

An den Sandstränden des Mittelmeers

Am südlichen Golf von Lion

Tour 10

Wie ein gelbes Band ziehen sich die breiten Sandstrände am Golfe du Lion entlang. Oft versperren Hotelburgen, Ferienanlagen und Schranken den Weg zum Strand, aber in einigen Orten sind die Parkplätze am Strand zugänglich, oder es wurden sogar für Wohnmobile Übernachtungsplätze eingerichtet. In Ste-Marie-Plage dürfen Wohnmobile zwei Nächte bleiben (**SG-1**).

Nördlich von Perpignan liegt in der Ebene das wuchtige Fort de Salses. Diese Verteidigungsanlage wurde nicht auf einem Hügel errichtet, weil um 1500 schon das Zeitalter der Artillerie begonnen hatte, und der Bau auf einer Anhöhe nutzlos gewesen wäre. Das Fort sollte den spanischen Einflussbereich im Roussillion sichern. Die Festung Salses galt als uneinnehmbar, sie wurde mit fortschreitender Artillerietechnik erbaut, aber bald überflüssig und deshalb vollständig erhalten.

Auch im nächsten Ferienort Le Barcarès finden wir keinen Stellplatz am Strand. Leucate, malerisch zwischen Meer und Lagune gelegen, zieht sich mehrere Kilometer an der Küste entlang, ist großzügig und locker gebaut, bietet in Leucate-Plage eine gemütliche Atmosphäre und ist ausgesprochen freundlich gegenüber den Urlaubern im Wohnmobil. Gleich zwei freie Übernachtungsplätze sind hier zu finden mit Ver- und Entsorgungsstationen. Überall trifft man Urlauber im Wohnmobil.

Wir bleiben drei Tage auf dem wunderschönen Wohnmobilplätzen am Strand in Leucate-Plage (**SG-2** und **SG-3**). Der nicht überfüllte, feinsandige Strand, das ruhige, warme Wasser des Mittelmeeres, die vielen kleinen Geschäfte und die abwechsungsreichen Fischgerichte in den Restaurants verleiten zum Bleiben. Die Steilklippen am Cap Leucate entdecken wir auf einer Abendwanderung. Abends bilden die Wohnmobile eine kleine Lichterkette am Strand, wir blicken auf die Schaumkronen der Wellen und schauen den heimkehrenden Segel- und Motorbooten zu.

Der Platz bei Leucate-Village wird gern von Surfern angefahren, die den Binnensee für ihr Hobby ausnutzen können. Wir bestaunen die Surfer, die bei starkem Wind alle Register ihres Könnens ziehen müssen. Für Wohnmobilurlauber mit dem Surfbrett ist der Platz am Etang de Leucate ein kleines Paradies. Das Wasser ist ruhig, die Winde sind kräftig und stabil. Eine Surfschule weiht Anfänger in die Künste des Brettsegelns ein. Touristen, die ihr Surfbrett nicht mitnehmen konnten, haben die Möglichkeit, sich Brett und Segel zu leihen. Der flache Salzsee mit seinem warmen Wasser ist auch ein idealer Badeort für Familien mit Kindern.

Wir fahren um Cap Leucate herum nach la Franqui und werden durch ein Verbotsschild zur Durchfahrt von Wohnmobilen gestoppt. Früher gab es einen kleinen Stellplatz für Mobile. Mühsam wenden wir. Man will uns nicht, also werden wir in diesem Ort weder tanken noch einkaufen.

Nur 500 Meter von der Ausfahrt Leucate der Autobahn A9 wurden an der Raststätte vom Lkw- und Pkw-Verkehr getrennte Parkplätze für Wohnmobile und Caravan-Gespanne in genügender Entfernung von den Fahrbahnen eingerichtet. Der auf der Autobahn fließende und der zu den und von den Parkplätzen rollende Verkehr beeinträchtigt den Wohnmobiltouristen nicht.

Aude Süd

An den Raststätten im Süden Frankreichs findet man häufig Ver- unr Entsorgungseinrichtungen und Stellflächen für Mobile. Wir haben diese Raststätten aber nicht in unseren Stellplatzteil aufgenommen, weil wegen des Parkverkehrs in der Nacht und der Gefahr eines Einbruchs die Plätze für eine Übernachtung nicht unbedingt zu empfehlen sind. Die sanitären Einrichtungen und die Einkaufs- und Einkehrmöglichkeiten der Raststätte sind uns aber immer willkommen.

In der Nähe der Ausfahrt Sigean der Autobahn A9 befindet sich an der Nationalstraße N9 ein großer Parkplatz mit sanitären Einrichtungen, einer Tankstelle, Verkaufsständen und einem Informationsbüro für Touristen. Dieser Platz eignet sich gut für eine ruhige Übernachtung nach langer Autobahnfahrt in Richtung Spanien oder Deutschland (**SG-4**).

Im Industrie- und Touristenort Port-la-Nouvelle entdecken wir einen großzügigen Wohnmobilplatz für 100 Fahrzeuge (**SG-5**). Alle notwendigen Einrichtungen sind hier vorhanden. Eine Gebühr für die Übernachtung wird nicht erhoben. Leider führen zwei Straßen und die Eisenbahnlinie in der Nähe des Platzes vorbei. Wir sind lärmempfindlich und fahren deshalb weiter.

Die Attraktion der Kleinstadt Sigean ist ein afrikanischer Tierpark, Réserve africaine, der in der Nähe der Autobahn am Étang Bagnes et de Sigean liegt. Im Auto fahren wir durch den Park und bewundern afrikanisches Großwild. Löwen räkeln sich auf dem warmen, sandigen Boden, afrikanisches Großwild zieht an uns vorüber, ohne von uns Notiz zu nehmen.

Leider ist der Parkplatz abgeschrankt und kann nicht für eine Übernachtung genutzt werden. Wir fahren deshalb weiter. Im bekannten Weinort Portel des Corbières können sich drei Mobile beim Weingut Caves Rocher aufhalten (**SG-6**). Besser übernachtet man in Peyreac-sur-Mer (**SG-7**). Die wunderschöne naturbelassene Landschaft, von Wasser und Felsen durchsetzt, zieht sich nach Norden über viele Kilometer an der Küste des Etangs bis zur Großstadt Narbonne.

Wir fahren zum Wohnmobil-Paradies Gruissan, das uns immer wieder lockt. Dort bleiben wir ein paar Tage, bevor wir unsere Fahrt entlang der Mittelmeerküste fortsetzen.

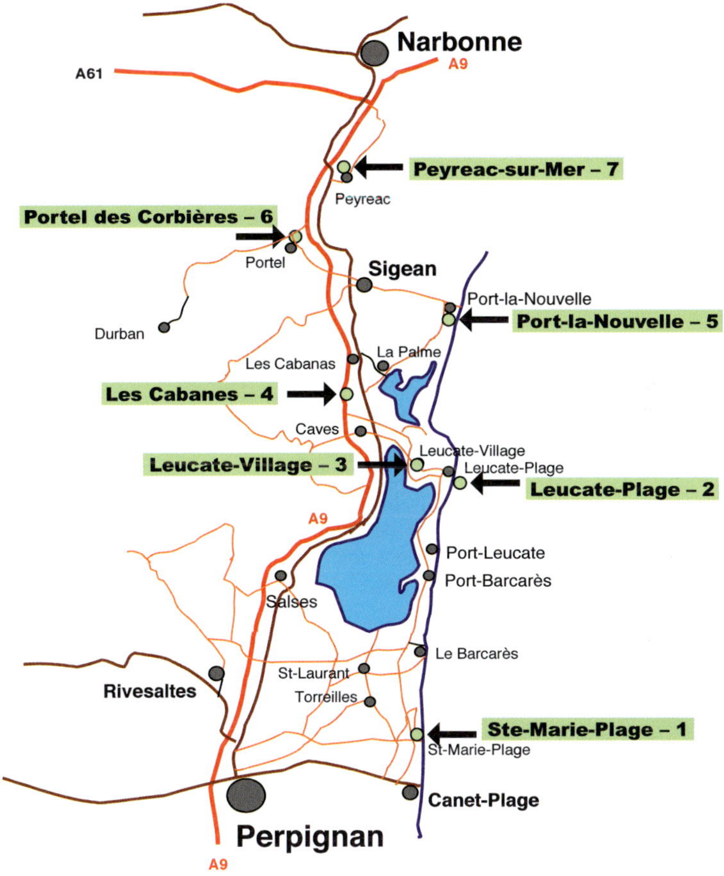
Narbonne
A61
A9
Peyreac-sur-Mer – 7
Peyreac
Portel des Corbières – 6
Portel
Sigean
Durban
Port-la-Nouvelle
Port-la-Nouvelle – 5
La Palme
Les Cabanas
Les Cabanes – 4
Caves
Leucate-Village
Leucate-Village – 3
Leucate-Plage
Leucate-Plage – 2
A9
Port-Leucate
Port-Barcarès
Salses
Le Barcarès
St-Laurant
Torreilles
Rivesaltes
Ste-Marie-Plage – 1
St-Marie-Plage
Canet-Plage
Perpignan
A9

Tour 10: **Am südlichen Golf von Lion**

Nr.	Ort, Bezeichnung	Stell-plätze A	Gast-haus	Häu-ser	WC	Bad See B	Orts-nähe	Ent-sorg. C	Park-dauer D	Park-gebühr
SG-1	**Ste-Marie-Plage, Strand ****	5	+	+	-	+	x	-	U	0
SG-2	**Leucate-Plage, Strand ******	100	-	+	-	+	x	+	U	8
SG-3	**Leucate-Village, Étang ****	50	-	-	-	+	x	+	U	8
SG-4	**Les Cabanes, Aire de Repos ****	10	-	-	+	-	x	-	1	0
SG-5	**Port-la-Nouvelle, Mobilplatz ****	100	-	+	-	-	x	+	1	0
SG-6	**Portel des Corbières, Rocher ***	3	+	+	-	-	8	+	1	0
SG-7	**Peyreac-sur-Mer, Stade ****	5	-	+	+	-	x	+	1	5

Legende

****	sehr ruhige und sehr schöne Lage.
***	sehr ruhige und schöne Lage.
**	ruhige und gute Lage.
*	keine ruhige Lage.
A	Stellplätze gestaffelt nach 3, 5, 10, 20, 30, 50 Wohnmobilen. Dabei wird angenommen, dass nur die Hälfte des Platzes zur Verfügung steht und die andere Hälfte durch Pkws belegt ist.
B	Fußweg in Minuten, x über 15 Minuten Fußweg.
C	Aufenthaltsdauer in Tagen.
D	Stellplatzgebühr in Euro pro Wohnmobil und 24 Stunden.
P	Stellplatzgebühr in der Saison.
T	Aufenthaltsdauer einige Tage.
U	Aufenthaltsdauer unbegrenzt.

Am Strand bei Peyreac

66470 Ste-Marie-Plage Strandnähe** SG-1

Übernachtungsplatz in Strandnähe in ruhiger und schöner Lage.

Von der D81 (Canet-Bacarès) nördlich von Ste-Marie Richtung Ste-Marie-Plage abbiegen (D12). Nach 700 m im Kreisel rechts abbiegen. Noch 300 m bis zum Parkplatz links.
42° 43' 47" Nord, 3° 02' 11" Ost. 42° 43.78' Nord, 3° 02.18' Ost. 42,72967° Nord, 3,03633° Ost.

Parkstreifen vor abgeschranktem PKW-Parkplatz.
Häuser und Restaurant in der Nähe.
Strand in der Nähe.
Ganzjährig zugänglich. Aufenthaltsdauer unbegrenzt.
Besichtigung von Perpignan: Palais des Rois de Majorque, Le Castillet, Plage de la Loge, Cathédrale Saint-Jean.
Besichtigung von Elne: Cathédrale Saint-Eulalie mit dem romanischen Kreuzgang,
Fahrt zum Fort de Salses.
Geschotterte, gerade und ebene Stellflächen für 5 Wohnmobile.
Keine Parkgebühr.

11370 Leucate-Plage Strand**** SG-2

Zwei **Wohnmobilplätze** in Strandnähe in sehr ruhiger und sehr schöner Lage.

Von der Ausfahrt Sigean der A61 (Montpellier-Perpignan) Richtung Leucate fahren und nach der Abzweigung Leucate-Village im Kreisel Richtung Leucate-Plage abbiegen. Nach 500 m rechts abbiegen. Noch 200 m bis zu den Plätzen rechts und links.
42° 54' 01" Nord, 3° 03' 10" Ost. 42° 54,02' Nord, 3° 03.17' Ost. 42,90052° Nord, 3,05278° Ost.

Schranke vor dem Platz. Kredit- oder Bankkarte erforderlich.
Blick auf das Meer und Leucate. Sandstrand am Platz.
Häuser am Stellplatz. Geschäfte in der Nähe.
Restaurant im Ort. 10 Gehminuten.
Ver- und Entsorgung und Müllcontainer am Platz.
Informationstafel am Platz.
Ganzjährig zugänglich. Aufenthaltsdauer unbegrenzt.
Wanderungen und Radtouren an der Küste.
Befestigte, ebene Stellflächen für je 100 Wohnmobile.
Parkgebühr: 8 € incl. Ver- und Entsorgung.
Tel. 04 68 40 91 31. www.leucate.net

11370 Leucate-Village Étang de Leucate*** SG-3

In Terrassen angelegter, geschotterter **Mobilplatz** am Étang de Leucate in sehr ruhiger und schöner Lage.

Von der N9 (Beziers-Perpignan) Richtung Leucate abbiegen (D627). Nach 4,5 km rechts Richtung Leucate-Village abbiegen, dann gleich links Richtung Gare/Caves fahren und nach der Unterführung wieder links zur schmalen Zufahrt abbiegen. Noch 200 m bis zum Parkplatz.
42° 54' 47" Nord, 3° 01' 09" Ost. 42° 54,78' Nord, 3° 01,13' Ost. 42,91301° Nord, 3,01883° Ost.

Schranke an der Einfahrt nur mit Kreditkarte zu öffnen.
Blick auf den Etang.
Bar und Bäckerservice am Platz.
Ver- und Entsorgung und Müllentsorgung am Platz (Flot bleu).
Bademöglichkeit und Surfrevier auf dem Étang.
Surfschule und Surfverleih am Parkplatz.
Aufenthaltsdauer nicht begrenzt.
Zugänglich Februar bis November.
Wanderungen und Radtouren an der Küste.
Besuch des Zoos in Signan.
Fahrt entlang der Küstenstraße.
Stellmöglichkeiten für 50 Wohnmobile.
Boxen schmal. Kein Schatten.
Parkgebühr: 7,30 € für 24 Stunden inkl. Ver- und Entsorgung. Nur mit Karte zu begleichen.
Tel. 04 68 40 91 31. www.leucate.net

11480 Les Cabanes de Lapalme Aire de Repos** SG-4

Durch Grünstreifen unterteilter **Übernachtungsplatz** an der N9 in ruhiger Lage.

Von der Ausfahrt Sigean der A61 (Montpellier-Perpignan) Richtung Sigean fahren und nach 1 km rechts zur N9 Richtung Leucate abbiegen. Nach 8,5 km wird der Parkplatz rechts erreicht.
42° 57' 26" Nord, 2° 59' 04" Ost. 42° 57,44' Nord, 2° 59,06' Ost. 42,95730° Nord, 2,98440° Ost.

Kiosk am Parkplatz.
WC und Wasserversorgung am Parkplatz.
Spielplatz am Parkplatz.
Touristeninformationen über die Küstenorte am Parkplatz.
Verkaufstand für die Produkte der Region. Tankstelle in der Nähe.
Ganzjährig zugänglich.
Besuch des Zoos in Sigean.
Fahrt zur Küste.
Fahrt nach Perpignan und Béziers.
Stellmöglichkeiten für 10 Wohnmobile.
Keine Parkgebühr.
Wenig Schatten.
Tel. 04 68 48 56 88.

Stellplatz am Meer in Leucate

11210 Port-la-Nouvelle Wohnmobilplatz** SG-5

Geschotterter **Wohnmobilplatz** in ruhiger und schöner Lage.

Von der Ausfahrt Sigean der A9 (39) Richtung Port-la-Nouvelle fahren und am Ortsanfang im Kreisel von der D709 dem Wegweiser aire de stationement Camping Car folgen. Nach 900 m links dem Symbol folgen. Noch 100 m bis zur Zufahrt (**Chemin de Vignes**).
43° 00' 49" Nord, 3° 02' 26" Ost. 43° 00,82' Nord, 3° 02,44' Ost. 43,01343° Nord, 3,04106° Ost.

Häuser, Straße und Schiene in der Nähe.
Müllbehälter, Bänke und Tische am Parkplatz.
Ver- und Entsorgungsstation am Platz (Flot bleu).
Zahlbar mit Bank- und Kreditkarten.
Ganzjährig zugänglich.
Wanderungen und Radtouren an der Küste.
Fahrt nach Leucate. Fahrt entlang der Küstenstraße.
Keine Parkgebühr.
Geschotterte Stellflächen für 100 Wohnmobile.
Kein Schatten.
Wohnmobil-Übernachtungsverbote am Strand in Port-la-Nouvelle.
Tel. 04 68 40 30 30.

11490 Portel des Corbières Caves Rocher* SG-6

Übernachtungsplatz beim Weinhändler in guter Lage.

Von der Ausfahrt Sigean der A9 (39) Richtung Portel des Corbières fahren und im Ort dem Wegweiser Caves Rocher folgen (**Avenue des Corbières**). Kein Wohnmobil-Hinweisschild.
43° 03' 25" Nord, 2° 55' 21" Ost. 43° 03,42' Nord, 2° 55,35' Ost. 43,05705° Nord, 2,92248° Ost.

Gaststätte und Häuser in der Nähe.
Müllbehälter am Parkplatz.
Ver- und Entsorgung am Parkplatz. Gebühr 2 €
Ganzjährig zugänglich.
Aufenthaltsdauer 24 Stunden.
Wanderungen und Radtouren an der Küste.
Fahrt nach Leucate.
Besichtigung von Narbonne.
Fahrt entlang der Küstenstraße.
Keine Parkgebühr.
Stellflächen für 3 Mobile. Für sehr großen Mobile nicht geeignet.
Parkplatz auch für Pkw.
Tel. 04 68 48 28 00.

11440 Peyreac-de-Mer Stade** SG-7

Wohnmobilplatz in Strandnähe in ruhiger und schöner Lage.

Von der N9 10 km nördlich von Sigean Richtung Peyriac-de-Mer abbiegen (D105). 600 m nach dem Ortsanfang links und wieder links fahren. Nach 700 m – 300 m nach dem Ortsende – wird der Platz links erreicht (**Rue de Salines**).
43° 05' 32" Nord, 2° 57' 47" Ost. 43° 05,55' Nord, 2° 57,77' Ost. 43,09243° Nord, 2,96243° Ost.

Häuser in der Nähe.
Sportplatz in der Nähe.
WC in der Nähe.
Müllbehälter am Parkplatz.
Ver- und Entsorgung am Parkplatz. Gebühr 2 €
Ganzjährig zugänglich.
Wanderungen und Radtouren an der Küste.
Fahrt nach Leucate und Narbonne.
Fahrt entlang der Küstenstraße.
Parkgebühr 5 € für 24 Stunden einschl. Entsorgung.
Asphaltierte Stellflächen für 5 Wohnmobile.
Keine sehr großen Mobile. Enge Ortsdurchfahrt.
Tel. 04 68 42 68 42.

Yachthafen von Gruissan

Strand in Gruissan

Das Paradies für Urlauber mit dem Wohnmobil

Die Küste von Narbonne

Tour 11

Über die Autobahn A61 nach Bordeaux ist Carcassonne, Kleinod mittelalterlicher Stadt- und Festungs-Baukunst, zu erreichen. Auf der Autobahn-Raststätte können wir an der Wohnmobil-Ver- und Entsorgungsstation unser rollendes Zuhause für die nächsten Tage vorbereiten. Wir parken direkt vor der großartigen Kulisse der Stadtmauer. Diese großzügigen Touristenparkplätze sind auch für den Aufenthalt im Wohnmobil zugelassen (**KN-1**). In der Nähe von Carcassonne bestehen bei einem Wohnmobilhändler in Montredon und am Sportboothafen in Trèbes weitere Möglichkeiten für die Übernachtung (**KN-2** und **KN-3**). Auf der Fahrt zur Küste lässt sich auch der Platz in La Redorte nutzen (**KN-4**).

Die Altstadt, la Cité genannt, liegt innerhalb der mächtigen Festungsmauern hoch auf einem Felsen, von einem Fluss umspült. Römer, Westgoten, Sarazenen, Franken und die Könige von Frankreich haben dieses eindrucksvolle Kunstwerk einer Stadt und Festung geschaffen. Durch das Narbonner Tor, von Zwillingstürmen flankiert, betreten wir die Stadt. Die Toranlage, um 1280 erbaut, ist eine der schönsten Bauten des Mittelalters. Die Türme sind 25 m hoch und an der Basis vier Meter stark. Durch einen „Schnabel“ an den Türmen wurde der Blick- und Schusswinkel vergrößert, eine Kette hemmte die Angriffskraft, die Falltür verhinderte den Zugang. Außen wurde das Tor durch den Graben, die Zugbrücke und das seitlich angeordnete Vorwerk geschützt. Wir erhalten am Narbonner Tor einen vollkommenen Einblick in die Verteidigungsanlagen des Mittelalters.

Wir sind überrascht, plötzlich gehen wir in einem Gewirr von engen und winkeligen Gassen, stolpern über altes Kopfsteinpflaster und betrachten interessiert die Auslagen der Geschäfte. Das Leben pulsiert in dieser mittelalterlichen Stadt.

Die Burg in Carcassonne, der letzte Zufluchtsort, wurde um 1130 erbaut. Von allen Seiten ist die Burg ein vollkommenes Kunstwerk. Die Ostseite zeigt fünf Türme, die außen rund, innen eben sind. Die Säle im Inneren der Türme werden von Kuppelgewölben abgeschlossen. Der Burggraben war früher viel tiefer und sollte die Belagerungsmaschinen von den Burganlagen fernhalten. Die lange Steinbrücke endete früher zwei Meter vor dem Tor und wurde durch eine Zugbrücke ergänzt. Das „Steinmuseum“ in der Burg zeigt gallisch-römische, romanische und gotische Exponate: Der bekannte römische Sarkophag von Tournissan, ein Sarkophag aus der Zeit der Westgoten, der Springbrunnen aus dem 12. Jahrhundert, Grabsteine der Katharer, der Calvaire von Villanière mit dem leidenden Christus, Wandmalereien aus dem 12. Jahrhundert, die gotische Skulptur eines Ritters, ein Basrelief aus der Basilika von Saint Nazaire und die lächelnde Madonna.

Bei unserem Gang über den hohen Lices, der Weg zwischen der äußeren und inneren Stadtmauer von Carcassonne, erleben wir noch so manches eindrucksvolle Bauwerk: Das Aude-Tor, den Turm der Justiz, den Turm der Inquisition mit seinen Marterinstrumenten, den Gefängnisturm, den Moulin-du-midi-Turm, den Vade-Turm.

Ein Kleinod der romanischen und gotischen Baukunst erfordert unsere volle Aufmerksamkeit, die Basilika Saint-Nazaire und Saint-Celse. Der Bau der Kathedrale wurde im 11. Jahrhundert im romanischen Stil begonnen und im 13. Jahrhundert mit einem gotischen Anbau versehen. Apsis und Querschiff sind elegant und schwerelos errichtet, das Dach ist von einer durchbrochenen Brüstung umgeben, um die Schwerelosigkeit noch zu unterstreichen. Im Inneren herrschte eine strenge Architektur, das Hauptschiff ist romanisch, der Altarraum gotisch, und doch erhalten wir nicht den Eindruck eines Nebeneinanders, sondern einer harmonischen Vereinigung der beiden Baustile.

Saint Nazaire war ein Missionar in Südfrankreich, der zur Zeit der Christenverfolgungen des Kaisers Nero wirkte. In der Stadt Saint Nazaire an der Atlantikküste wurde er von seinen Häschern gefangengenommen. Ein Kind mit dem Namen Celse weinte und ließ sich mit Nazaire in Ketten legen. Später wurden beide auf Befehl Neros enthauptet. Deshalb trägt die Kathedrale den Namen beider Märtyrer.

Wir besuchen die bekannte Abbaye de Fontfroide im Südwesten von Narbonne, ein Zisterzienserkloster. Das Kloster war im Mittelalter ein Bollwerk gegen die Ketzer. Von hier aus wurde zeitweise der grausige Kampf gegen die Katharer geleitet. Einer der Äbte wurde Papst in Avignon, Benedikt XII., der die letzte große Inquisition durchführte. Die Kirche ist streng und einfach gebaut. Im Kreuzgang bilden die schweren gemauerten Gewölbe einen reizvollen Gegensatz zu den leichten zierlichen Säulen.

Der Gebirgszug Corbières trennt das spanisch geprägte Roussillon und das fränkisch beeinflusste Languedoc voneinander. Die Corbières sind auch das Bindeglied zwischen den Pyrenäen und dem französichen Zentralmassiv. Diese bergige, mit dichten Wäldern bedeckte Landschaft war das letzte Rückzugsgebiet der Katharer im 13. Jahrhundert nach dem Massaker von Béziers und dem Fall von Carcassonne. Eine kleine Rundfahrt am nächsten Tag durch die Corbières vermittelt uns viele landschaftliche Höhepunkte.

Narbonne hat eine große Geschichte hinter sich und hat einige Sehenswürdigkeiten aus der Vergangenheit bewahrt. Schon 108 v. Chr. wurde Narbonne von den Römern gegründet und zur Hauptstadt der Provinz Gallia Narbonensis erhoben. Auch in den Jahrhunderten nach dem römischen Imperium blieb Narbonne eine bedeutende Stadt. Heute leben die 50 000 Einwohner vom Weinhandel. Die historische Altstadt ist inzwischen restauriert, es gibt stille Ecken, aber auch das muntere Treiben des bunten Marktes am Flusskai. Auf dem Canal de la Robine ankern unzählige Hausboote, die der Stadt besonderes Flair verleihen.

Die größte Sehenswürdigkeit in Narbonne ist die Cathédrale Saint-Just. Der großartige Bauplan, sie sollte die größte Kirche Frankreichs werden, konnte nie ausgeführt werden. Nur der Chor entstand, und so besteht die Kathedrale heute nur aus dem Chor mit einem 40 m hohen Gewölbe. Der Chorumgang, die Glasfenster, das Grabmal eines Kardinals, die Alabastermadonna und die Schatzkammer sind besonders zu bestaunen.

Das Rathaus wurde erst im 19. Jahrhundert zwischen zwei mächtigen Türme aus dem 13. Jahrhundert, die das Bauwerk zu erdrücken scheinen, gesetzt. Von der oberen Plattform des Rathauses, das Palais des Archevêques genannt wird, hat man einen weiten Blick über die Stadt und das Land bis zum Meer. Die Meeresbucht, an der die Stadt bei ihrer Gründung lag, ist verlandet. Geblieben ist eine Lagunenlandschaft, die ihre besonderen Reize bei Gruissan und Narbonne-Plage entfaltet. Die Basilique Saint-Paul-Serge wurde über einer frühchristlichen Begräbnisstätte errichtet. Der Heilige Paulus Sergius war der erste Bischof der Stadt und erlitt im 3. Jahrhundert den Märtyrertod. Sarkophage aus dem dritten Jahrhundert wurden hier gefunden. Im Stadtteil Narborette darf man das Mobil zur Übernachtung abstellen (**KN-5**).

Nach so viel Gechichte und Kultur lockt uns wieder das warme Wasser des Mittelmeeres und der feinsandige Strand der Küste. Ein Abstecher führt uns in die Montagne de la Clape, ein kleiner Gebirgsstock, der wie ein hohes Gebirge aus der Weite der flachen Küstenlandschaft herausragt. Eine kleine Straße endet an der Kapelle Notre-Dame des Auzils. Der Blick von der Höhe dieser anmutigen Landschaft, in der Weinanbau mit wilder, blühender Macchia abwechselt, ist von besonderem Reiz.

Aude Nord

Dann finden wir an der Küste von Narbonne das Paradies für die Wohnmobilurlauber – Gruissan. Überall begegnen wir französischen, deutschen, italienischen, holländischen Wohnmobilen, im Ort, am Strand von Gruissan-Plage, auf dem festgefahrenen Sandstrand von Gruissan, am Hafen von Gruissan, am Etang de Grazel, am Surfsee Etang de Marteille. Kaum zu glauben, an der verbauten französischen Mittelmeerküste gibt es einen größeren Abschnitt, der noch als ursprüngliche Küstenlandschaft erhalten blieb. Wohnmobile sind herzlich willkommen.

Gruissan ist noch heute ein reizvoller Ort. Das Fischerdorf mit einer Burgruine blieb erhalten. Der neue Ferienort mit den modernen Häfen, den vielen Geschäften und Boutiquen und den gemütlichen Gaststätten hat Flair. Hier muss man sich wohlfühlen. Wir bleiben mehrere Tage. In Gruissan findet jeder Wohnmobilurlauber sein Traumziel, den Übernachtungsplatz am Strand von Gruissan-Plage (**KN-7**), den schönen Übernachtungsplatz am Yachthafen, nicht weit vom Ortskern, den Geschäften und Gaststätten entfernt (**KN-6**), Plätze zum Parken am Ufer des Ètang de Grazel, am breiten, nicht überfüllten Strand, am Surfsee mit einer Surf- und Segelschule, das Bad im Meer, den Bummel über die Promenaden an den Häfen, den gemeinsamen Abend mit anderen Wohnmobiltouristen am Etang oder am Yachthafen. Hier kann man die Einsamkeit finden oder die Abwechslung am Abend suchen, ganz wie man es sich wünscht. Wir sitzen schweigend vor unserem Hotel auf Rädern, ein Glas Rotwein in der Hand und lauschen in der Dämmerung den leisen Stimmen der Natur.

Wir übernachten fast immer am Yachthafen. Unser rollendes Ferienhaus wird an diesem für Wohnmobile reservierten Platz mit Wasser versorgt und von allem „Ballast“ befreit. Das großzügige Platzangebot gibt uns die Möglichkeit, einen Stellplatz am Etang oder am Yachthafen zu wählen, allein zu stehen oder uns einer Gruppe anzuschließen. Der abendliche Bummel an den eleganten Yachten vorbei zu den vielen Läden mit dem umfangreichen Angebot ist ein erlebnisreicher Abschluss eines erholsamen Tages. Nach dem vorzüglichen Essen in einem der vielen Fischlokale sitzen wir vor unserem „Haus“, klönen mit den Nachbarn, blicken über die wippenden Masten und Aufbauten der Boote oder über das flache Wasser des Etangs bis zu den Lichtern von Gruissan-Plage. Die „Kleine Nachtmusik“ spielen die plätschernden Wellen und die tuckernden Motoren der heimkehrenden Schiffe. Langsam verwischt die Dämmerung alle Konturen, die Farben verblassen, aber die Lichter von Gruissan leuchten auf: Urlaub in Vollendung.

Morgens fahren wir wieder zum Strand, diesmal nach Gruissan-Plage. Der schönste Strand ist der breite, natürliche Strand beim Ferienort Gruissan, den man über eine schmale Straße im Süden Richtung Narbonne-Plage erreicht.

Ganz in der Nähe, am Etang de Marteille, hat sich eine Segel- und Surfschule angesiedelt. Viele bunte Segel bestimmen das Bild des langgestreckten Sees, dazwischen bilden Wohnmobile in Gruppen oder einzeln rings um den See die malerische Kulisse. Am Ufer des Etangs ist so viel Platz, dass auch in der Hochsaison kein Gedränge entsteht, aber immer hat man die Gesellschaft anderer Wohnmobilurlauber – wenn man will. Während unsere Freunde mit größtem Vergnügen die Winde auf ihren Surfbrettern ausnutzen, wandern wir über den festen Sandboden zwischen See und Meer.

Auch im Westen, am Etang de Grazel, ist das Ufer befahrbar. Wir hoffen, dass alle Wohnmobilurlauber den Naturplatz sauber halten und zur Entsorgung nach Gruissan zum Stellplatz am Yachthafen fahren. Nur so wird das „Wohnmobilreservat Gruissan“ erhalten bleiben können.

Für uns neigt sich der Urlaub in Gruissan dem Ende entgegen. Wir fahren an der Küste entlang nach Narbonne-Page. Kurz vor dem Ort entdecken wir einen weiteren schönen, ruhigen Platz am Meer, den Wohnmobilurlauber zum Übernachten und zur Erholung aufsuchen (**KN-8**). Und auch im Nachbarort, in St-Pierre-sur-Mer, kann man sein Ferienhaus auf Rädern am Etang für einen Tag abstellen (**KN-9**).

Aude Nord

Im Westen von Béziers erhalten wir an der Ausgrabungsstätte Oppidum d'Ensérune Aufschluss über die Bauten der alten, hochgelegenen Siedlungen, deren Bewohner mit den neuangekommenen Griechen und später mit den Römern Handel trieben und sehr schnell die griechische Kultur übernahmen. Wertvolle Grabfunde aus dem Oppidum sind im Museum ausgestellt.

Bevor wir wieder zum Strand fahren, besuchen wir Béziers, eine alte keltische und römische Siedlung, die sich im Mittelalter zu einer fortschrittlichen Stadtrepublik entwickelte. Die Katharer und Albigenser, die Ketzer gegen die katholische Lehre, hatten die Stadt zu ihrer Hochburg gemacht. Der Papst und der König riefen zum Kreuzzug auf. Als das Heer der Kreuzfahrer die Stadt eingenommen hatte, wurden alle Einwohner umgebracht, diesem unglaublichen Gemetzel fielen über 30 000 Menschen zum Opfer.

Berühmter Bürger dieser Stadt war Pierre Paul Riquet, der im 17. Jahrhundert den Canal du Midi baute. Die 240 km lange Wasserstraße verbindet Atlantik und Mittelmeer. Sie beginnt an der Garonne, die bei Toulouse in den Atlantik fließt, und mündet bei Sète im Etang de Thau, der mit dem Mittelmeer in Verbindung steht. Der Kanal war damals ein Meisterwerk und erreichte hohe wirtschaftliche Bedeutung. Heute erfreut die Wasserstraße Freizeitkapitäne und Touristen. Noch häufig begegnet uns der Canal du Midi auf unserer Fahrt nach Sète und wir bedauern, dass unser Wohnmobil nicht schwimmen kann.

Das Herz der Stadt ist die breite Allée Paul-Riquet, die zum Bummeln, Einkaufen und zum Träumen bei einer Tasse Kaffee oder einem Glas Wein einlädt. Beeindruckend ist die Ancienne Cathédrale Saint-Nazaire. Schon von der Autobahn erkennt man den wuchtigen romanisch-gotischen Bau. Das ältere romanische Bauwerk fiel der Zerstörungswut der Kreuzfahrer zum Opfer. Sehenswert sind die Krypta, die Fensterrose in der Westfassade und das spätgotische Sterngewölbe in der Sakristei. Das Théâtre Municipal am Ende der Allée Paul-Riquet ist ein gutes Beispiel für die Bauepoche zur Zeit des Bürgerkönigs Ludwig in der Mitte des letzten Jahrhunderts.

In der Nähe der Großstadt kann man in Villeneuve les Beziers das Schlafmobil abstellen, wenn es nicht zu groß ist und unter die Bäume am Kanal passt (**KN-11**). Am Küstenabschnitt bei Béziers sind mehrere Ferienorte entstanden, die im Sommer auch von den Bewohnern Béziers aufgesucht werden. Freie Stellplätze finden wir dort nicht. Aber in dem kleinen gemütlichen Ort les Cabanas-de-Fleury gefällt es uns am Hafen und am Strand (**KN-10**). Für Wohnmobile wurden in Cabanas de Fleury Stellplätze am Strand eingerichtet. Hier kann man ver- und entsorgen und nach einer langen Fahrt Ruhe und Erholung finden. Gern würden wir hier noch ein paar Tage bleiben, aber wir haben uns zu lange im Wohnmobil-Paradies Gruissan aufgehalten und müssen weiterfahren.

Wir werden eines Tages an die Küste von Narbonne zurückkehren. Urlaub am Strand im Wohnmobil, schwimmen im Meer und surfen durch die Wellen, hier findet der Wohnmobilist die idealen Voraussetzungen für Erholung und Entspannung.

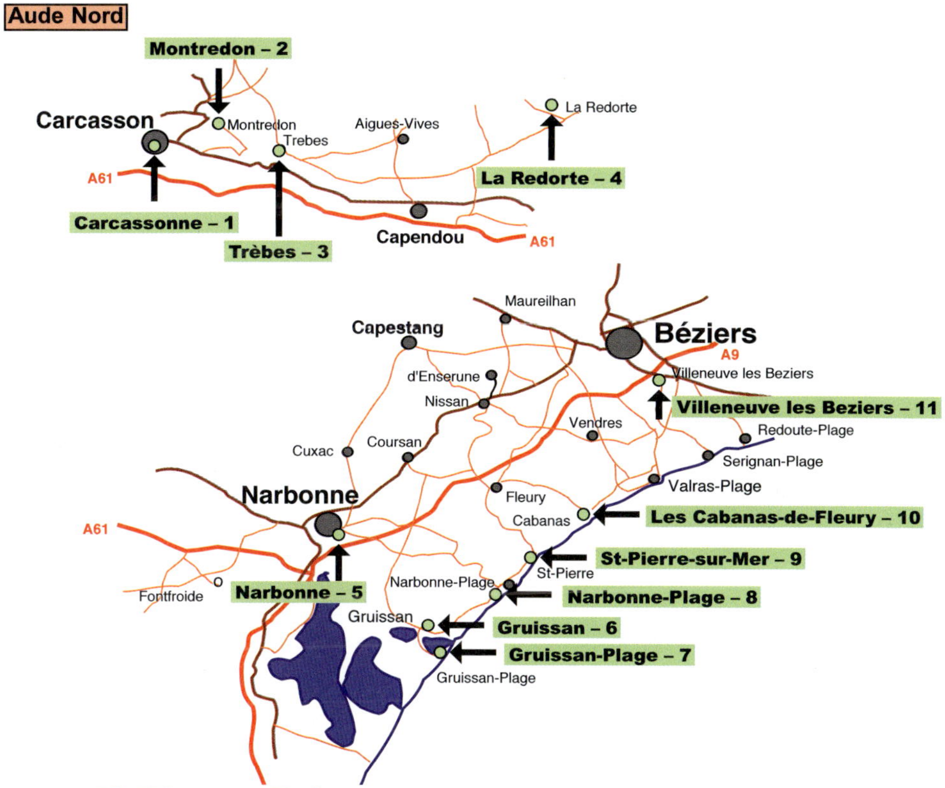

Tour 11: **Die Küste von Narbonne**

Nr.	Ort, Bezeichnung	Stell-plätze A	Gast-haus	Häu-ser	WC	Bad See B	Orts-nähe	Ent-sorg. C	Park-dauer D	Park-gebühr
KN-1	**Carcassonne, La Cité****	50	+	+	+	-	3	+	1	15
KN-2	**Montredon, Wohnmobilhändler***	5	-	+	-	-	x	+	1	10
KN-3	**Trèbes, Sporthafen****	15	-	+	+	-	x		U	0
KN-4	**La Redorte, Port la Fabrique****	20	-	+	-	-	10	+	2	0
KN-5	**Narbonne, La Narbonette****	30	-	-	-	-	x	+	1	9
KN-6	**Gruissan, Aire des 4 vents******	100	+	+	+	+	15	+	U	6,50
KN-7	**Gruissan-Plage, Strand*****	30	+	+	-	+	x	+	U	6,50
KN-8	**Narbonne-Plage, Strand*****	50	+	-	-	+	x	+	T	9
KN-9	**St-Pierre-sur-Mer, Strand****	50	+	+	-	+	x	+	1	5
KN-10	**Les Cabanas-de-Fleury, Strand*****	20	+	+	-	+	x	+	1	6
KN-11	**Villeneuve les Beziers, Canal****	5	-	+	-	-	12	+	1	0

Legende

****	sehr ruhige und sehr schöne Lage.	B	Fußweg in Minuten, x über 15 Minuten Fußweg.
***	sehr ruhige und schöne Lage.	C	Aufenthaltsdauer in Tagen.
**	ruhige und gute Lage.	D	Stellplatzgebühr in Euro pro Wohnmobil und 24 Stunden.
*	keine ruhige Lage.	P	Stellplatzgebühr in der Saison.
A	Stellplätze gestaffelt nach 3, 5, 10, 20, 30, 50 Wohnmobilen. Dabei wird angenommen, dass nur die Hälfte des Platzes zur Verfügung steht und die andere Hälfte durch Pkws belegt ist.	T	Aufenthaltsdauer einige Tage.
		U	Aufenthaltsdauer unbegrenzt.

11000 Carcassonne La Cité** KN-1

Wohnmobilplatz auf einem Großraumparkplatz am Entrée Narbonnaise der Cité in ruhiger Lage.

Von der Ausfahrt Carcasson-Est der Autobahn A61 Richtung Carcassonne fahren, nach 1 km links abbiegen (N113) und dem Wegweiser la Cité folgen. Noch 5 km bis zu den Parkplätzen (**Chemin de Montlegun**).
43° 12' 19" Nord, 2° 22' 24" Ost. 43° 12,32' Nord, 2° 22,40' Ost. 43,20533° Nord, 2,37333° Ost.

Schranke vor dem Platz.
Gaststätten, Häuser, Kiosk und Souvenirläden am Parkplatz.
Ver- und Entsorgung, WC und Müllbehälter am Platz.
Ganzjährig zugänglich.
3 Minuten zum Eingang der Altstadt.
Besichtigung von Carcassonne: La Cité, vollständig erhaltene Stadtmauern und Tore, Burg, Kirchen Saint-Nazaire und Saint-Celse.
Besichtigung von Narbonne: Cathédrale Saint-Just, Palais des Archevêques, Basilique Saint-Paul-Serge.
Stellmöglichkeiten für 50 Wohnmobile.
Parkgebühr: 10–20 € nach Saison für 24 Std. inkl. Ver- und Entsorgung.

Montredon des Corbieres Wohnmobilhändler* KN-2

Übernachtungsplätze beim Wohnmobilhändler.

Auf der D 613 bei Montredon im Kreisverkehr Richtung Abbaye Fonfroide abbiegen. Nach 100 m links und nach 50 m wieder links. Noch 50 m bis zur Ent- und Versorgung.
43° 10' 58" Nord, 2° 56' 05" Ost. 43° 10,96' Nord, 2° 56,08' Ost. 43,18267° Nord, 2,93467° Ost.

Reisemobile und Zubehör Terre d'Emeraude.
Ver- und Entsorgung zu Öffnungzeiten. Gebühr 5 €.
Zugänglich an den Öffnungszeiten: Mo–Sa 9–12 Uhr und 14–19 Uhr.
Besichtigung von Carcassonne: La Cité, vollständig erhaltene Tore, Stadtmauern, Burg, Kirchen Saint-Nazaire und Saint-Celse.
Wanderungen im Gebirge Montagne d'Aleric.
Besichtigung von Narbonne: Cathédrale Saint-Just, Palais des Archevêques, Basilique Saint-Paul-Serge.
Besuch der Abbaye Fonfroide.
Stellplätze für 5 Mobile. Parkgebühr: 10 € pro Nacht.
Informationen: Tel. 04 68 42 31 91

11800 Trèbes Sporthafen** KN-3

Wohnmobilplatz längs des Flusses in ruhiger und schöner Lage.

400 m nach dem Ortseingangsschild Trèbes links Richtung Borne Camping car abbiegen. Bei der Bank Populaire (unmittelbar vor der Brücke) rechts abbiegen. Noch 300 m bis zum Stellplatz.
43° 12' 28" Nord, 2° 26' 54" Ost. 43° 12.47' Nord, 2° 26.90' Ost. 43,20927° Nord, 2,44588° Ost

Häuser am Stellplatz. Geschäfte und Restaurant in der Nähe.
Müllcontainer und WC am Parkplatz.
Ganzjährig zugänglich.
Aufenthaltsdauer unbegrenzt.
Weinhandel und Früchtestand am Platz.
Produkte der Region.
Besichtigung von Carcassonne: La Cité, vollständig erhaltene Stadtmauern und Tore, Burg, Kirchen Saint-Nazaire und Saint-Celse.
Wanderungen im Gebirge Montagne d'Aleric.
Besichtigung von Narbonne: Cathédrale Saint-Just, Palais des Archevêques, Basilique Saint-Paul-Serge.
Besuch der Abbaye Fonfroide.
Geschotterte, ebene Stellflächen unter hohen Bäumen für 15 Wohnmobile.
Keine Parkgebühr.

La Redorte Port la Fabrique** KN-4

Wohnmobilplatz am Flussufer in ruhiger und schöner Lage.

Von der D 72, 200 m nach dem Ortseingangsschild rechts Richtung Canal Du Midi fahren. Nach weiteren 200 m wird der Stellplatz erreicht.
43° 14' 52" Nord, 2° 39' 32" Ost. 43° 14.87' Nord, 2° 39.54' Ost. 43,245783° Nord, 2,65898° Ost.

Häuser und Geschäfte am Stellplatz und im Ort.
Ver- und Entsorgung, Müllcontainer und WC am Platz.
10 Minuten Gehzeit zur Ortsmitte.
Ganzjährig zugänglich. Aufenthaltsdauer 48 Stunden.
Einfahrt mit 3,5 m Durchfahrtshöhe.
Wein einkaufen im Ort und in der Umgebung.
Besichtigung von Carcassonne: La Cité, vollständig erhaltene Tore, Stadtmauern, Burg, Kirchen Saint-Nazaire und Saint-Celse.
Wanderungen im Gebirge Montagne d'Aleric.
Besichtigung von Narbonne: Cathédrale Saint-Just, Palais des Archevêques, Basilique Saint-Paul-Serge.
Besuch der Abbaye Fonfroide.
Ebene, geschotterte, teilweise mit Wiese bewachsene Stellflächen für 20 Wohnmobile.
Keine Parkgebühr. Teilweise Schatten durch Bäume.
Tel. 04 68 27 80 80.

11100 Narbonne La Narbonette** KN-5

Wohnmobilplatz am Strand in ruhiger Lage und landschaftlich reizvoller Umgebung.

Von der Ausfahrt Narbonne-Est der Autobahn A9 Richtung Narbonne fahren (Avenue de la Mer/D168).
43° 10' 50" Nord, 3° 01' 26" Ost. 43° 10,83' Nord, 3° 01,45' Ost. 43,18051° Nord, 3,02438° Ost.

Schranke vor dem Platz.
Geschäfte in 400 m Entfernung.
Ver- und Entsorgung am Parkplatz. Wasser 15 Minuten mit Jeton.
Stromanschluss möglich (20 Anschlüsse 16 A).
Ganzjährig zugänglich. Aufenthaltsdauer 24 Stunden.
Shuttle zum Zentrum. 20 Minuten Fußweg zur Innenstadt.
Pferde-Ranch und Carting (Go-Kart-Bahn) in der Nähe.
Besichtigung von Narbonne: Cathédrale Saint-Just, Palais des Archevêques, Basilique Saint-Paul-Serge.
Stellmöglichkeiten für 30 Wohnmobile.
Parkgebühr: 9 € einschl. Entsorgung.
Tel. 04 68 90 30 30.

Stellplatz in Gruissan-Plage

11430 **Gruissan** Aire des 4 vente**** KN-6

Wohnmobilplatz in sehr ruhiger und sehr schöner Lage zwischen Yachthafen und Etang (Binnensee).

Von der Ausfahrt Narbonne-Est der A9 (Montpellier-Perpignan) Richtung Gruissan fahren. Am Ortsanfang von Gruissan nach 12 km rechts Richtung Gruissan-Plage und nach 500 m links Richtung Gruissan-Plage abbiegen. Nach weiteren 500 m links Richtung ecole voila fahren. Noch 300 m bis zum Parkplatz am Ende des Yachthafens.
43° 06' 13" Nord, 3° 05' 57" Ost. 43° 06,22' Nord, 3° 05,95' Ost. 43,10374° Nord, 3,09910° Ost.

Hinweis zum Wohnmobil-Übernachtungsplatz nur am Ortsanfang.
Gaststätten in der Nähe. Häuser am Parkplatz.
WC, Dusche und Müllcontainer am Parkplatz.
Ver- und Entsorgung am Parkplatz (Bodeneinlass).
Aufenthaltsdauer nicht begrenzt.
Bäcker und Geschäfte in der Nähe.
Breite und lange Sandstrände in Gruissan und Gruissan-Plage.
Besichtigung von Gruissan mit Altstadt, Burg, Yachthäfen.
Besichtigung von Narbonne: Cathédrale Saint-Just,
Palais des Archevêques, Basilique Saint-Paul-Serge.
Parkgebühr in der Saison: 8,50 € einschl. Ver- und Entsorgung.
Ebene Stellflächen für 100 Wohnmobile.
Kein Schatten.
Informationen: 04 68 75 21 21.

11430 **Gruissan-Plage** Strandparkplatz*** KN-7

Durch Bäume aufgelockerter **Wohnmobilplatz** am Strand in sehr ruhiger und schöner Lage.

Von der Ausfahrt Narbonne-Est der A61 (Montpellier-Perpignan) Richtung Gruissan und nach 10,6 km durch den Kreisel Richtung Gruissan fahren. Nach 600 m rechts Richtung Gruissan-Plage und nach weiteren 600 m links Richtung Gruissan-Plage abbiegen. Nach 1,1 km im Kreisel wieder dem Schild Gruissan-Plage folgen. Am Ende der Straße wird nach 1,8 km der Parkplatz am Étang de Mateille erreicht.
43° 05' 44" Nord, 3° 06' 39" Ost. 43° 05,73' Nord, 3° 06,65' Ost. 43,09550° Nord, 3,11083° Ost.

Gaststätte und Kiosk, Häuser am Parkplatz.
Ver- und Entsorgung am Platz.
Aufenthaltsdauer nicht begrenzt. Ganzjährig zugänglich.
Breiter, feiner Sandstrand. Segeln, Surfen, Wassersport.
Wandern und Radfahren am Meer und am Ètang.
Besichtigung von Narbonne: Cathédrale Saint-Just,
Palais des Archevêques, Basilique Saint-Paul-Serge.
Befestigte ebene Stellflächen für 50 Wohnmobile.
Etwas Schatten durch einzelne Bäume.
Parkgebühr in der Saison: 8,50 €.
Informationen: Tel. 04 68 49 09 00.

Strand in Gruissan

11100 Narbonne-Plage Wohnmobilplatz Strand*** KN-8

Wohnmobilplatz am Strand in sehr ruhiger Lage und landschaftlich reizvoller Umgebung.

Von der Ausfahrt Narbonne-Est der Autobahn A9 Richtung Narbonne-Plage fahren und am Ortsanfang Narbonne-Plage am Meer Richtung Gruissan fahren und dem Wohnmobil-Symbol folgen. 1 km nach der Abzweigung der Küstenstraße wird der Parkplatz links erreicht (D332).
43° 08' 58" Nord, 3° 09' 20" Ost. 43° 08,96' Nord, 3° 09,34' Ost. 43,14729° Nord, 3,15415° Ost.

Schranke vor dem Platz. Von Hand zu öffnen. 24 Stunden Zugang.
Breiter Sandstrand und Segelschule am Platz.
Gaststätte in der Nähe. Brötchenservice am Platz.
Ver- und Entsorgung, WC und Müllcontainer am Parkplatz.
Wasserrutsche und Minigolf am Parkplatz.
Pferde-Ranch in der Nähe. Carting (Go-Kart-Bahn) in der Nähe.
Aufenthaltsdauer einige Tage. Ganzjährig zugänglich.
Besichtigung von Narbonne: Cathédrale Saint-Just,
Palais des Archevêques, Basilique Saint-Paul-Serge.
Befestigte Flächen für 50 Mobile. Etwas Schatten durch Bäume.
Parkgebühr in der Saison: 9 € einschl. Ver- und Entsorgung.
Stellplatz für Wohnanhänger und Zelte verboten.
Tel. 04 68 90 30 30.

11560 St-Pierre-sur-Mer Etang de Pissevache** KN-9

Asphaltierter und befestigter **Parkplatz** am Strand in schöner Lage.

Bei Anfahrt aus dem Westen von Gruissan und Narbonne-Plage Richtung St-Pierre fahren. Bei Anfahrt aus dem Norden von Fleury (D1118) Richtung St-Pierre und in St-Pierre Richtung Centre Ville fahren.
43° 11' 25" Nord, 3° 11' 49" Ost. 43° 11,38' Nord, 3° 11,82' Ost. 43,19030° Nord, 3,19694° Ost.

Gaststätten, Häuser und Geschäfte am Parkplatz.
Ver- und Entsorgung am Platz (Flot bleu). Jeton beim Platzwart.
Stromversorgung möglich. Gebühr nach Verbrauch.
Strand in der Nähe (300 m).
Velosverleih (Fahrradkutschen) am Parkplatz.
Ganzjährig zugänglich.
Wanderungen an der Küste und in der Montagne de la Clape.
Besichtigung von Narbonne: Cathédrale Saint-Just,
Palais des Archevêques, Basilique Saint-Paul-Serge.
Ebene Stellflächen für 50 Mobile. Schatten durch einzelne Bäume.
Parkgebühr: 5 € einschl. Ver- und Entsorgung.
Tel. 04 68 46 61 31.

11560 Les Cabanas-de-Fleury Strand*** KN-10

Befestigter **Parkplatz** am Strand in sehr ruhiger Lage und landschaftlich reizvoller Umgebung.

Von Fleury Richtung les Cabanas fahren (D718) und 100 m nach dem Ortsanfang les Cabanas dem Wegweiser Parking Plage folgen. Noch 800 m bis zum Parkplatz am Ende des Fahrweges.
43° 12' 54" Nord, 3° 14' 12" Ost. 43° 12,81' Nord, 3° 14,20' Ost. 43,21350° Nord, 3,26667° Ost.

Gaststätten, Häuser und Geschäfte in der Nähe.
Ver- und Entsorgung und Müllbehälter am Platz.
In der Saison täglich Markt am Hafen.
Breiter Sandstrand am Parkplatz.
Ganzjährig zugänglich. Angeln im Fluss.
Zufahrtsstraße von Fleury für sehr breite Mobile nicht geeignet.
Wanderungen und Radtouren an der Küste.
Besichtigung von Béziers: Allée Paul-Riquet,
Ancienne Cathédrale Saint-Nazaire mit Fensterrose,
Krypta und Sakristei, Théâtre Municipal.
Parkgebühr: 6 € für 24 Stunden einschl. Ver- und Entsorgung.
Ebene und leicht schräge Stellflächen für 20 Mobile.
Kein Schatten.

34420 Villeneuve les Beziers Canal du Midi** KN-11

Asphaltierter **Übernachtungsplatz** am Fluss Canal du Midi in ruhiger Lage.

Von der Ausfahrt Béziers Est (35) der Autobahn A9 Richtung Villeneuve les Beziers/Agde fahren und nach 2 km rechts Richtung Villeneuve les Beziers abbiegen (N112). Nach 500 m links Richtung Canal du Midi fahren. Noch 300 m (**Promenade des Vernets**).
43° 18' 59" Nord, 3° 17' 05" Ost. 43° 18,99' Nord, 3° 17,09' Ost. 43,31661° Nord, 3,28490° Ost.

Häuser am Parkplatz.
Ver- und Entsorgung am Platz. Gebühr 2 €.
Müllbehälter am Platz.
Waschmaschine (5 €) und Trockner (2 €) am Platz.
Ganzjährig zugänglich
12 Minuten Fußweg zur Ortsmitte.
Besichtigung von Béziers: Allée Paul-Riquet, Ancienne Cathédrale Saint-Nazaire mit Fensterrose, Krypta und Sakristei, Théâtre Municipal, Alte Orb-Brücke.
Ebene Stellflächen für 5 Wohnmobile.
Keine Parkgebühr.
Schatten durch hohe Bäume.
Parkplätze in Serignan-Plage, Portiragues-Plage, Vias-Plage und Tamarisiere abgeschrankt.
Tel. 04 67 39 48 73 83 oder 04 67 39 37 24.

Gruissan

An den Ufern von See und Meer

Von Sète zum Lac du Salagou

Tour 12

Agde, eine Gründung der Phönizier an der Mündung des Hérault, später eine Kolonie des griechischen Massalia (Marseilles), war im Mittelalter eine bedeutende Hafen- und Handelsstadt und Bischofssitz. Die romanische Cathédrale St-Etienne ist aus schwarzem Lavagestein als Wehrkirche errichtet worden. Die wuchtigen Mauern wirken düster und abweisend, lassen deutlich den Zweck dieses Baus, Schutz und Verteidigung, erkennen. Auch im Inneren ist alles schnörkellos und einfach, gerade Wände, keine Nischen, nichts beeinträchtigt den Wehrcharakter der Kirche. Das Museum Agathois in einem Palais aus der Renaissance zeigt alte Trachten, Schiffsmodelle und Exponate aus römischer Zeit. Was im Meer gefunden wurde, ist im Musée Graspa nahe der Kathedrale zu sehen. In Agde und Grau d'Agde sind drei Stellplätze zu finden (**LS-1**, **LS-2** und **LS-3**).

Nur wenige Kilometer südlich befindet sich das große Touristenzentrum Cap d'Agde, die größte Retortenstadt an der französischen Mittelmeerküste mit Yachthäfen, Freizeitparks, Wasserrutschen und riesigen Appartmentkomplexen, die sich entlang der Küste ausdehnen. Das größte FKK-Zentrum Frankreichs liegt etwas außerhalb des Ortes. Freie Stellplätze finden wir hier nicht, auch die Campingplätze liegen nicht direkt an der Küste.

Aber nördlich von Cap d'Agde in Marseillan-Plage entdecken wir einen sehr großen, gut eingerichteten Wohnmobilplatz, der aber leider nicht am Strand liegt und von zwei Straßen umgeben ist. Wir müssen an der Straße, weit vom Meer entfernt unser Wohnmobil abstellen (**LS-4**).

Die Stellplätze am Parc de Sesquier in Mèze (**LS-5**) und an der Avenue des Sources in Balaruc les Bains (**LS-6**) eignen sich gut für eine ruhige Übernachtung in einer schönen Umgebung.

Wir möchten gerne am Strand parken und übernachten. Unsere Reise nach Osten führt uns über eine 12 Kilometer lange Landzunge zwischen dem Meer und dem Bassin de Thau. Ein breiter Parkstreifen bietet genügend Parkraum, um zu baden oder zu surfen. Nur wenige Kilometer nördlich erreichen wir den Platz an den drei Deichen, ein schöner Stellplatz ohne Gebühren für 30 Mobile mit Ver- und Entsorgungseinrichtungen. Wir haben den feinen, breiten Sandstrand unmittelbar vor unserer Haustür (**LS-7**). Wir nutzen die seltene Gelegenheit zum Sonnen und Erholen hinter dem kleinen Dünengürtel am feinsandigen breiten Strand. Selbst in der Hochsaison sind die Strände hier nicht überfüllt.

In Sète laden uns die vielen Spezialitäten-Restaurants mit einer unüberschaubaren Auswahl von Meeresfrüchten zum Essen ein. Der Bummel durch die engen Gassen der Altstadt und der Einkauf in den vielen kleinen Geschäften bereitet uns Abwechslung und Freude. Sète ist eine Stadt am Wasser und wird von einem Aussichtsberg, dem 175 Meter hohen Mont-Saint-Clair überragt. Die Stadt wurde erst 1666 nach der Vollendung des Canal du Midi und nach Plänen des Erbauers des Kanals, Riquet, erbaut. Auf dem Mont-Saint-Clair steht das Musée Paul Valéry, eine Erinnerung an den berühmten, in dieser Stadt geborenen Dichter. Fischerboote und Ausflugsschiffe prägen das Bild im alten Hafen. Im Osten wurden Industrieanlagen angesiedelt, ein seltener und wenig schöner Anblick zwischen den Ferienorten. Sète ist nach Marseille der größte Fischerei- und Industriehafen Frankreichs. Am Binnensee, am Bassin de Thau reihen sich Austernbänke an Austernbänke. Frische Austern werden überall angeboten.

Hérault

Ein Abstecher ins Landesinnere führt uns nach Pézenas, eine römische Niederlassung, Hauptstadt des Languedoc im 17. Jahrhundert. Der Versuch, die Unabhängigkeit des Languedoc zu erreichen, wurde blutig niedergeschlagen und die Anführer aus Pézenas enthauptet. Nutznießer des Niedergangs dieser Stadt wurde Montpellier, die neue Hauptstadt des Languedoc.

Pézenas ist heute ein Freilichtmuseum der Städtebaukunst des 16. und 17. Jahrhunderts. Wir parken am Platz des 14. Juillet und beginnen hier unseren Rundgang. Das Hôtel de Lacoste, ein Palais aus dem 15. Jahrhundert, zeigt uns ein prachtvolles Treppenhaus und ein Vestibül mit gotischen Wölbungen. Im Tribunal de Commers tagten die Konsuln und beschlossen die Loslösung des Languedoc von Frankreich. Sehenswert ist die Fassade und das Treppenhaus. Hôtel-de-Flottes-de-Sébasan, Hôtel Jacques Coer, Hôtel de Vicque, Hôtel d'Alfonce und Hôtel Malibran sind ebenfalls Paläste aus der Glanzzeit der Stadt mit schönen Innenhöfen, Treppen, Portalen und Arkaden.

Im schönen Arkadenhof des Hôtel d'Alfonce gastierte Molière, bis er wegen seiner „unanständigen" Stücke entlassen wurde. Die Kollegiatskirche St-Jean ist ein nüchterner Bau mit einigen sehenswerten Einrichtungen im Inneren. Wir folgen den Führungslinien und den Hinweisschildern „Voir Cour" und finden diese und andere Bauwerke auf unserem Rundgang mit Leichtigkeit.

Etwas weiter nördlich besichtigen wir in Clermont-l'Hérault ein mittelalterliches Bauwerk, die dreischiffige, in einem gelungenen nordfranzösischen gotischem Stil erbaute Kirche St-Paul. Im Hundertjährigen Krieg wurde die Kirche zu einer Bastion ausgebaut. Sie erhielt dadurch ein finsteres Aussehen. Im Inneren jedoch überrascht uns der helle Raum mit harmonischen Proportionen, das flach gewölbte Mittelschiff und die spitz gewölbten Seitenschiffe. Oben auf dem Hügel liegt die malerische Burgruine aus dem Mittelalter.

Wir wollen aber in dem zerklüfteten Dolomit-Gebirge Cirque de Mourèze wandern. In dem Talkessel entdecken wir immer wieder phantastisch geformte Felsblöcke und malerische Landschaftsbilder. Zum Abschluss gehen wir durch den malerischen kleinen Ort Mourèze mit den alten Häusern, winkeligen engen Gassen, schmalen Treppen und der romanischen Kirche.

Am nächsten Morgen fahren wir zum Lac du Salagou. Nordwestlich von Clermont-l'Hérault ist das Zentrum des Wassersports, Base Voile ou de Loisir. Der Sturm peitscht das Wasser und hohe Wellen jagen zum Ufer. Die Surfer sind happy, das ist so richtig ihr Revier. Wir staunen und bewundern sie. Die drei riesigen Parkplätze sind leider nachts für Wohnmobile gesperrt. Wir suchen uns ein Plätzchen am Ufer des Sees in Liausson (**LS-8**) von Büschen und Bäumen umgeben. Wir wandern am Ufer entlang, schauen den mutigen Surfern zu und erleben am Abend, wie die Sonne blutrot hinter den Bergen, den Ausläufern der Cevennen, verschwindet.

Am nördlichen Seeufer ist ein weiteres Freizeitzentrum eingerichtet. Segeljollen, Ruder- und Tretboote und Surfbretter sind zu mieten und können zu einem Ausflug in die Buchten des Sees verhelfen. Das Paradies für Angler liegt am flachen Südostufer. Von der Straße nach Octon sehen wir unten am Ufersaum bei Celles, einem verlassenen Dorf, immer wieder einzelne Wohnmobile (**LS-9**).

In der Nähe des Dorfes St-Guilhem-le-Désert besuchen wir die Grotte de Clamouse, eine sehenswerte Tropfsteinhöhle. Ungewöhnlich schön ist die Landschaft, die Schlucht des Hérault, mit herabstürzenden Wasserfällen, zerklüfteten Felsformationen und der alten Teufelsbrücke, Pont du Diable. Die Parkplätze an der Brücke und an der Grotte eignen sich nicht zum Übernachten. Sie liegen direkt an der Straße, es gibt kaum Parkraum. Wir fahren in den Ort Aniane, schlendern durch die engen Gassen, kaufen dort ein und speisen in einem Restaurant in der Nähe unseres Übernachtungsplatzes (**LS-10**).

Das Zisterzienserkloster Valmagne im Nordosten von Pézenas zeigt uns eine nach dem Vorbild der französischen Kathedralen gebaute Klosterkirche, ein dreischiffiges Langhaus mit Querschiff und Umgangschor. Die Ausmaße der Kirche entsprechen durchaus einer Kathedrale: Länge 82 Meter, Höhe 24 Meter. Wir sind auch von dem Kreuzgang und von dem Brunnenhaus, das durch die vom Wein umrankten Gewölberippen eine heitere Atmosphäre ausstrahlt, beeindruckt. Die Abbaye ist nur nachmittags zu besuchen. Wer am Vormittag zum Kloster fährt, findet nicht einmal einen Parkplatz, denn das Tor an der Straße ist geschlossen.

Am Hafen von Palavas-les-Flots in der Nähe von Montpellier wurden 100 Stellplätze mit Ver- und Entsorgung eingerichtet (**LS-11**). Obwohl die Anfahrt zu diesen Plätzen etwas umständlich und schwierig ist, nutzen die Wohnmobiltouristen gerne diesen großzügigen Platz zum Einkaufen und Übernachten.

Stellplatz am Strand bei Sète

Hérault

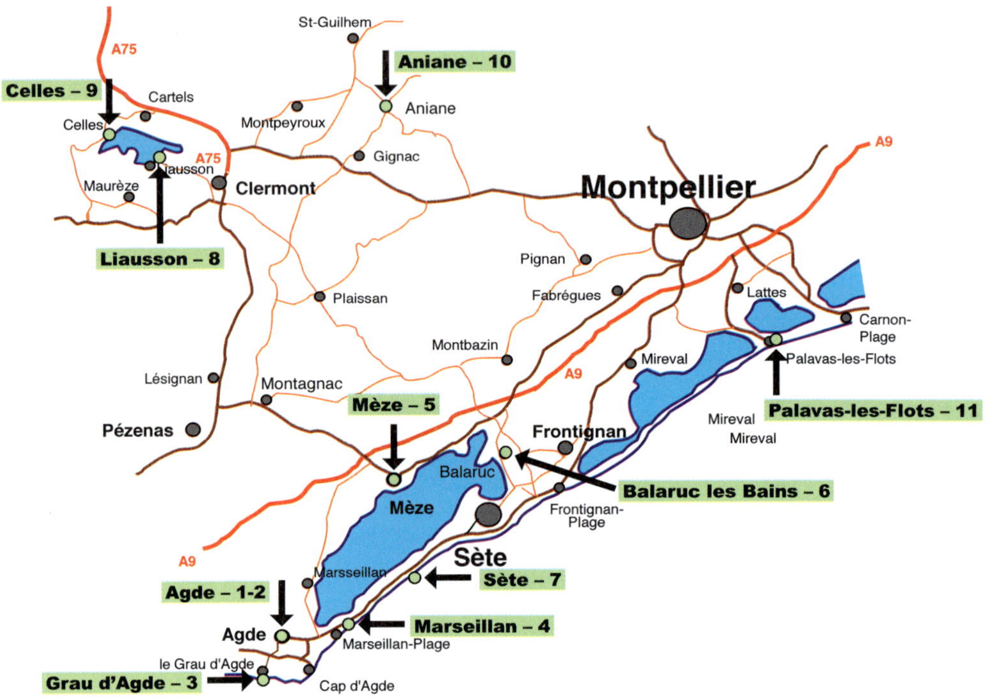

Tour 12: **Am Lac du Salagou**

Nr.	Ort, Bezeichnung	Stell-plätze A	Gast-haus	Häu-ser	WC	Bad See B	Orts-nähe	Ent-sorg. C	Park-dauer D	Park-gebühr
LS-1	**Agde, La Boheme*** **	30	-	-	+	-	x	+	T	5
LS-2	**Agde, Camping Car Parc*** **	30	-	-	-	-	x	+	T	10
LS-3	**Grau d'Agde, Strand ** **	10	+	+	-	+	x	-	1	0
LS-4	**Marseillan, Camping Cars** **	100	-	+	-	-	x	+	U	10
LS-5	**Mèze, Parc de Sesquier*** **	5	-	-	-	-	x	+	1	0
LS-6	**Balaruc les Bains, Sources*** **	30	+	+	-	-	x	+	1	6
LS-7	**Sète, Les 3 Digues*** **	30	-	-	-	+	x	+	T	0
LS-8	**Liausson, Seeufer** **	20	-	-	-	+	x	-	1	5
LS-9	**Celles, Seeufer*** **	5	-	+	-	+	x	-	1	0
LS-10	**Aniane, Ortsparkplatz** **	30	+	+	+	-	5	+	1	0
LS-11	**Palavas-les-Flots, Capitainerie** **	50	+	+	-	-	x	+	3	12

Legende

****	sehr ruhige und sehr schöne Lage.
***	sehr ruhige und schöne Lage.
**	ruhige und gute Lage.
*	keine ruhige Lage.
A	Stellplätze gestaffelt nach 3, 5, 10, 20, 30, 50 Wohnmobilen. Dabei wird angenommen, dass nur die Hälfte des Platzes zur Verfügung steht und die andere Hälfte durch Pkws belegt ist.
B	Fußweg in Minuten, x über 15 Minuten Fußweg.
C	Aufenthaltsdauer in Tagen.
D	Stellplatzgebühr in Euro pro Wohnmobil und 24 Stunden.
P	Stellplatzgebühr in der Saison.
T	Aufenthaltsdauer einige Tage.
U	Aufenthaltsdauer unbegrenzt.

34300 Agde La Boheme*** LS-1

Mobilplätze auf einem ehemaligen Campingplatz am Ufer des Herault in sehr ruhiger und schöner Lage.

Von der D612 südwestlich von Agde Richtung Herault abbiegen. Nach 200 m wird am Flussufer der Platz erreicht (**Route de la Tamarissière**).
43° 17' 55" Nord, 3° 27' 22" Ost. 43° 17,92' Nord, 3° 27,37' Ost. 43,29928° Nord, 3,45616° Ost.

Teilweise Blick auf den Fluss Herault.
Ver- und Entsorgung und Mülltonne am Platz.
Stromanschlüsse vorhanden. Gebühr 3 €.
WC, Dusche und Waschmaschine am Platz.
Zugänglich 15.06.–15.09. Aufenthalt nicht begrenzt.
Sandstrand in 2 km Entfernung. Radweg am Fluss.
Wandern und Radtouren an der Küste und am Fluss.
Besichtigung von Agde.
Parkgebühr: 5 € für 24 Stunden einschl. Ver- und Entsorgung.
Ebene Stellflächen für 30 Mobile.
Schatten durch hohe Bäume.
Tel. 04 67 94 60 00.

34300 Agde Camping-Car Parc*** LS-2

Mobilplätze in sehr ruhiger und schöner Lage.

Von der D612 südwestlich von Agde Richtung Herault abbiegen. Nach 300 m wird am Flussufer der Platz erreicht (**Route de la Tamarissière**).
43° 17' 53" Nord, 3° 27' 07" Ost. 43° 17,90' Nord, 3° 27,12' Ost. 43,29840° Nord, 3,45194° Ost.

Schranke vor dem Platz. Öffnen mit Kreditkarte.
Brötchenservice in der Saison.
Ver- und Entsorgung und Mülltonne am Platz.
Stromanschlüsse vorhanden (10 A). Gebühr 2 €.
Dusche und Waschmaschine (4 €) am Platz.
Zugänglich 15.04.–15.11.
Aufenthaltsdauer einige Tage.
Sandstrand in 2 km Entfernung. Radweg am Fluss.
Wandern und Radtouren an der Küste und am Fluss.
Besichtigung von Agde.
Parkgebühr: 10 € für 24 Stunden einschl. Ver- und Entsorgung und Dusche, 8 € in der Nebensaison.
Ebene Stellflächen für 30 Mobile.
Etwas Schatten durch hohe Bäume.
Tel. 04 67 94 60 00.

34300 Grau d'Agde Strand** LS-3

Mobilplätze an der Mündung des Herault in sehr ruhiger und schöner Lage.

Von Agde Richtung Le Grau-d'Agde fahren und im Ort am östlichen Ufer des Herault bis zur Mündung und zum Strand fahren (**Boulevard du Front de Mer**). Nur im Winterhalbjahr zugänglich.
43° 16' 58" Nord, 3° 26' 41" Ost. 43° 16,97' Nord, 3° 26,68' Ost. 43,28298° Nord, 3,44573° Ost.

Blick auf das Meer.
Gaststätten und Häuser am Platz.
Mülltonne am Platz.
Strand und Promenade am Platz.
Zugänglich Oktober-15. April.
In der Saison geschlossen. Zufahrt gesperrt.
Wandern und Radtouren an der Küste und am Fluss.
Besichtigung von Agde.
Fahrt nach Beziers.
Fahrt entlang der Küste.
Keine Parkgebühr.
Ebene Stellflächen für 10 Mobile.
Tel. 04 67 01 04 04.

34340 Marseillan Plage Camping Cars** LS-4

Wohnmobilplätze in ruhiger und guter Lage.

Von Agde Richtung Sète oder von Sète Richtung Agde fahren (D112). Am Kreisel Richtung Meer abbiegen und nach 100 m links zum Platz abbiegen (**1 Rue des Goélands**).
43° 19' 08" Nord, 3° 32' 56" Ost. 43° 19,14' Nord, 3° 32,93' Ost. 43,31894° Nord, 3,54859° Ost.

Schranke vor der Einfahrt. Ticket mit Bank- oder Kreditkarte.
Straßen, Häuser, Geschäfte und Vergnügungspark in der Nähe.
Ver- und Entsorgung am Platz. Wasser 2 €. Mülltonne am Platz.
Strand in der Nähe (500 m).
Ganzjährig zugänglich. Aufenthaltsdauer nicht begrenzt.
Wandern und Radtouren an der Küste.
Besichtigung von Agde und Sète. Fahrt nach Beziers.
Parkgebühr: 10 € für 24 Stunden 01.09.–01.07.,
20 € für 24 Stunden 01.07.–01.09.
Ebene, asphaltierte und geschotterte Stellflächen für 100 Mobile.
Kein Schatten. Beleuchteter Stellplatz.
Tel. 04 67 77 97 10.

34140 Mèze Parc de Sesquier*** LS-5

Wohnmobilplatz in sehr ruhiger und schöner Lage.

Von der D 613 in südöstlicher Richtung nach Mèze fahren. Beim Peugothändler links in die Straße Chemin Caque Loup nach links abbiegen. Nach 1,8 km links dem Schild Camping Cars folgen. Nach 300 m wird der Stellplatz links erreicht.
43° 26' 28" Nord, 3° 35' 41" Ost. 43° 26,48' Nord, 3° 35,65' Ost. 43,44133° Nord, 3,59422° Ost.

Ver- und Entsorgung und Müllcontainer am Platz.
Ganzjährig zugänglich.
Aufenthaltsdauer 24 Stunden.
Sportgelände in der Nähe.
Besuch des Dinosaurier- und Evolutionsmuseums Mèze.
(Öffnungszeiten: 14–18 Uhr täglich; Erw. 7 €/Ki. 5,50 €).
Fahrt auf der Küstenstraße.
Besichtigung von Sète: Hafen, Altstadt, Mont St. Clair.
Fahrt nach Montpellier.
Geschotterte, gerade Stellflächen für 5 Wohnmobile.
Keine Parkgebühr.
Kein Schatten.

34540 Balaruc les Bains Avenue des Sources*** LS-6

Wohnmobilplatz in Seenähe in sehr ruhiger und schöner Lage.

Von der A 9 Ausfahrt 33 Séte Richtung Balaruc les Bains fahren. Von der Avenue des Hespérides rechts dem Wohnmobilschild folgend abbiegen in die **Avenue des Sources**. Nach 50 m wird der Stellplatz erreicht.
43° 26' 44" Nord, 3° 40' 38" Ost. 43° 26.74' Nord, 3° 40.64' Ost. 43,44574° Nord, 3,67770° Ost.

Gaststätte, Häuser und Geschäfte am Stellplatz.
200 m bis zum See.
Ver- und Entsorgung am Platz.
Sanitäranlage und Müllcontainer am Platz.
Ganzjährig zugänglich.
Aufenthaltsdauer 24 Stunden.
Fahrt auf der Küstenstraße.
Besichtigung von Sète: Hafen, Altstadt, Mont St. Clair.
Fahrt nach Montpellier.
Asphaltierte Stellflächen für 30 Wohnmobile.
Parkgebühr 6 €. Teilweise Schatten durch Bäume.
Tel. 04 67 46 81 00.

34200 Sète Les 3 Digues*** LS-7

Wohnmobilplatz am Strand in ruhiger und sehr schöner Lage.

Von Sète Richtung Agde fahren (N112) und nach 5 km auf der Landzunge links zum Platz abbiegen.
43° 22' 01" Nord, 3° 36' 57" Ost. 43° 22,02' Nord, 3° 36,95' Ost. 43,36693° Nord, 3,61588° Ost.

Breiter Sandstrand am Platz.
Hundeverbot am Strand.
Ver- und Entsorgung (Acceul) und Mülltonne am Platz.
Sanitärhaus im Bau.
Aufenthaltsdauer einige Tage.
Ganzjährig zugänglich.
Straße und Schiene in der Nähe.
Wanderungen und Radtouren an der Küste.
Besichtigung von Sète: Hafen, Altstadt, Mont St. Clair.
Fahrt nach Montpellier.
Fahrt auf der Corniche (Landzunge) von Sète.
Geschotterte Stellflächen für 30 Wohnmobile.
Kein Schatten.
Zurzeit keine Parkgebühr.

34800 Liausson Seeufer** LS-8

Parkstreifen am Seeufer in sehr ruhiger Lage und landschaftlich reizvoller Umgebung.

Von Clermont-l'Herault Richtung Lac du Salagou fahren (D156E) und 2,5 km nach der Abzweigung von der D905 links Richtung Liausson abbiegen. Nach 3,8 km kurz nach dem Ortsanfang Liausson in einer scharfen Rechtskurve zum See abbiegen. Noch 1,3 km bis zum Seeufer.
43° 38' 41" Nord, 3° 22' 31" Ost. 43° 38,69' Nord, 3° 22,51' Ost. 43,64469° Nord, 3,37450° Ost.

Gaststätte in Liausson.
Ver- und Entsorgung am Platz. Stromanschluss möglich.
WC und Dusche am Platz (nicht immer geöffnet).
Kiesstrand am Parkplatz. Baden, Surfen, Segeln.
Ganzjährig zugänglich.
Wanderungen und Radtouren am Seeufer.
Wandern im Felslabyrinth Cirque de Dolomitique.
Besichtigung von Clermont-l'Herault: Gotische Wehrkirche, Burgruine, Altstadt.
Parkgebühr: 5 € für 24 Stunden.
Etwas schräge Stellfächen für 20 Wohnmobile.
Parkplätze Base de Voile ou Loisir nachts für Mobile verboten.
Tel. 04 67 96 94 96.

34800 **Celles** Seeufer*** LS-9

Übernachtungsmöglichkeiten am Seeufer in sehr ruhiger Lage und landschaftlich reizvoller Umgebung.

Von der Ausfahrt Cartels/Octon/Lac du Salagou der Autobahn A75 Richtung Lac du Salagou fahren und nach 1,6 km – 100 m nach dem Ortsanfang Cartels links Richtung Okton fahren. Nach weiteren 3,9 km links dem Wegweiser Celles folgen. Noch 500 m bis zum Parkplatz.
43° 39' 41" Nord, 3° 20' 24" Ost. 43° 39,69' Nord, 3° 20,40' Ost. 43,66150° Nord, 3,34002° Ost.

Häuser am Parkplatz.
Teilweise verlassenes Dorf.
Kiesstrand am Parkplatz. Baden, Surfen, Segeln.
Ganzjährig zugänglich. Aufenthalt 24 Stunden.
Wanderungen und Radtouren am Seeufer.
Wandern im Felslabyrinth Cirque de Dolomitique.
Keine Parkgebühr.
Unebene Stellflächen für 5 Wohnmobile. Kaum Schatten.
Camping in Okton verboten.

34150 **Aniane** Ortsparkplatz** LS-10

Asphaltierter **Übernachtungsplatz** im Ort in ruhiger Lage.

Von der D109 (Clermont-Montpellier) Richtung Gignac abbiegen (D32) und in Gignac nach 1,6 km halblinks Richtung Aniane fahren. Nach weiteren 4,5 km in Aniane links zum Platz abbiegen.
43° 42' 08" Nord, 3° 20' 06" Ost. 43° 42,13' Nord, 3° 35,10' Ost. 43,68550° Nord, 3,58500° Ost.

Gaststätten, Geschäfte und Häuser am Parkplatz.
Verkehrsgeräusche durch die Straße.
Ver- und Entsorgung, WC am Parkplatz.
Aufenthaltsdauer 24 Stunden.
Ganzjährig zugänglich.
6 Minuten Fußweg zum Zentrum.
Wanderungen und Radtouren.
Besichtigung der Grotte de Clamous und der Teufelsbrücke.
Besichtigung der Burg in Gignac.
Parkgebühr: 7 € für 24 Stunden einschl. Ver- und Entsorgung.
Stellmöglichkeiten für 30 Wohnmobile.
Etwas Schatten.
Tel. 04 67 57 01 40.

34250 **Palavas-les-Flots** Capitainerie** LS-11

Bewachter **Wohnmobilplatz** am Hafen Base Fuviale Paul Riquer in Nähe der Capitainerie in schöner Lage.

Von Montpellier Richtung Palavas-les-Flots und in Palavas-les-Flots Richtung Meer fahren und den Wegweisern Port/Capitainerie folgen (**Rue Frederic Mistral. Base fluviale Paul Riquer**).
43° 31' 52" Nord, 3° 55' 25" Ost. 43° 31,86' Nord, 3° 55,42' Ost. 43,53098° Nord, 3,92375° Ost.

Zufahrt nur durch den Ort (Rive droit).
Schranke vor dem eingezäunten Platz.
Gaststätte und Hafen in der Nähe.
Ver- und Entsorgung am Platz. Wasser Gebühr 3 €
Stromanschluss Gebühr 2 €/Tag.
Mülltonne am Platz.
WC und Dusche am Platz.
Aufenthaltsdauer 3 Nächte.
Ganzjährig zugänglich.
Strand und Zentrum in 1 km Entfernung.
Wanderungen und Radtouren an der Küste.
Besichtigung von Sète: Hafen, Altstadt, Mont St. Clair.
Fahrt nach Montpellier.
Stellmöglichkeiten für 50 Wohnmobile. Etwas Schatten durch Bäume.
Parkgebühr: 12 € einschl. Ver- und Entsorgung.
Tel. 04 67 07 73 48 oder 04 67 07 73 45.

Im Land der Flamingos

Die Küste der Camargue

Tour 13

In der Camargue haben wir keine Schwierigkeiten, freie Stellplätze für unsere Übernachtungen zu finden. Selbst im Touristenort La Grand-Motte besteht die Möglichkeit, das Mobil abzustellen und zu übernachten (**CM-1**). In dieser einmaligen „Wasser-Landschaft" entspannen wir so richtig vom Alltagsstress, beobachten Flamingos, weiße, wilde Pferde und schwarze Stiere, radeln auf Deichen zwischen Meer und See und faulenzen am Strand. Unser Ferienhaus auf Rädern steht entweder an einem Etang oder am Meer. Schöner und erholsamer kann Urlaub im Wohnmobil nicht sein.

Wir fahren über Le Grau-du-Roi, einem ruhigen Ferienort und Port-Camargue, einem Urlaubsort, in dem die Freizeitkapitäne ihre Boote direkt am Appartment liegen haben, zum Phare de l'Espiguette und parken auf einem der schönsten und größten Plätze in Frankreich. Inmitten der typischen Camargue-Landschaft stehen einige Wohnmobile hinter einem 200 m breiten Dünengürtel, fast verloren auf dem riesigen befahrbaren festen Strand. Auf der anderen Seite begrenzen kleine Wasserläufe und Etangs das Gelände. Verkaufsstände und Sommerrestaurants sorgen für das leibliche Wohl. Tagsüber ist der Platz bewacht, wir können unbesorgt lange Strandwanderungen unternehmen. Abends vertreiben uns leider die bekannten grässlichen Verbotsschilder. In Grau-du-Roi kann man auf dem großen Parkplatz in der Nähe des Strandes übernachten (**CM-2**). Leider führen zwei Straßen an dem Platz vorbei. Sehenswert ist das Meeresaquarium in Port Camargue.

Die Küstenstraße endet in Port-Camargue. 25 Kilometer zieht sich der Dünengürtel und der einsame Sandstrand nach Osten an der Petit Camargue bis zur Mündung der Petit Rhône bei Stes. Maries-de-la-Mer entlang, nur Wasser, Sand, Flamingos, Reiher und Möven.

Um den berühmten Wallfahrtsort Ste-Maries zu erreichen, müssen wir nach Norden fahren, nach Aigues Mortes, einem genauso bekannten Ort. Die Stadt hat für Wohnmobile am Canal und am Fischteich Plätze eingerichtet (**CM-3** und **CM-4**). Unsere heutige Etappe beträgt ganze 15 km, denn wir beschließen, nach der Besichtigung von Aigues-Mortes hier zu übernachten, weil wir abends gemütlich im Zentrum der kleinen Stadt unter hohen Plantanen sitzen, unser Abendessen unter dem reichhaltigen Angebot auswählen und dem lebhaften Treiben um uns herum zuschau en können. Nur zehn Minuten müssen wir zu unserem rollenden Hotel gehen. Leider ist der Stellplatz in der Saison durch Wohnmobile ziemlich belegt.

Der Name Aigues-Mortes bedeutet „Tote Wasser". In einem Sumpf- und Lagunengebiet baute im 13. Jahrhundert der französische König Ludwig der Heilige einen Hafen für die Einschiffung eines Kreuzfahrerheeres. 15000 Einwohner lebten in der Stadt. Der Platz war schlecht gewählt, der Hafen in den Sand gesetzt. Schon 100 Jahre später versandete der Hafen und die Stadt verlor ihre Bedeutung, blieb aber bis heute vollständig erhalten. Weder Türme noch Stadtmauern mussten jemals einer Belagerung standhalten.

Aigues-Mortes ist ein sehr lebendiges Freilichtmuseum der mittelalterlichen Stadtbaukunst. Die wuchtigen begehbaren Festungsmauern mit fünf Toren und zehn flankierenden Türmen sind beeindruckend. Im Tour de Constance, 37 Meter hoch, schmachteten viele Hugenotten, deren Glaubenskraft aber trotz jahrelanger Haft nicht gebrochen werden konnte. Im unteren Geschoss hielt sich die Besatzung auf, im Obergeschoss wurden die Protestanten gefangen gehalten, das Dachgeschoss diente als Leuchtturm.

Bei einem Rundgang auf den 1700 Meter langen Mauern erhalten wir einen imponierenden Eindruck von einer mittelalterlichen Stadt und können einen weiten Blick über die unverbaute Landschaft, über die Salzteiche und die Salzhügel und über die Lagunen und Kanäle werfen. Die Straßen sind im rechten Winkel angelegt und führen zu den zehn Stadttoren. Die fünf größeren Tore werden von zwei Zwillingstürmen flankiert, die kleineren Tore sind mit einem rechteckig vorspringenden Turm bewehrt. In der Mitte der Festung liegt der rechteckige Place St-Louis mit der Statue Ludwig des Heiligen, heute ein Treffpunkt der Weltenbummler, Gaukler und Touristen. Heute hat die Stadt nur noch 5000 Einwohner. Keine ausufernden Wohngebiete, keine Touristensilos, keine Industrieanlagen umgeben die Stadt.

In St-Gilles bewundern wir den Figurenschmuck an der Fassade der Abteikirche St-Gilles. Wir stehen überrascht vor den lebendigen, vielfältigen Skulpturen an der Eingangsfront der Kirche, ein bedeutendes Werk der Romanik in Frankreich. Der Fries über den Aposteln erzählt die Leidensgeschichte Jesus Christus, die Kreuzigung und Auferstehung. Der Heilige Gilles lebte hier als Einsiedler und wurde in der Kirche begraben. Im Mittelalter zogen seine Reliquien Scharen von Pilgern an. Nachdem das Grab des St-Gilles unter der Krypta wiederentdeckt wurde, ist St-Gilles erneut ein Wallfahrtsort geworden.

In der verträumten Kleinstadt entdecken wir am Hafen einen Platz zum Übernachten (**CM-5**). Er ist ortsnah und liegt trotzdem in einer ruhigen Umgebung. Wir bummeln über die breite Marktallee, schauen dem lebhaften, bunten Markttreiben zu und ergänzen unsere Vorräte für die Weiterfahrt.

Die wildromantische Landschaft der Camargue wartet nun auf uns. Rosa Flamingos, weiße Pferde, schwarze Stiere sind in den nächsten Tagen unsere Begleiter. Land und Wasser, Sümpfe und Dämme, Sand und Meer, die Unendlichkeit der Ebene, das ist die Landschaft, in der wir schöne Stellplätze für unser Wohnmobil finden und in der wir erlebnisreiche Radtouren unternehmen.

Wir fahren zu einer berühmten Stadt, nach Stes-Maries-de-la-Mer. Vier Kilometer nördlich von Stes-Maries erleben wir die Tierwelt der Camargue im Parc Ornithologique.

Der für Wohnmobile eingerichtete Stellplatz liegt am Ortsrand von Stes-Maries (**CM-6**). Hier können wir unsere fahrbare „Zwei-Zimmer-Wohnung“ von allem Ballast befreien und mit frischem Wasser volltanken. In wenigen Minuten erreicht man zu Fuß die Altstadt. Wir fahren zum Strand nach Osten zum bekannten Wanderweg Digue à la Mer. Auf dem Stellplatz am Plage Est herrscht wegen der kleinen Boxen eine drangvolle Enge (**CM-7**). Viele Urlauber im Mobil weichen deshalb lieber auf den naturbelassenen Stellplatz am Dique-de-la-Mer aus (**CM-8**). Auf der einen Seite des Mobils flanieren Flamingos und Reiher ruhig im Etang, und Wanderer, Radfahrer und Reiterkolonnen ziehen über den Dique-a-la-Mer, auf der anderen Seite des Mobils blickt man auf die Dünen oder auf den breiten Sandstrand und die rauschende Brandung. Der Stellplatz ist ein Paradies für Naturfeunde, Sonnenanbeter, Schwimmer und Surfer. Leider haben schwere Fahrzeuge unter Umständen Schwierigkeiten beim Einparken, Rangieren und Wenden.

Am nächsten Morgen wandern wir auf dem Digue à la Mer am Reserve Naturelle entlang und beobachten im Etang de Vaccarès Schwärme von Flamingos und einzelne Reiher im flachen Wasser beim Fischen. Wir bleiben mehrere Tage. Ein Ausritt durch die flache Salzsteppe und über den Strand, eine Surf- und Segelschule mit Bootsverleih gleich am Stellplatz, ein Bummel durch den geschäftigen Ort und ein Ausflug mit dem alten Raddampfer auf der Petit Rhône unterbrechen das Faulenzen am Strand.

Die Rhône schleppt Sand, Kiesel und Geröll ins Meer und verschiebt die Küste an der Mündung viele Meter ins Meer hinaus. Das Meer aber rächt sich und reißt an anderen Stellen die Küste auf. So ist der Küstenstreifen der Camargue einem ständigen Wechsel unterworfen. Stes-Maries befand sich vor Jahrhunderten einige Kilometer vom Meer entfernt, heute greifen die Wellen schon zum Ortsrand.

Stes-Maries erlangte durch die Verehrung der heiligen Marien und der schwarzen Sarah und durch die Zigeunerwallfahrt im Mai Berühmtheit. 40 n. Chr. kam ein Boot aus dem Heiligen Land. Maria Jakobäa, Maria Salome, Maria Magdalena und die Dienerin Sarah blieben an diesem Ort zurück, während die anderen Personen sich über das Land zerstreuten und das Christentum predigten. In Stes-Maries ist die alte Wehrkirche mit den Zinnen aus dem 14. Jahrhundert sehenswert. Die Reliqien der heiligen Marien und der Sarah wurden im Mittelalter unter der Kirche gefunden. Seit dieser Zeit ist Stes-Maries ein Wallfahrtsort. In diesem Jahrhundert hat sich Stes-Maries zu einem lebhaften, fröhlichen Ferienort entwickelt. Aber keine Touristensilos oder riesige Appartementkomplexe verschandeln die Weite der Camargue.

Nach einigen Tagen verlassen wir Stes-Maries-de-la-Mer. Nach Osten, der Küste entlang, führen nur Rad- und Wanderwege. Wir fahren nach Norden und biegen nach 20 Kilometern nach Süden ab, nach Méjanes. Hier erleben wir die Camargue auf kleinstem Raum: Beim Ausritt auf weißen Pferden, bei der Fahrt mit der Museumsbahn ins Naturschutzgebiet Etang de Vaccarès, bei einer Radtour durch die flache Landschaft mit Scharen von rosa Flamingos und bei den harmlosen Vorführungen und Reiterspielen mit den schwarzen Stieren in der Arena. Den Parkplatz im Hof dürfen wir für die Übernachtung benutzen, auch wenn ein Hinweisschild fehlt (**CM-9**).

Es ist lange her, seit der schwarze Stier in die unberührte Einsamkeit des Rhônedeltas, in die Undurchdringlichkeit der Schilfgürtel und Sümpfe einzog. Ursprünglich vollkommen frei, lebt er heute unter dem Schutz des Menschen. Wild, kräftig, genügsam, angriffslustig sind seine Eigenschaften. Bei dem Stierkampf, der „course à la cocarde“, ist einzig und allein der Mann in Verletzungsgefahr, der Stier wird nur, allerdings bis zur Wut, gereizt. Der „Razeteur“ muss mit Hilfe eines stumpfen Hakens die Siegestrophäen, Kokarden und Quasten, von den Hörnern des Stieres ergreifen. Dabei bleibt er nahe der Bande, um sich durch einen Sprung über die Barriere aus der Gefahr zu retten. Am Abend, wenn die Kämpfe beendet sind, lässt man die Stiere unter dem Jubel der Menge los. Die Tiere stürmen den vorauspreschenden Reitern nach zurück in die Freiheit.

Bei den Stierkämpfen unterscheidet man in Südfrankreich die unblutige course á la cocarde in der Provence und die klassische spanische Corrida, die mit dem Tod des Stieres endet. Beide Ereignisse finden in den Monaten Juli, August und September statt.

Seit der Antike hat sich in der Landschaft im Rhônedelta kaum etwas verändert. Schon vor zwei Jahrtausenden gab es die einzelnen, verstreut in den Weiten der Sümpfe und Moore liegenden Gehöfte, die man heute Mas nennt. Der Versuch, die Stiere zu Haustieren zu machen und vor den Karren zu spannen, scheiterte.

Jeder Hirte ist mit seinen Stieren, ganz besonders aber mit seinem weißen Pferd, seinem ständigen Begleiter, das die Annehmlichkeiten wie die Schwierigkeiten seiner täglichen Arbeit mit ihm teilt, verbunden. Seit Jahrtausenden lebt das weiße Pferd in der Camargue. Es kam aus den Steppen Asiens in den Süden Europas, passte sich der Umgebung an und hat sich bis heute kaum verändert: Kurzer Hals, üppige Mähne, stark behaartes Fell, kräftige Glieder, kurzer Rücken. Die Tiere werden grau, braun oder schwarz geboren, erst nach dem fünften Lebensjahr nehmen sie ihre helle Farbe an. Die Stuten sind dazu verurteilt, nur für ihren Nachwuchs zu leben, ausschließlich Hengste werden beritten. Ausdauer, Widerstandskraft und Beweglichkeit zeichnen die Hengste aus.

Unsere Tour führt nun wieder Richtung Küste, nach Salin-de-Giraud. Ein kleiner, einsamer Parkplatz am Etang de Vaccarès ist für Urlauber, die die Tierwelt der Camargue beobachten und die unendliche Weite der Landschaft erleben wollen, der richtige Platz zum Verweilen. An den Brackwasserseen des Naturschutzgebietes nisten und brüten mehr als 400 Vogelarten, der faszinierendste aber ist für uns der rosa Flamingo. Wir erleben das herrliche Schauspiel, wenn sich eine größere Gruppe mit Eleganz und Leichtigkeit in die Lüfte erhebt und hintereinander am Himmel schwebt.

Wir fahren nach Salin-de-Giraud und sind überrascht von der Größe der Saline, die wir von einem Beobachtungshügel überblicken können. Meerwasser wird in flache Teiche geleitet, verdunstet und hinterlässt eine dicke weiße Kruste. Die Salzschicht wird abgeschoben und in hohen, weiß glitzernden Hügeln gelagert. Der für Wohnmobile ausgewiesene Stellplatz mit Ver- und Entsorgung eignet sich gut zur Übernachtung (**CM-10**). Erholsamer aber ist der Aufenthalt am Plage de Piémanson (**CM-11**). Auf dem Parkplatz oder auf dem weitläufigen Strandgelände, das befahren werden kann, hat man immer die Gesellschaft anderer Wohnmobilurlauber. Wer möchte, findet aber auch einen Stellplatz an einer Düne nur für sich allein.

Bei Salin-de-Giraud überqueren wir auf einer Fähre die Grand Rhône und fahren nach Port-St-Louis-du-Rhône. Am Hafenkanal kann man sein Haus auf Rädern für eine Nacht abstellen (**CM-12**). Wir fahren zur langgestreckten Halbinsel They de la Gracieuse, zum Plage Napoleon (**CM-13**). Wir stellen unser Wohnmobil auf dem Parkplatz am Ende der Stichstraße ab, erkunden auf einer langen Wanderung die schmale Landzunge, genießen die Abendstimmung am Wasser, beobachten wieder Scharen der eleganten Flamingos beim Fischen und verbringen eine ruhige Nacht.

Nach den Tagen am Strand erreichen wir vor Marseilles den Stellplatz am Hafen von Carro (**CM-14**). In der ersten Reihe haben die Bewohner der mobilen Heime einen großartigen Blick auf das schäumende Meer. Auf der anderen Seite schweift der Blick über die dümpelnden Fischerkäne, über Sportboote und Yachten. Nur der Strand erfüllt nicht alle Erwartungen, flache Felsen und Felsbrocken reizen nicht zum Baden und Schwimmen.

Museumsbahn zum Etang in der Camargue

Tour 13: **Durch die Camargue**

Nr.	Ort, Bezeichnung	Stell-plätze A	Gast-haus	Häu-ser	WC	Bad See B	Orts-nähe	Ent-sorg. C	Park-dauer D	Park-gebühr
CM-1	**La Grand-Motte, Petit Motte*** **	20	-	+	-	-	x	+	U	11
CM-2	**Le Grau-du-Roi, Plage** **	50	+	+	+	+	x	+	U	18
CM-3	**Aigues-Mortes, Canal*** **	20	-	+	-	-	x	+	U	12
CM-4	**Aigues-Mortes, Péche Loirsir**** **	50	+	+	-	-	x	+	U	7
CM-5	**St-Gilles, Hafen** **	5	+	+	-	-	8	-	1	0
CM-6	**Ste-Maries-de-la-Mer, Stadt** **	30	+	+	+	-	8	+	T	10
CM-7	**Ste-Maries-de-la-Mer, Plage Est** **	50	-	+	-	+	x	+	T	10
CM-8	**Ste-Maries-de-la-Mer, Dique**** **	20	-	-	-	+	x	+	T	10
CM-9	**Domaine de Méjanes, Arena** **	30	+	+	+	-	x	-	1	0
CM-10	**Salin-de-Giraud, Mobilplatz** **	5	-	+	+	-	x	+	1	0
CM-11	**Salin-de-Giraud, Piémanson**** **	50	-	-	-	+	x	-	1	0
CM-12	**Port-St-Louis, Camping Car*** **	100	+	+	-	-	x	+	2	7
CM-13	**Port-St-Louis, Plage Napoleon**** **	100	-	-	-	+	x	-	1	0
CM-14	**Martigues-Carro, Port*** **	50	+	+	-	+	8	+	3	8

Legende

****	sehr ruhige und sehr schöne Lage.
***	sehr ruhige und schöne Lage.
**	ruhige und gute Lage.
*	keine ruhige Lage.
A	Stellplätze gestaffelt nach 3, 5, 10, 20, 30, 50 Wohnmobilen. Dabei wird angenommen, dass nur die Hälfte des Platzes zur Verfügung steht und die andere Hälfte durch Pkws belegt ist.
B	Fußweg in Minuten, x über 15 Minuten Fußweg.
C	Aufenthaltsdauer in Tagen.
D	Stellplatzgebühr in Euro pro Wohnmobil und 24 Stunden.
P	Stellplatzgebühr in der Saison.
T	Aufenthaltsdauer einige Tage.
U	Aufenthaltsdauer unbegrenzt.

4280 La Grand-Motte **Avenue de la Petit Motte***** CM-1

Wohnmobilplatz am Ortsrand mit einzelnen Bäumen in sehr ruhiger und schöner Lage.

Von der D62E Richtung La Grande-Motte abbiegen (6 t) und nach 1,3 km rechts den Wegweisern Aire de Camping Car/Les Plages folgen und nach 700 m rechts Richtung Air de Camping Car abbiegen. Noch 500 m bis zum Platz rechts (**Avenue de la Petit Motte**).
43° 34' 02" Nord, 4° 04' 28" Ost. 43° 34,03' Nord, 4° 04,47' Ost. 43,56667° Nord, 4,07450° Ost.

Schranke vor dem Platz. Automat. Einfahrt nur mit Geldkarte.
Ver- und Entsorgung am Platz (Aire-Service).
Stromanschluss an den Plätzen. Müllcontainer am Platz.
Ganzjährig zugänglich. Aufenthaltsdauer unbegrenzt.
Besichtigung von Aigue Mortes mit vollständig erhaltener Stadtmauer, Altstadt, Turm der Constanze.
Wandern und Radfahren durch die Camargue.
Befestigte, ebene Flächen für 20 Mobile.
Schatten durch Bäume.
Parkgebühr 11 € für 24 Std. inkl. Ver- und Entsorgung.
Tel. 04 66 53 69 73 00. www.lagrandemotte.fr

30240 Le Grau-du-Roi **Parking de la Plage**** CM-2

Asphaltierte **Wohnmobilplätze** in Strandnähe in guter Lage.

Von La Grand-Motte (D62) Richtung Le Grau-du-Roi fahren. Im Ort am ersten Kreisel rechts zum Platz abbiegen (**Boulevard du Boucanet**).
43° 32' 26" Nord, 4° 07' 59" Ost. 43° 32,43' Nord, 4° 07,99' Ost. 43,54050° Nord, 4,13317 Ost.

Häuser am Platz. Geschäfte und Gaststätten in der Nähe.
Straßen in der Nähe. Geräuschbelästigung.
Schrankenanlage mit Ticket vor dem Platz. Kassenhaus.
Sandstrand und Strandbad mit Gaststätte in der Nähe.
Ver- und Entsorgung am Platz. Wasser Gebühr 2 € für 100 l.
Nur 2 Anschlüsse für Strom. Müllcontainer und WC am Platz.
Ganzjährig zugänglich. Aufenthaltsdauer unbegrenzt.
Besichtigung von Le Grau-du-Roi: Aquarium, Fischereihafen.
Besichtigung von Aigue Mortes mit vollständig erhaltener Stadtmauer, Altstadt, Turm der Constanze.
Wandern und Radfahren durch die Camargue.
Befestigte, ebene Stellflächen für 50 Mobile. Boxen nur 7,50 m.
Parkgebühr 18 € für 24 Stunden, in der Nebensaison günstiger.
Tel. 04 66 51 57 70. www.ville-legrauduroi.fr

30220 Aigues-Mortes **Au bord du Canal***** CM-3

Wohnmobilplatz am Kanal in ruhiger und schöner Lage.

Von der D718 in östlicher Richtung ab dem Ortseingangsschild nach 900 m rechts dem Wohnmobilsymbol folgen. Nach 100 m wieder rechts in die Rue du Port einbiegen. Nach 300 m wird der Parkplatz auf der linken Seite am Ortsrand erreicht (**Rue du Port**). Bei Anfahrt aus dem Westen Zufahrt nur bis 3,5 t (D718).
43° 33' 58" Nord, 4° 11' 09" Ost. 43° 33.99' Nord, 4° 11.15' Ost. 43,56650° Nord, 4,18583° Ost.

Blick auf den Kanal und die Stadtmauer.
Geschäfte und Gaststätten in der Nähe. Häuser am Platz.
Schranke vor dem Platz. Einfahrt nur mit Geldkarte.
Ver- und Entsorgung am Platz (Flot bleu mit Karten).
Kein Strom. Müllcontainer am Platz.
Ganzjährig zugänglich. Aufenthaltsdauer unbegrenzt.
Besichtigung von Aigue Mortes mit vollständig erhaltener Stadtmauer, Altstadt, Turm der Constanze.
Wandern und Radfahren durch die Camargue.
Besuch von Saintes-Maries-de-la-Mer.
Befestigte, ebene Stellflächen für 20 Wohnmobile.
Parkgebühr 12 € pro Nacht.
Tel. 04 66 53 69 73 00.

30220 Aigues-Mortes Péche Loisir**** CM-4

Natürlicher **Wohnmobilhafen** vor Aigues-Mortes in sehr ruhiger und sehr schöner Lage.

Von der D 62 500 m vor dem Kreisverkehr nach Aigues-Mortes rechts dem Wohnmobil-Symbol folgen und zur Einfahrt abbiegen (Étang de Péche). Nur vom Süden (Gand Motte) anzufahren. Noch 300 m.
43° 33' 43" Nord, 4° 09' 50" Ost. 43° 33.70' Nord, 4° 09.90' Ost. 43,56167° Nord, 4,16500° Ost.

Schmale, holprige Zufahrt. Schmales Tor zur Einfahrt.
Häuser am Stellplatz. Feinschmeckerrestaurant am Platz.
Ver- und Entsorgung am Platz. Münzen im Restaurant.
Stromanschluss gegen Gebühr.
Müllcontainer am Platz. Informationstafel vorhanden.
März bis Oktober zugänglich. Aufenthaltsdauer unbegrenzt.
Fischen und Angeln im Etang.
Besichtigung von Aigues-Mortes mit vollständig erhaltener Stadtmauer, Altstadt, Turm der Constanze.
Wandern und Radfahren durch die Camargue.
Besuch von Saintes-Maries-de-la-Mer.
Geschotterte, ebene, markierte Stellflächen für 50 Mobile.
Parkgebühr 7 €/Nacht.
Tel. 04 66 71 37 94.

30800 St-Gilles Hafen** CM-5

Parkstreifen am Hafen für Lastkähne in ruhiger und reizvoller Lage.

Von Arles Richtung St-Gilles fahren (N572) und in St-Gilles gleich nach der Brücke über den Canal Navigation du Rhône links abbiegen. Nach 100 m wieder links fahren und dem Schild Port folgen. Noch 200 m bis zum Parkstreifen am Hafen.

Gaststätte und Häuser am Parkplatz.
Besichtigung der romanische Kirche St-Gilles mit berühmten Skulpturen.
8 Minuten Fußweg zur Ortsmitte.
Aufenthaltsdauer 24 Stunden.
Fahrt durch die Camargue.
Fahrt nach Aigues-Mortes und nach Stes-Maries-de-la-Mer.
Fahrt nach Nîmes und Arles.
Ebene Stellflächen für 5 Wohnmobile.
Keine Parkgebühr.
Kein Schatten.

13460 Stes-Maries-de-la-Mer Stadtplatz*** CM-6

Befestigter **Wohnmobilplatz** am Ortsrand in ruhiger und guter Lage.

Von der D570 aus Richtung Arles 300 m nach dem Ortsanfang Stes-Maries-de-la-Mer links dem Parkplatzschild folgen. Noch 100 m bis zum Platz rechts (**Avenue de Arles**).
43° 27' 19" Nord, 4° 25' 40" Ost. 43° 27,32' Nord, 4° 25,67' Ost. 43,45533° Nord, 4,42783°Ost.

Gaststätten und Geschäfte in der Nähe. Häuser am Platz.
Doppelte Ver- und Entsorgung am Platz.
Müllbehälter und WC am Parkplatz.
Aufenthaltsdauer einige Tage. Ganzjährig zugänglich.
Wandern und Radfahren durch die Camargue.
Reitstall in der Nähe. Ausritte in die Camargue.
15 Minuten Fußweg zur Stadtmitte.
Besichtigung von Stes-Maries mit Altstadt und Wehrkirche.
Fahrt auf der Kleinen Rhone mit dem Raddampfer.
Beobachtung von Flamingos und anderen Wasservögeln.
Besuch von Aigues-Mortes. Fahrt durch die Camargue.
Parkgebühr: 9,50 € für 24 Std. inkl. Ver-/Entsorgung.
Kein Schatten. Ebene Stellflächen für 30 Wohnmobile.
Tagesplatz für Mobile. Vallée des Lys, Av. Cousteau.
Tel. 04 90 97 82 55.

13460 Stes-Maries-de-la-Mer Plage Est** CM-7

Asphaltierter **Wohnmobilplatz** am Strand in sehr ruhiger Lage.

Im Ort dem Wegweiser Plage Est folgen. Am Ende der Straße im Kreisel links zu Platz abfahren.
43° 27' 12" Nord, 4° 26' 10" Ost. 43° 27,20' Nord, 4° 25,17' Ost. 43,45333° Nord, 4,41950 Ost.

Häuser, Campingplatz und Sandstrand am Platz.
Ver- und Entsorgung und Müllbehälter am Parkplatz.
Aufenthaltsdauer einige Tage. Ganzjährig zugänglich.
Wandern und Radfahren auf dem Dique-a-la-mer.
Wandern und Radfahren durch die Camargue.
Reitstall in der Nähe. Ausritte in die Camargue.
Besichtigung von Stes-Maries: Altstadt und Wehrkirche.
Fahrt auf der Kleinen Rhone mit dem Raddampfer.
Beobachtung von Flamingos und Wasservögeln.
Besuch von Aigues-Mortes.
Fahrt durch die Camargue.
Parkgebühr: 9,50 € für 24 Std. inkl. Ver-/Entsorgung.
Sehr schmale Stellflächen für 50 Mobile. Kein Schatten.
Tagesplatz für Mobile. Vallée des Lys, Av. Cousteau.
Tel. 04 90 97 82 55.

13460 Stes-Maries-de-la-Mer Dique-a-la-Mer**** CM-8

Wohnmobilplatz auf dem Sandstrand in herrlicher und sehr ruhiger Lage am Meer.

Im Ort dem Wegweiser Plage Est folgen. Am Ende der Straße im Kreisel links durch den Platz Plage Est fahren. Am asphaltierten Ende auf den befestigten Weg und nach 500 m auf den festen Sandstrand fahren.
43° 27' 24" Nord, 4° 27' 40" Ost. 43° 27,40' Nord, 4° 25,67' Ost. 43,45667° Nord, 4,42783° Ost.

Einsame Lage. Blick auf das Meer und den Etang
mit Flamingos und Wasservögeln.
Ver- und Entsorgung auf dem Platz Plage Est.
Aufenthaltsdauer einige Tage. Ganzjährig zugänglich.
Wandern und Radfahren durch die Camargue.
Reitstall in der Nähe. Ausritte in die Camargue.
Besichtigung von Stes-Maries mit Altstadt und Wehrkirche.
Fahrt auf der Kleinen Rhone mit dem Raddampfer.
Besuch von Aigues-Mortes. Fahrt durch die Camargue.
Parkgebühr: 9,50 € für 24 Std. inkl. Ver-/Entsorgung.
Kein Schatten.
Ebene Stellflächen für 20 Wohnmobile.
Tagesplatz für Mobile. Vallée des Lys, Av. Cousteau.
Tel. 04 90 97 82 55.

13460 Domaine de Méjanes Arena** CM-9

Großraumparkplatz an der Domain Paul Ricard für Besucher in sehr ruhiger Lage.

Von Stes-Maries Richtung Arles fahren (D570) und 22 km nach Stes-Maries rechts Richtung Villeneuve abbiegen (D37). Nach 4 km rechts zur Domaine Méjanes fahren. Noch 1 km bis zum Platz.
43° 34' 09" Nord, 4° 30' 19" Ost. 43° 34,15' Nord, 4° 30,32' Ost. 43,56917° Nord, 4,50533° Ost.

Gaststätte, Kiosk, Verkaufsstände und Häuser am Parkplatz.
WC am Parkplatz. Wasserversorgung am Parkplatz.
Wandern und Radfahren durch die Camargue.
Reitstall und geführte Ausritte.
Reiter- und Stiervorführungen in der Arena.
Museumsbahn zum Naturschutzgebiet Etang de Vaccarès.
Beobachtungen von Flamingos und anderen Wasservögeln.
Besichtigung von Stes-Maries-de-la-Mer.
Fahrt durch die Camargue.
Keine Parkgebühr.
Wenig Schatten.
Ebene Stellflächen für 30 Wohnmobile.

13129 Salin-de-Giraud Wohnmobilplatz*** CM-10

Wohnmobilplatz mit Bäumen am Rand am Ortsrand in sehr ruhiger und schöner Lage.

Von Arles Richtung Salin-de-Giraud fahren (D36) und kurz nach dem Ortsanfang Salin dem Wegweiser Centre ville/Wohnmobil-Symbol rechts folgen. Nach 600 m links und nach weiteren 500 rechts dem Wohnmobil-Symbol folgen. Noch 100 m bis zum Parkplatz links (**Rue de la Bouvine**).
43° 24' 44" Nord, 4° 43' 51" Ost. 43° 24,73' Nord, 4° 43,85' Ost. 43,41667° Nord, 4,73083° Ost.

Häuser am Parkplatz. Geschäfte in der Nähe.
Ver- und Entsorgung am Parkplatz (Flot bleu). Jeton für Wasser.
Müllbehälter, WC und sanitäre Anlagen am Parkplatz.
Aufenthaltsdauer einige Tage.
Ganzjährig zugänglich.
Besuch des Salzmuseums im Ort.
Wandern und Radfahren in der Camargue.
Baden am Strand von Piemanson.
Fähre über die Grand Rhone.
Fahrt durch die Camargue.
Keine Parkgebühr.
Ebene, asphaltierte Stellflächen für 20 Wohnmobile.
Tel. 04 90 49 47 00.

13129 Salin-de-Giraud Plage de Piémanson**** CM-11

Asphaltierter **Übernachtungsplatz** und auf befahrbarem Strand in sehr ruhiger und sehr schöner Lage.

Von Arles Richtung Salin-de-Giraud fahren (D36) und in Salin dem Wegweiser Plage de Piémanson folgen. 11 km nach dem Ortsende Salin wird der Parkplatz am Ende der Stichstraße erreicht (**Avenue de la Camargue**). Befahrbares Sandgelände rechts und links vom Parkplatz.
43° 21' 03" Nord, 4° 46' 59" Ost. 43° 21,05' Nord, 4° 46,99' Ost. 43,35083° Nord, 4,78317Ost.

Langer, breiter Sandstrand.
Segeln und Surfen. Strandwanderungen.
Müllcontainer am Platz.
Ganzjährig zugänglich.
Aufenthaltsdauer 24 Stunden.
Wandern und Radfahren durch die Camargue.
Beobachtungen von Flamingos und andere Wasservögel.
Besichtigung der Salinen vom Aussichtspunkt in Salin-de-Giraud.
Fähre über die Grand Rhône in Salin-de-Giraud.
Fahrt durch die Camargue.
Keine Parkgebühr.
Ebene Stellflächen für über 100 Wohnmobile. Kein Schatten.
Tel. 04 90 18 41 20.

Die weißen Pferde der Camargue

In Port-St-Louis

13230 Port-St-Louis-du-Rhône Aire de Camping Car*** CM-12

Mobilplatz am Hafenkanal in sehr ruhiger und schöner Lage.

Im Ort Richtung Plage Napoleon und nach der Brücke im Kreisel geradeaus fahren. Nach 1 km wird der Platz links erreicht (**Avenue de la 1ère DFL**).
43° 23' 05" Nord, 4° 49' 08" Ost. 43° 23,08' Nord, 4° 49,13' Ost. 43,38467° Nord, 4,81883° Ost.

Poller vor der Einfahrt. Öffnen mit Bank- oder Kreditkarte.
Blick auf den Hafenkanal.
Ver- und Entsorgung am Platz.
Aufenthaltsdauer: 48 Stunden. Ganzjährig geöffnet.
Wandern und Radfahren an der Rhône und in der Camargue.
Fähre über die Grand Rhône in Port-St-Louis.
Ausflug durch die Camargue.
Parkgebühr: 6,25 € für 24 Stunden inkl. 200 l Wasser.
Kein Schatten.
Ebene, asphaltierte und befestigte Stellflächen für 100 Mobile.
Ausweichplatz auf der anderen Kanalseite.
43° 23' 10" Nord, 4° 48' 51" Ost.
Ausweichplatz am Hafen, Quai Bonnardel,
300 m vor der Brücke links abbiegen.
Gaststätten, 30 Mobile. 43° 23' 06" Nord, 4° 48' 22" Ost.
Tel. +33 4 42 86 01 21.

13230 Port-St-Louis-du-Rhône Plage Napoleon**** CM-13

Befestigte **Übernachtungsplätze** am Strand direkt am Meer in sehr ruhiger und sehr schöner Lage.

Von Port-St.-Louis Richtung Plage fahren. 7 km südlich wird der Platz am Ende der Straße erreicht.
43° 21' 11" Nord, 4° 52' 43" Ost. 43° 21,18' Nord, 4° 52,72' Ost. 43,35300° Nord, 4,87867° Ost.

Kiosk in der Saison am Parkplatz.
Getrennte Müllsammlung in Containern.
Strandwanderungen über die Halbinsel
They de la Gracieuse und zur Mündung der Rhone.
Radweg nach Port-St-Louis (8 km).
Segeln und Surfen.
Wanderungen und Radfahren in der Camargue.
Beobachtungen von Flamingos und Wasservögel.
Fähre über die Grand Rhône in Port-St.-Louis.
Fahrt nach Arles.
Keine Parkgebühr.
Ebene, asphaltierte Stellflächen für 20 Wohnmobile.
Ausweichplätze am Strand für über 100 Mobile.
Kein Schatten.
Ausweichparkplätze am Hafen von Port-St.-Louis.
Informationen: Tel. 04 42 86 90 00.

13500 Martigues-Carro Port*** CM-14

Mobilplatz am Hafen in sehr ruhiger und schöner Lage.

Von der Ausfahrt Martigues Sud der Schnellstraße 568 Richtung Carro fahren. Nach 8,8 km links Richtung Carro abbiegen. Nach 500 m links zur Zufahrt fahren. Noch 100 m (**Quai Jean Vérandy**).
43° 19' 44" Nord, 4° 19' 26" Ost. 43° 19,73' Nord, 5° 02,44' Ost. 43,32891° Nord, 5,04061° Ost.

Schranke vor der Einfahrt. Ticket über Münzautomat.
Blick auf das Meer oder den Hafen.
Steinstrand am Platz.
Fischmarkt gegenüber. Gaststätten in der Nähe.
Ver- und Entsorgung (Bodeneinlass) am Platz.
Aufenthaltsdauer: 72 Stunden. Ganzjährig zugänglich.
8 Minuten Fußweg zum Ortszentrum.
12 Minuten Fußweg zum Sandstrand.
Wandern und Radfahren am Cap Couronne
und an der Blauen Küste.
Parkgebühr: 8 € für 24 Stunden (01.06.–30.09.),
6 € in der Nebensaison einschl. Ver- und Entsorgung.
Enge, ebene, asphaltierte Stellflächen für 50 Mobile.
Kein Schatten.
Tel. 04 42 42 31 10. www.martigues-tourisme.com

Blick auf Carro

Zweitausend Jahre Kulturerbe

Im Westen der Provence

Tour 14

In den nächsten Tagen erkunden wir das Hinterland der Camargue. In Pélissanne (**WP-1**) und St-Martin-de-Crau (**WP-2**) sind Wohnmobilplätze mit Ver- und Entsorgungseinrichtungen eingerichtet worden. In Pélissanne ist man schnell in Geschäften und Gaststätten. Die Stellplätze sind klein und schräg. Man kann aber auf andere Stellflächen an der Nebenstraße ausweichen.

Arles, heimliche Hauptstadt der Provence, ist unser nächstes Ziel. Arles ist eine alte Römerstadt, aber auch eine Stadt des Mittelalters, eine Stadt der Maler und eine Stadt der pulsierenden Geschäftigkeit und der südländischen Lebensfreude. Der Ort war schon eine ligurische Siedlung, bevor die Griechen und Römer kamen. Als Marius, der Sieger über die germanischen Kimbern und Teutonen, einen Kanal zum Meer baute, begann der Aufstieg der Stadt. Nach dem Bürgerkrieg zwischen Cäsar und Pompeius übernahm Arles das Erbe und die Führungsrolle von Massalia, dem heutigen Marseille. Arles wird im 4. Jahrhundert Hauptstadt von Gallien. Nach Rom und Konstantinopel ist Arles die dritte Stadt im römischen Imperium.

Zahlreiche bedeutende Spuren aus dieser glorreichen Vergangenheit sind noch heute zu sehen: Die Arena, das Theater, die Begräbnisstätte Les Alyscamps. Die Arena wurde im ersten Jahrhundert errichtet und ist noch heute fast vollständig erhalten. Mit einem Durchmesser von 137 m bot sie 25 000 Zuschauern Platz. Im Mittelalter baute man sie zu einer Fluchtburg um. Häuser und Kirchen wurden im Inneren der Arena errichtet. Später riss man die Bauten wieder ab, heute werden Stierkämpfe in dem ovalen Rund veranstaltet. Das römische Theater wurde schon im ersten Jahrhundert vor Christi errichtet. Im Halbrund der drei Ränge fanden 10 000 Zuschauer Platz. Von der 70 Meter breiten Bühnenwand blieb außer zwei Säulen nichts erhalten.

Griechen und Römer begruben ihre Toten oft an den Prunkstraßen der Städte. Die Via Aurelia, Straße nach Rom, wurde Begräbnisstätte in Arles. Die Christen setzten die Tradition fort, die Nekropole wuchs ins Land hinaus und umfasste Kapellen und Kirchen. Obwohl ein großer Teil der Begräbnisstätte in der Neuzeit dem Eisenbahnbau zum Opfer fiel, hat man immer noch einen großartigen Eindruck von den Sarkophagen, den Kirchenruinen und der Gräberallee.

Sehenswert ist auch die von den Karolingern begonnene Kirche Saint-Trophime. Berühmtheit erlangten das spätromanische Hauptportal mit Figuren nach antiken Vorbildern und der romanisch-gotische Kreuzgang, der Ruhe und Gelassenheit ausstrahlt und an den Kapitellen der Säulen viele biblische Geschichten erzählt.

Die Besichtigung der Museen in Arles ist unbedingt zu empfehlen. Das Musée d'Art Paien zeigt heidnische Kunst, vor allem römische Sarkophage. Im Musée d'Art Chrétien sind christliche Kunst, Sarkophage, Reliefs und Skulpturen ausgestellt. Im Museon Arelaten erlebt man die Volkskunst der Provence. Wir erfahren in diesem Museum alles über die Lebensweise der Bewohner der Provence in der Vergangenheit und verstehen das Leben der Menschen in der Gegenwart.

Das Mobil kann man in der Stadtmitte abstellen (**WP-3**). Für die Übernachtung ist dieser Platz wegen der Verkehrsgeräusche aber nicht unbedingt zu empfehlen.

Im Nordosten von Arles besuchen wir die bekannte Abbaye de Montmajour. Schon von weitem ist das Benediktinerkloster auf einem Felsen zwischen den Reisfeldern zu erkennen. Die Klosterkirche mit wuchtigen Rundbögen um den Altarraum und großartigen romanischen Skulpturen im Kreuzgang wurde im 12. Jahrhundert erbaut, aber nie fertiggestellt. Im Mittelalter zog die Abtei durch ihren Ablass für die Sünden über 100 000 Menschen im Jahr an.

Gard

Nur fünf Kilometer sind es bis zur Moulin de Daudet bei Fontvieille. Der Dichter Daudet soll hier seine berühmten Lettres de Mon Moulin geschrieben haben. Viele Franzosen besuchen deshalb die einsame Mühle auf einer Kuppe. Der riesige Parkplatz eignet sich für eine ruhige Übernachtung (**WP-4**). Unser Wohnmobil wird hier ver- und entsorgt. Für die Übernachtung eignet sich auch gut der Stellplatz am Hafen von Bellegarde (**WP-5**).

Kultureller Höhepunkt einer Reise durch Südfrankreich ist Nîmes, mit 100 000 Einwohnern eine Großstadt in der Antike, Symbol der römischen Herrschaft in Gallien. Der Heros der Griechen, Herakles, gilt als Gründer dieser uralten Stadt. Er bestimmte seinen Sohn Nemausus zum Herrscher. Die Quelle am Fuße des schon von den Kelten besiedelten Hügels trägt seinen Namen und verhalf der Stadt zu ihrer heutigen Bezeichnung Nîmes. Der Aufstieg der Stadt begann mit dem Kaiser Augustus, der Nîmes zur Veteranen-Kolonie erhob. Zu dieser Zeit wurde auch der 50 km lange Aquädukt zur Wasserversorgung mit dem Pont du Gard errichtet. Im Mittelalter schrumpfte die Bevölkerungszahl auf 15 000 Einwohner. Die Stadtmauern waren viel zu groß, es entstanden zwei Siedlungen um die Kathedrale und um das Amphitheater.

Von allen südfranzösischen Städten hat Nîmes den reichhaltigsten Bestand an römischen Bauwerken. Die Fassung des Quellheiligtums mit dem Nymphäum stammt aus römischer Zeit, ein Kanal führt von hier zur Stadtmitte am Tempel der Diana und am Jardin de la Fontaine vorbei in ein kreisrundes Auffangbecken aus römischer Zeit. Die Figuren im Park wurden im Mittelalter geschaffen und symbolisieren den Wohlstand.

Aus allen Richtungen verlaufen die Straßen zum großartigen Amphitheater, Schauplatz blutiger Gladiatorenkämpfe zu den Zeiten der Römer, Festung und Steinbruch im Mittelalter. Trotzdem zählt das Bauwerk zu den am besten erhaltenen Amphitheatern des römischen Weltreiches. Die oberste Säulenkolonade und die Masten zur Befestigung der Sonnensegel fehlen heute. Die zweigeschossigen Arkaden mit den regelmäßigen Säulenanordnungen schließen den gewaltigen Bau nach außen ästhetisch ab und lassen ein dekoratives Repräsentationsbauwerk entstehen. Eine Vielzahl von Durchgängen gestattet schnelles Betreten und Verlassen der Arena für 24 000 Zuschauer.

Das eleganteste Bauwerk der Römer in Südfrankreich ist Maison Carrée, ein entzückender kleiner Tempel, den Enkeln des Kaisers Augustus geweiht. Das Äußere, die eleganten korinthischen Säulen und Kapitelle sind nahezu unbeschädigt. Die aufwärts strebende Fassade wird optisch durch die breite Treppenrampe ausgeglichen. Die harmonischen Proportionen des Tempels machen das Bauwerk zu einem Kleinod der römischen Baukunst. Im Tempel befindet sich ein Museum mit einem großen Mosaikfußboden, der berühmten Venus von Nîmes, der Büste einer Kaiserin und dem Adlerfries vom ehemaligen Nymphäum.

Die römische Stadtmauer schloss über 7 km die Stadt ein. Von den zahlreichen Türmen und Toren sind noch zwei erhalten, die Port de France und die Porte d'Auguste, eine Erinnerung an den großen Imperator und Kaiser. Die höheren mittleren Öffnungen dienten den Kutschen, Wagen und Reitern, die niedrigeren seitlichen Durchgänge waren den Fußgängern vorbehalten. Hier mündete die Via Domitia, von Arles kommend, in die Stadt. Die antike Steinpflasterung ist teilweise noch gut zu erkennen.

Wir bummeln von der Porte d'Auguste durch die nahe Altstadt zur Kathedrale aus dem 12. Jahrhundert. Wesentliche Teile der Fassade und des Figurenfries wurden in späteren Jahrhunderten ergänzt. Das Archäologische Museum im ehemaligen Kreuzgang zeigt Dutzende von Grabstellen, einen fast modern wirkenden Bronzekopf des Apollon und ein großes Mosaik. Zum Übernachten sollte man auf den Stellplatz an der Domaine Fontbespierre im Nordwesten der Stadt ausweichen (**WP-6**).

Gard

Nach Les Baux-de-Provence sind es nur ein paar Kilometer. Massen von Touristen besuchen diesen Ort, es herrscht in der Saison ein großes Gedränge. Im Mittelalter war die Burg Les Baux ein bekannter Ort für Troubadoure, Minnesänger und Rittergelage. Dann wurde die Burg geschleift, die Bewohner verließen die Stadt, die Häuser und Burganlagen verfielen. Die herrliche Lage auf einem Felsklotz, der gespenstische Reiz dieses Ortes und die herrliche Aussicht schlagen auch uns in ihren Bann.

Unterhalb des Ortes besichtigen wir die unterirdischen Steinbrüche der Römer, die hier die Steine für ihre Bauwerke in Arles abgebaut haben. In einem Steinbruch genießen wir bei Kerzenlicht den Wein der Provence, in der anderen unterirdischen Halle wird uns eine Licht- und Tonschau als Cathédrale des Images geboten.

Die beiden gut erhaltenen Bauwerke in St-Remy, das griechische Stadttor und das römische Mausoleum für zwei Enkel des Kaisers Augustus, beeindrucken uns besonders. Von der alten Siedlung sind Mauerreste des römischen Forums, vieler Wohnhäuser, der Thermen und eines Tempels zu sehen. Der Ort war schon in ligurischer Zeit besiedelt, dann kamen die Griechen aus Massalia und brachten den Wohlstand und ihre hohe Kultur. Als Cäsar 49 v. Chr. Massalia besiegte, wurde auch Glanum römisch. In späteren Jahrhunderten wurde die Stadt aufgegeben.

Ein kleiner, fast unbewohnter Höhenzug, la Montagnette, zieht sich nordwestlich von Remy entlang. Unbeschwert wandern wir durch die Wälder und über die Hügel bis zur Abbeye St. Michel de Frigolet.

Die beiden Felsen an der Seite der Rhône in Beaucaire und Tarascon markierten schon in vorgeschichtlicher Zeit einen bedeutenden Handelsweg, die Straße des Herakles und in römischer Zeit die Via Domitia. Im Mittelalter versammelten sich in Beaucaire bis zu 300 000 Händler aller Rassen und Nationen. Menschen und Waren ließen die Stadt überquellen, die Rhône war mit Booten überfüllt.

Das Hôtel de Ville in Beaucaire ist ein repräsentativer Bau aus dem 17. Jahrhundert. Der Cours Gambetta führt zur hochaufragenden, barocken Fassade der Kirche Notre-Dame-des-Pommiers. Schlichte ionische Doppelsäulen und ein schmuckloser Architrav begrenzen die oft ausufernde Formensprache des Barock. An der Ostwand des Querhauses überrascht ein vierzehn Meter langer romanischer Skulpturenfries, der die Geschichte der Passion nach dem Vorbild von St-Gilles erzählt. Der Turm der ehemals mächtigen königlichen Burg gestattet uns einen herrlichen Rundblick über die Landschaft der Provence. Leider sind die großen Parkplätze am Fuße der Burg abgeschrankt.

Die Burg am anderen Rhône-Ufer in Tarascon gehört zu den am besten erhaltenen Burgen Frankreichs. Die wuchtige Anlage mit den mächtigen Türmen und Zinnen stammt aus dem 12. Jahrhundert. Auch hier haben wir von der Dachterrasse eine grandiose Aussicht. Zwischen der Burg und der gotischen Kirche Sainte-Marthe kann man bequem mit dem Wohnmobil parken. Wir erkunden die Altstadt mit ihren engen Gassen zu Fuß. In Tarascon feiert man am letzten Wochenende in Juni das Drachenfest. Ein Ungetüm soll hier Jahr für Jahr Kinder verspeist haben, bis die Heilige Martha, deren Gebeine in der Krypta der Kirche ruhen, es überwand. Zur Erinnerung zieht man einen aus Holz und Pappe gefertigten riesigen Drachen durch den Ort bis zum Grab der Heiligen Martha in der Kirche gegenüber der Burg.

Zwei Wohnmobilstellplätze hat die Gemeinde Comps am La Gardon und am Boule-Platz eingerichtet (**WP-7** und **WP-8**). Wir entscheiden uns für den Platz am Fluss, um Entspannung und eine ruhige Nacht zu finden. In Remoulins liegt der Stellplatz leider an einer Durchgangsstraße (**WP-9**).

Gard

Das gewaltige Projekt einer Wasserleitung von einer Quelle bei Uzès gespeist, 50 km von Nîmes entfernt, über den Gardon wurde 19 v. Chr. unter Kaiser Augustus begonnen. Majestätisch erhebt sich der Aquädukt, als dreigeschossige Brücke von 275 m Länge und 49 m Höhe, über den Fluss. Durch die mit Steinplatten abgedeckte Leitung flossen täglich 20 000 Liter Wasser nach Nîmes. Um den Zweckbau ästhetisch zu gestalten und Monotonie zu verhindern, gestalteten die Baumeister die Arkadenbögen unterschiedlich, veränderten Weite und Höhe. Die unterste Arkadenreihe wurde erst am 18. Jahrhundert für den Bau einer Fahrstraße verbreitert.

Von den höher gelegenen Aussichtspunkten an beiden Ufern des Gardon schauen wir bewundernd auf das Meisterwerk römischer Baukunst. Zwei Parkplätze an beiden Ufern des Flusses sind Stellplätze für die Nacht (**WP-10** und **WP-11**).

Ein kleiner Abstecher in das bezaubernde Städtchen Uzès lohnt sich. Schon von weitem erkennt man die Silhouette mit den vier Türmen. Der bekannteste im mittelalterlichen Stadtbild ist der Tour Fénestrelle, ein freistehender zylindrischer Glockenturm auf quadratischem Sockel. Die Eleganz dieses durch Arkaden gegliederten Bauwerks erinnert an die italienischen Campanile. Durch die engen Gassen der Altstadt bummeln wir zum Herzogspalast mit dem Tour Bermonde und der Fassade aus der Renaissance, genießen den Blick über die Dächer des reizenden alten Städtchens, schlendern zum Rathaus aus dem 18. Jahrhundert und zur Kirche St-Etienne mit einer leicht geschwungenen Fassade.

Pont-du-Gard

Gard

Tour 14: **Im Westen der Provence**

Nr.	Ort, Bezeichnung	Stell-plätze A	Gast-haus	Häu-ser	WC	Bad See B	Orts-nähe	Ent-sorg. C	Park-dauer D	Park-gebühr
WP-1	**Pélissanne, Aire Camping Car****	6	-	+	-	-	5	+	3	0
WP-2	**St-Martin-de-Crau****	3	+	+	+	-	x	+	2	0
WP-3	**Arles, Aire Camping Car***	5	+	+	+	-	x	+	1	0
WP-4	**Fontvieille, Wohnmobilplatz****	10	-	+	+	-	x	+	1	3
WP-5	**Bellegarde, Hafen****	10	+	+	-	-	x	+	2	0
WP-6	**Nimes, Domaine Fontbespierre****	30	+	+	+	-	x	+	U	20
WP-7	**Comps, Le Gardon*****	20	-	-	-	-	x	+	U	0
WP-8	**Comps, Boule-Platz*****	30	-	+	+	-	x	+	U	0
WP-9	**Remoulins, Ortsmitte***	20	+	+	-	-	3	+	U	8
WP-10	**Pont du Gard, Linkes Ufer*****	5	+	+	-	+	x	-	1	8
WP-11	**Pont du Gard, Rechtes Ufer*****	50	+	+	-	+	x	-	1	8

Legende

****	sehr ruhige und sehr schöne Lage.
***	sehr ruhige und schöne Lage.
**	ruhige und gute Lage.
*	keine ruhige Lage.
A	Stellplätze gestaffelt nach 3, 5, 10, 20, 30, 50 Wohnmobilen. Dabei wird angenommen, dass nur die Hälfte des Platzes zur Verfügung steht und die andere Hälfte durch Pkws belegt ist.
B	Fußweg in Minuten, x über 15 Minuten Fußweg.
C	Aufenthaltsdauer in Tagen.
D	Stellplatzgebühr in Euro pro Wohnmobil und 24 Stunden.
P	Stellplatzgebühr in der Saison.
T	Aufenthaltsdauer einige Tage.
U	Aufenthaltsdauer unbegrenzt.

13330 Pélissanne Aire camping car** WP-1

Übernachtungsplatz an der Sportanlage in ruhiger und guter Lage.

Von der Ausfahrt Salon (15) der A54 im Kreisel Richtung Pélissanne fahren (D572). Nach 1,8 km rechts Richtung Aix abbiegen (D572). Nach 1,1 km im Kreisel links Richtung Pélissanne fahren. Nach 300 m links abbiegen. Noch 50 m bis zum Platz (**Chemin de la Prouvenque**).
43° 37' 43" Nord, 5° 09' 13" Ost. 43° 37,71' Nord, 5° 09,22' Ost. 43,62822° Nord, 5,15324° Ost.

Häuser am Parkplatz. Geschäfte in der Nähe.
Ver- und Entsorgung (Bodeneinlass) und Müllbehälter am Platz.
Aufenthaltsdauer 72 Stunden.
Ganzjährig zugänglich.
5 Minuten Fußweg zur Ortsmitte.
Besichtigung von Salon. Fahrt nach Marseilles.
Fahrt nach Arles.
Fahrt zur Camargue und zur Küste.
Schräge Stellflächen für 6 kleine Wohnmobile auf Asphalt.
Keine großen Mobile. Ausweichmöglichkeit am Sportgelände.
Keine Parkgebühr.
Tel. 04 42 42 31 10.

13310 St-Martin-de-Crau Ort** WP-2

Übernachtungsplatz im Ort auf einem großen Parkplatz

Von der Ausfahrt St-Martin (12) der A54 Richtung St-Martin fahren (N1453) und nach 1,7 km zum Platz abbiegen (**Place François Mitterrand/Avenue de Nostradamus**).
43° 38' 19" Nord, 4° 48' 52" Ost. 43° 38,32' Nord, 4° 48,87' Ost. 43,63859° Nord, 4,81454° Ost.

Häuser am Parkplatz. Gaststätten und Geschäfte in der Nähe.
Ver- und Entsorgung am Platz.
WC und Müllbehälter am Platz.
Aufenthaltsdauer 48 Stunden.
Ganzjährig zugänglich.
Besichtigung von Arles: Arena, Theater, Les Alycamps,
Saint-Trophime mit berühmten Skulpturen und Kreuzgang.
Fahrt nach Marseille.
Fahrt zur Camargue.
Stellflächen für 3 Wohnmobile.
Keine Parkgebühr.
Tel. 04 90 47 17 29.

13200 Arles Aire camping car* WP-3

Übernachtungsplatz im Ort an der Rhône

Von der Autobahn und der N568 Richtung Stadtmitte und Avignon fahren und den Wegweisern Rhône und dem Wohnmobil-Symbol bis zum Parkplatz nach dem Kreisverkehr folgen (**Quai du 8 mai 1945**).
43° 40' 53" Nord, 4° 37' 50" Ost. 43° 40,89' Nord, 4° 37,83' Ost. 43,68151° Nord, 4,63047° Ost.

Häuser am Parkplatz.
Gaststätten und Geschäfte in der Nähe.
Ver- und Entsorgung (Bodeneinlass) am Platz.
Stromanschluss möglich.
WC und Müllbehälter am Platz.
Aufenthaltsdauer 24 Stunden.
Ganzjährig zugänglich.
Besichtigung von Arles: Arena, Theater, Les Alycamps,
Saint-Trophime mit berühmten Skulpturen und Kreuzgang.
Fahrt nach Marseille.
Fahrt zur Camargue.
Ebene Stellflächen für 5 Wohnmobile auf Asphalt.
Keine Parkgebühr.
Tel. 04 42 42 31 10.

13990 Fontvieille Wohnmobilplatz** WP-4

Befestigter **Wohnmobilplatz** auf dem Parkplatz an der Moulin de Daudet in schöner Lage.

Von Arles oder Maussane Richtung Fontvieille fahren (D17) und dem Wegweiser Moulin de Daudet folgen. Von der D17 im Ort nach Süden abbiegen (D33). Noch 700 m bis zum Platz an der Mühle (**Allee des Pins**).
43° 43' 11" Nord, 4° 42' 41" Ost. 43° 43,18' Nord, 4° 42,68' Ost. 43,71961° Nord, 4,71140° Ost.

Häuser in der Nähe.
Ver- und Entsorgungsstation und WC (9–17 Uhr) am Parkplatz.
Boule-Platz am Parkplatz.
Für Wohnanhänger verboten.
Ganzjährig zugänglich.
Besichtigung der Abbaye de Montmajour mit romanischen Skulpturen im Kreuzgang.
Besichtigung von Arles: Arena, Theater, Les Alycamps, Saint-Trophime mit berühmten Skulpturen und Kreuzgang.
Besichtigung von Les Beaux.
Ebene und etwas schräge Stellflächen für 10 Wohnmobile.
Parkgebühr: 3 € für 24 Stunden.
Schatten durch einzelne Bäume.
Tel. 04 90 54 67 49.

30127 Bellegarde Hafen** WP-5

Übernachtungsplätze am Hafen in ruhiger und reizvoller Lage.

Von Arles Richtung Nîmes fahren (N113) und vor Bellegarde links Richtung St-Gilles abbiegen (D38). Nach 200 m zum Platz am Hafen abbiegen (**D38**).
43° 44' 40" Nord, 4° 31' 07" Ost. 43° 44,66' Nord, 4° 31,12' Ost. 43,74437 ° Nord, 4,51871° Ost.

Gaststätte und Häuser in der Nähe.
Ver- und Entsorgung am Platz. Frischwasser 2 € für 100 l.
Stromanschluss möglich.
Ganzjährig zugänglich. Aufenthaltsdauer 48 Stunden.
Besichtigung der romanische Kirche St. Gilles mit berühmten Skulpturen.
Besichtigung von Arles: Arena, Theater, Les Alycamps, Saint-Trophime mit berühmten Skulpturen und Kreuzgang.
Fahrt durch die Camargue.
Fahrt nach Nîmes.
Ebene, befestigte Stellflächen für 10 Wohnmobile bis 12 m Länge.
Keine Parkgebühr. Kein Schatten.
Tel. 04 66 59 54 54.

Stellplatz am Gardon in Comps

30000 Nimes Domaine de Fontbespierre** WP-6

Wohnmobilplatz auf mehreren Ebenen an einer Domaine in ruhiger und reizvoller Lage.

Von Nimes Richtung Alés nach Nordwesten fahren (106) und nach 3 km links Richtung Lédignan abbiegen (D907). Nach weiteren 3 km wird rechts die Zufahrt erreicht (**Route d'Anduze, D907**). Noch 500 m.
43° 52' 35" Nord, 4° 16' 36" Ost. 43° 52,58' Nord, 4° 16,60' Ost, 43,87639 ° Nord, 4,27667° Ost.

Gaststätte und Häuser am Parkplatz.
Ver- und Entsorgung am Platz.
Stromanschluss am Platz.
WC, Dusche und Waschmaschine am Platz.
Ganzjährig zugänglich. Aufenthaltsdauer nicht begrenzt.
Besichtigung von Nimes.
Besichtigung der romanische Kirche St. Gilles mit berühmten Skulpturen.
Fahrt durch die Camargue.
Fahrt nach Arles.
Ebene Stellflächen für 30 Wohnmobile.
Parkgebühr: 20 € für 24 Stunden inkl. Ver- und Entsorgung.
Tel. 06 14 95 03 90.

30300 Comps Le Gardon*** WP-7

Wohnmobilplatz mit einzelnen hohen Bäumen am Fluss Gardon in sehr ruhiger und schöner Lage.

Bei Anfahrt aus dem Süden am Ortsrand rechts dem Wohnmobil-Symbol nachfahren. Durch den Ort 1 km zum Platz links fahren (**Rue St Nikolas**, teilweise schmale Durchfahrt).
43° 51' 13" Nord, 4° 36' 28" Ost. 43° 51,22' Nord, 4° 36,47' Ost. 43,85319° Nord, 4,60739° Ost

Teilweise Blick auf den Gardon.
Ver- und Entsorgung und Stromversorgung am Boule-Platz.
4 € für 55 Minuten Strom und 10 Minuten Wasser.
Aufenthaltsdauer nicht begrenzt.
Ganzjährig geöffnet.
Wanderungen und Radfahren am Gardon.
Kanufahrten auf dem Gardon.
Ausflug zum Pont du Gard.
Keine Parkgebühr.
Schatten durch hohe Bäume.
Ebene, befestigte Grasflächen für 30 Wohnmobile.
Keine sehr großen Mobile wegen schmaler Ortsdurchfahrt.
Tel. 04 66 74 50 99.

30300 Comps Boule-Platz*** WP-8

Wohnmobilplatz in sehr ruhiger und schöner Lage.

Bei Anfahrt aus dem Süden am Ortsrand rechts dem Wohnmobil-Symbol nachfahren. Durch den Ort 1 km kurz vor der Brücke zum Platz rechts abbiegen (teilweise schmale Ortsdurchfahrt).
43° 51' 11" Nord, 4° 36' 26" Ost. 43° 51,19' Nord, 4° 36,44' Ost. 43,85317° Nord, 4,60733° Ost.

Ver- und Entsorgung am Platz.
Stromversorgung am Platz.
4 € für 55 min Strom und 10 min Wasser.
Aufenthaltsdauer nicht begrenzt.
Ganzjährig geöffnet.
Wanderungen und Radfahren am Gardon.
Kanufahrten auf dem Gardon.
Ausflug zum Pont du Gard.
Fahrt nach Arles.
Keine Parkgebühr.
Kein Schatten.
Ebene, geschotterte Stellflächen für 20 Wohnmobile.
Keine sehr großen Mobile wegen schmaler Ortsdurchfahrt.
Tel. 04 66 74 50 99.

30210 Remoulins Ortsmitte* WP-9

Wohnmobilplatz im Ort in guter Lage.

Von Nimes Richtung Remoulins und im Ort Richtung Bagnols fahren (N86). 200 m nach der Brücke über den Gard rechts zur Einfahrt abbiegen (**N86**).
43° 56' 17" Nord, 4° 33' 30" Ost. 43° 56,27' Nord, 4° 33,51' Ost 43,93789° Nord, 4,55851° Ost.

Häuser am Platz. Gaststätten und Geschäfte in der Nähe.
Geräusche durch Straßenverkehr.
Ver- und Entsorgung auf der anderen Brückenseite. Gebühr 5 €.
Müllbehälter am Platz.
Ganzjährig zugänglich. Aufenthaltsdauer unbegrenzt.
3 Minuten Fußweg zur Ortsmitte.
Befestigte, ebene Stellflächen für 20 Wohnmobile.
Keine Parkgebühr.
Besichtigung Pont du Gard (2 km).
Besuch der Abbey de St. Roman.
Fahrt nach Arles und Nimes.
04 66 37 14 50.

30210 Pont du Gard Gardon linkes Ufer*** WP-10

Übernachtungsplatz unter hohen Bäumen in sehr ruhiger Lage und landschaftlich reizvoller Umgebung.

Von der Ausfahrt Remoulins der Autobahn A9 Richtung Pont du Gard fahren und nach 2 km – 300 m nach dem Ortsanfang Remoulins – rechts Richtung Rive gauche abbiegen (N86). Nach weiteren 1,7 km und nach 2,2 km links dem Wegweiser Pont du Gard folgen (D19). Noch 700 m bis zum Parkplatz rechts.
43° 57' 09" Nord, 4° 32' 13" Ost. 43° 57,15' Nord, 4° 32,22' Ost. 43,95251° Nord, 4,53710° Ost.

Gaststätte am Parkplatz. Häuser in der Nähe.
Bademöglichkeit und Kiesstrand in der Nähe.
Besichtigung und Spaziergang über die Brücke Pont du Gard.
Wanderungen und Radtouren am Ufer des Gardon.
Besichtigung der Burgen von Tarascon und Beaucaire.
Fahrt nach Nîmes.
Fahrt nach Arles.
Ausflug in die Camargue.
Ebene und leicht schräge Stellflächen für 5 Wohnmobile.
Parkgebühr: 8 €.
Schatten durch hohe Bäume.
Ausweichparkplatz am anderen Ufer des Gard.

30210 Pont du Gard Gardon rechtes Ufer*** WP-11

Asphaltierter **Übernachtungsplatz** in sehr ruhiger Lage und landschaftlich reizvoller Umgebung.

Von der Ausfahrt Remoulins der Autobahn A9 Richtung Pont du Gard/Remoulins (N100) fahren und nach 2,6 km im Kreisel geradeaus dem Wegweiser Pont du Gard rive droit folgen. Nach der Brücke nach weiteren 1,6 km rechts Richtung Pont du Gard abbiegen (D981). Noch 2 km bis zum Platz rechts.
43° 56' 51" Nord, 4° 32' 48" Ost. 43° 56,85' Nord, 4° 32,80' Ost. 43,94750° Nord, 4,54667° Ost.

Gaststätte und Häuser am Plarkplatz.
Souvenirläden und Kiosk am Parkplatz.
Bademöglichkeit Kiesstrand und Liegewiese in der Nähe.
Kanuverleih am Parkplatz.
Besichtigung und Spaziergang über die Brücke Pont du Gard.
Wanderungen und Radtouren am Ufer des Gard.
Besichtigung der Burgen von Tarascon und Beaucaire.
Fahrt nach Nîmes.
Fahrt nach Arles.
Ebene Stellflächen für 50 Wohnmobile.
Parkgebühr: 8 €.
Kaum Schatten.
Ausweichparkplatz am anderen Ufer des Gard.

Römer, Päpste und ein Fluss aus dem Trichter

Im Norden der Provence

Tour 15

Parkplätze für Wohnmobil und Caravan wurden an der Raststätte Tavel-Sud der Autobahn A9 weit entfernt von den Fahrbahnen und deren Verkehrsgeräuschen eingerichtet. Die Zufahrt ist für Lkw verboten, so dass niemand im nächtlichen Schlaf durch an- und abfahrende Lkws gestört werden kann. Auch eine Ver- und Entsorgungsstation wurde installiert. Für eine Übernachtung im Wohnmobil können deshalb solche Raststätten genutzt werden. Wegen der möglichen Kriminalität übernachten wir dort nicht.

Aus der sumpfigen Ebene des Rhônedeltas ragen immer wieder felsige Erhebungen hervor, Kernpunkte einer frühen Besiedlung. So entstanden Arles, Orange, Beaucaire, Tarascon, aber auch die Schwesterstädte Avignon und Villeneuve. Im Mittelalter war das Kloster der Benediktiner auf dem Puy Andaon in Villeneuve mit drei Kirchen die größte Niederlassung des Mönchordens in Südfrankreich. Seit dieser Zeit verband auch die vielbesungene Brücke von Avignon, die Pont Bénézet, die beiden Ufer. Die Stadt Villeneuve zu Füßen des Klosterberges wurde gegründet, um durch ein Kastell die Brücke zu sichern. Das markanteste Bauwerk ist das Fort St-André auf dem Puy Andaon, flankiert von den beiden beeindruckenden Tours jumellèes, die den Zugang zu Fort und Kloster versperren. In einem eleganten Schwung passt sich die Mauer der Geländeform an. Die kümmerlichen Reste des Klosters lassen keine Vorstellung von der Größe der Anlage mehr zu.

Sehenswert ist die einschiffige gotische Saalkirche Notre-Dame. Zur Ausstattung im Inneren gehören der Abtstuhl, der Hauptaltar, eine Madonna aus Elfenbein und die Madonna mit den zwei Gesichtern. Die Päpste in Avignon gründeten die Kartause Val de Bénédiction, ein Luxuskloster, das rasch zur größten Kartause Frankreichs wuchs. Durch das prächtige Barockportal gelangen wir über die Allee der Maulbeerbäume zum Chor und genießen einen eindrucksvollen Blick durch das offene Gewölbe zum Fort St-André. Wir besichtigen das besterhaltene Grabmal eines Papstes, des Stifters Innozenz VI., den kleinen Kreuzgang im Norden der Kirche, den anschließenden Großen Kreuzgang, die Privatkapelle Innozenz VI., den Empfangs- und Bankettsaal und den dritten Kreuzgang St-Jean. 1792 verließen die Mönche die Kartause und das Bauwerk verfiel zur Ruine.

Das Musée de l'Hôspital beherbergt ein Bild des Malers Charton, das Weltgeltung erlangte, die Marienkrönung. Die symmetrische Komposition, das Gesicht Mariens, allem Irdischen entrückt, die Verbundenheit und Gleichheit zwischen Gottvater und Sohn, der Heilige Geist als dreieinige Gottheit, die Verankerung des Kreuzes in der Mitte der Achse vom Heiligen Geist und der Maria mit dem Leib Christi, die Verdammten in der Hölle und die Erlösung der Seligen durch die Engel, diese grandiose Schau auf einem zwei mal zwei Meter großen Gemälde wird für uns zu einem unvergesslichen Erlebnis.

Unten am Flussufer sehen wir den Turm Philipps des Schönen, den Rest einer Verteidigungsanlage am Ende der Brücke von Avignon. Über eine Wendeltreppe steigen wir auf das aufgesetzte kleine Türmchen aus dem 17. Jahrhundert und genießen oben die Sicht auf die Stadt der Päpste, auf Avignon. Neben dem Parkplatz am Tour steht unser Wohnmobil auf einem Wiesengelände vor einer Felswand. Am liebsten würden wir hier die Nacht verbringen, aber dieser Parkplatz ist nicht für Wohnmobile ausgewiesen.

Nach den mit äußerster Grausamkeit geführten Kriegen gegen die Karthager und Albigenser, als Kreuzzug getarnt, nach der Ausrottung dieser Glaubensgemeinschaften, zogen die Päpste von Rom nach Avignon, um den gefährlichen Parteikämpfen in der Ewigen Stadt zu entgehen. Sieben Päpste regierten im 14. Jahrhundert 70 Jahre ihre katholischen Untertanen vom Papstpalast in

Avignon. Der französische König nahm in dieser Zeit großen Einfluss auf die Wahl eines neuen Papstes und machte das Oberhaupt der Katholiken zu seinem Vasallen.

Auch wir können uns der Besichtigung des Papstpalastes nicht entziehen, doch die Eindrücke des einstündigen Rundgangs durch kahle Säle, leere Gemächer und riesige Außenanlagen befriedigen uns wenig. Das Leben ist aus diesem Koloss aus Stein gewichen. Auch die Kathedrale Notre-Dame-des-Domes aus dem 12. Jahrhundert mit dem vergoldeten Engel auf dem Turm, das weithin sichtbare Wahrzeichen Avignons, ist im Inneren schmucklos und leer. Nichts hat sich vom prunkvollen Lebensstil, den die Päpste durch Ablassverkäufe finanzierten, erhalten. Der Dichter Petrarca nannte Avignon damals die Kloake der Welt, weil in dieser Stadt alle Laster der Menschheit anzutreffen waren.

Der Rundgang durch die Stadt vermittelt uns ein ganz anderes Bild von der Stadt der Päpste. Dies ist keine museale Stadt, sondern ein quicklebendiger Ort. Das Wahrzeichen von Avignon, die alte halbzerstörte Brücke Saint-Bénézet mit der kleinen Kapelle wird zum Treffpunkt aller Touristen. Auch wir können uns dem Zauber dieser Brücke nicht entziehen. Der junge Hirte Bénézet soll nach der Legende von einem Engel den Auftrag erhalten haben, an diesem Ort eine Brücke über die Rhône zu schlagen. Als ihm niemand glaubte, hob er einen riesigen Felsbrocken und setzte ihn als ersten Stein ans Ufer. Nun halfen alle, überwältigt von dem Wunder. Wir fragen uns, warum baute der Hirte die Brücke nicht alleine? Der Engel hatte ihn wohl wieder verlassen.

An den Raststätten Morières und Sorgue der nahen Autobahn A7 kann man gut übernachten und sich nach einer Besichtigung von Avignon erholen. Die extra für Wohnmobil und Caravan eingerichteten Parkplätze liegen ruhig und getrennt von den Lkw-Parkplätzen. Raststätte, Tankstelle, Geschäfte, die sanitären Anlagen und die Ver- und Entsorgungsstation sind den Wohnmobilisten sehr willkommen. Wegen der Sicherheit bleiben wir nicht auf den Raststätten.

15 km nördlich von Avignon kaufen wir im Weinort Châteauneuf-du-Pape ein paar Flaschen des weltberühmten Rotweins, allerdings müssen wir tief in die Taschen greifen. Von der ehemaligen Sommerresidenz der Päpste sind nur noch Turmruinen übrig geblieben, aber der Parkplatz an der Schlossruine ist unser Platz für die Nacht (**NP-1**). Weit schweift der Blick übers Land bis nach Avignon. Der dunkelrote Châteauneufe-du-Pape versetzt uns in beschwingte Laune, wir lassen die Seele baumeln und hängen unseren Gedanken nach.

In Orange fahren wir durch den Triumphbogen, ein römisches Stadttor, Symbol des römischen Machtanspruchs in Südfrankreich, das Tor zur Provence. Hier in Orange spüren wir die Geschichte des größten Weltreichs der Antike, werden an unsere Fahrt durch die Provence erinnert, durch eine der schönsten Kulturlandschaften Europas, ein Kreuzweg der Völker. Nur der breite, behäbige Fluss, unser ständiger Begleiter, die Rhône, hat uns hier in Orange verlassen.

Der Triumpfbogen sollte den unterworfenen Galliern nach dem Sieg Cäsars 49 v. Chr. die Macht und Überlegenheit Roms demonstrieren. Die Themen der Reliefs sind die Kämpfe zwischen Galliern und Römern, gefesselte Gefangene und der Triumpf der Sieger, Anschauungsunterricht in Stein für die gallische Bevölkerung. Wenn am Abend die Lichter aufleuchten, erlebt man das Verschmelzen der Vergangenheit mit der Gegenwart.

Genauso beeindruckt sind wir von dem römischen Theater, das besterhaltene Theater aus dem römischen Weltreich. Die Bühnenwand vor dem Halbrund der Sitzreihen ist zu einer grandiosen Kulisse emporgezogen. Ein Zeltdach konnte als Sonnen- und Regendach über die Bühne gezogen werden, die Befestigungselemente für das Zeltdach sind noch in der Außenwand zu erkennen. Die Kaiserstatue in der Mitte der Bühnenwand und viele Details vermitteln uns den Eindruck einer großartigen römischen Theatervorstellung.

In Bollène kann man auf privaten Parkplätzen übernachten (**NP-2**). Schnell ist man wieder auf der Autobahn, um nach Hause oder in den Urlaub am Mittelmeer zu fahren.

Vaucluse Nord

Die 1000 Meter lange alte Brücke über die Rhône in Pont-St-Esprit, im 13. Jahrhundert errichtet, ist für uns das Tor zur Provence. Die Brücke gab der Stadt den Namen. Von dem Bauwerk bewundern wir die Silhouette des Ortes mit den Kirchen Saint-Pierre und Saint-Saturnin.

Der Parkplatz an der Raststätte Montélimar-Sud ist für die Übernachtung geeignet. Die weit von den Fahrbahnen entfernt angelegten Übernachtungsplätze für Wohnmobile und Caravan sind für Lkw gesperrt und durch Grünstreifen, Büsche und Bäume von dem übrigen Verkehrsteilnehmern abgetrennt. Eine Ver- und Entsorgungsstation ist vorhanden. Aber wir haben schlechte Erfahrungen mit Dieben an Raststätten gemacht und fahren deshalb lieber nach Vaison-la-Romaine. In dieser sehenswerten Stadt kann man auf dem großen, ruhig und schön gelegenen Platz am Ortsrand übernachten (**NP-3**).

In Vaison atmen wir wieder einmal den Geist der Antike. Die Ausgrabungen zeigen den Wohlstand und die reiche Kultur der römischen Einwohner, den Luxus der öffentlichen Anlagen und die Villen der Reichen. Vaison ist aber auch ein Beispiel für das langsame Sterben der antiken Kultur durch das Christentum. Römische Säulen, Trommeln und Kapitelle, vieles wurde zum Bau der christlichen Kathedrale Notre-Dame-de-Nazareth aus den antiken Tempeln abgebrochen. Die Doppelsäule eines Tempels mit korinthischem Kapitell ragt durch das christliche Fundament. Wir erkennen, dass die Wurzeln unserer westlichen Kultur in der Antike liegen, und wir unsere Zivilisation den großartigen Leistungen der Griechen und Römer zu verdanken haben.

Im Kreuzgang sehen wir ein weiteres Symbol des Übergangs von der Antike zum Christentum. Auf einem Marmorsarkophag sind die zwölf Apostel mit der Toga bekleidet und begrüßen Christus als Kaiser der Römer. Die Kapelle des heiligen Quenin, Bischof im 6. Jahrhundert in Vaison, war urspünglich ein kleiner römischer Tempel, dessen Säulen noch erhalten sind. Im Museum werden die vielen Ausstellungsstücke aus der Antike, die bei den Ausgrabungen zutage getreten sind, gezeigt. Einigermaßen erhalten ist auch das römische Theater, auch wenn es mit dem Theater in Orange nicht konkurrieren kann.

Wohnmobilplätze findet man in Sablet an der Domaine de Parandou (**NP-4**), in Malaucène einige Kilometer südlich von Vaison (**NP-5**) oder in Bédoin auf dem Aire de la Penede (**NP-6**).

Unser Weg führt uns nun in den Osten zum höchsten Berg der Provence, dem Mont Ventoux, auf die Hochfläche Vaucluse, zu den Gebirgszügen des Luberon, in das Tal der Durance und wieder zur Küste nach Marseille. Auf dem Weg von Orange zu der Ausgrabungsstätte der römischen Stadt Vaison-la-Romaine machen wir einen kleinen Abstecher zum Schloss von Suze-la-Rousse, heute Sitz einer Wein-Universität. Interessiert folgen wir den Ausführungen über die provincialischen Weine und trinken etliche Proben.

Der Mont Ventoux, der heilige Berg der Kelten und Römer, ist mit 1909 m der höchste Berg der Provence. Sein mächtiges Antlitz zeigt der Gebirgsstock nach allen Seiten, kein Wunder, dass schon die Ureinwohner auf seinem gewaltigen kahlen Rücken die Götter der Winde und Geister ansiedelten. Im Sommer reicht der Blick von der kahlen weißen Geröllkuppe bei guter Fernsicht bis zum Meer und weit über die französische Mittelmeerküste und bis zu den Alpen, eines der schönsten Panoramen Europas. Zu dieser Jahreszeit eilen Autofahrer und Sportradler zum Gipfel.

Auf den Parkplätzen am Gipfel kann man das Wohnmobil zum Parken abstellen, aber im Frühjahr kann es dort noch empfindlich kalt oder sogar schneebedeckt sein, denn die Temperatur ist immer 10° C kälter als unten im Tal. Im Winter ist der Mont Ventoux ein beliebtes Skigebiet.

In Sault haben wir dem Mont Ventoux den Rücken gekehrt und befinden uns auf der Hochebene Plateau de Vaucluse. In dieser Höhe von 1000 Metern findet der blaue, duftende Lavendel ideale Bedingungen, so dass im Sommer leuchtend blaue Lavendelfelder zu bestaunen sind. Die touristische Lavendelstraße führt von West nach Ost. Im Zentrum des Lavendelanbaus kaufen wir nicht nur Lavendelprodukte, sondern auch Gebirgskräuter, den beliebten Ziegenkäse vom Plateau de Vaucluse und schmackhafte, mit vielen Kräutern versetzte Pasteten. Von der Terrasse der Kirche aus dem 12. Jahrhundert haben wir einen phantastischen Rundblick zum Mont Ventoux und zum Plateau de Vaucluse.

Unsere Fahrt geht nach Westen, zu einer anderen landschaftlichen Attraktion, zum George de la Nesque, einer tiefen Schlucht. Von der Aussichtsstraße haben wir immer wieder schöne Blicke in das tief eingeschnittene Tal des Nesque. Wanderwege zweigen von den vielen Picknick-Plätzen an der Straße ab und führen zu schönen Aussichtspunkten.

In der kleinen Stadt Venasque, ehemaliger Bischofssitz, sind die Burg auf dem Berg und die romanische Kirche, eines der ältesten christlichen Denkmäler in Frankreich, sehenswert. Das Baptisterium an der Nordseite der Kirche, ein schlichter harmonischer Rundbau, strahlt tiefen Ernst aus und verbindet das Christentum durch den Einbau römischer Säulen mit der antiken Kultur. In den verlassenen Häusern haben sich Künstler eingerichtet, die dem Ort heute eine besondere Note geben.

Der Markt in Carpentras ist eine große bunte, duftende Ausstellung aller Waren. Besonders gut schmeckt uns der Ziegenkäse aus dieser Region. Leider gibt es zu dieser Jahreszeit keine Trüffel, die im Vaucluse in größerer Menge von den Suchschweinen „geerntet“ werden. Sehenswert ist in dieser Stadt die jüdische Synagoge, die älteste und eine der schönsten in Frankreich. Die Juden hatten in der Provence schon seit der Zeit der Päpste Sonderrechte, sie übten das Geldgewerbe mit den vielen Ausländern aus, weil den Christen der Wucher mit Zinsen verboten war. Carpentras war damals Verwaltungszentrum und Bischofssitz. Die Kathedrale zeigt eine von Ratten angeknabberte Weltkugel, ein Symbol für die größte Geißel der Menschheit im Mittelalter, die Pest. In der Ortsmitte besteht die Möglichkeit, das Mobil abzustellen und zu übernachten (**NP-7**).

In Pernes-les-Fountains bummeln wir durch die Gassen der Altstadt und besichtigen die romanische Kirche, das Rathaus und die mittelalterlichen Bauten.

Weiter im Süden erreichen wir Fontaine-de-Vaucluse, ein bei den Franzosen äußerst beliebtes Ausflugsziel in unbeschreiblich schöner Lage, bekannt durch die ergiebigste Quelle Europas, die aus einem Felstrichter 200 000 Liter Wasser pro Sekunde sprudeln lässt. Das Regenwasser des Plateaus de Vaucluse rinnt durch das poröse Gestein, sammelt sich in unterirdischen Wasserrinnen, um dann von allen Seiten dem Quelltopf, der Mündung der Wasserströme, zuzufließen. Als wir die Quelle besuchen, gleicht sie einem stillen, smaragdgrünen Teich. Nach starken Regenfällen und nach der Schneeschmelze sprudelt und rauscht es ständig aus den Felsen. Auf dem Weg zur Quelle besichtigen wir das Höhlenmuseum mit einer sehr schönen Tropfsteinsammlung und die Papiermühle, die heute noch Büttenpapier auf altertümliche Art produziert und allerlei verzierte und bedruckte hochwertige Papiere zum Verkauf anbietet. Von oben grüßt uns ständig die Burgruine, zu erreichen auf einem halbstündigen Spaziergang. Am Ufer der Sorgue, so heißt der Fluss aus dem Trichter, können wir uns den besten Übernachtungsplatz aussuchen (**NP-8** und **NP-9**).

Vaucluse Nord

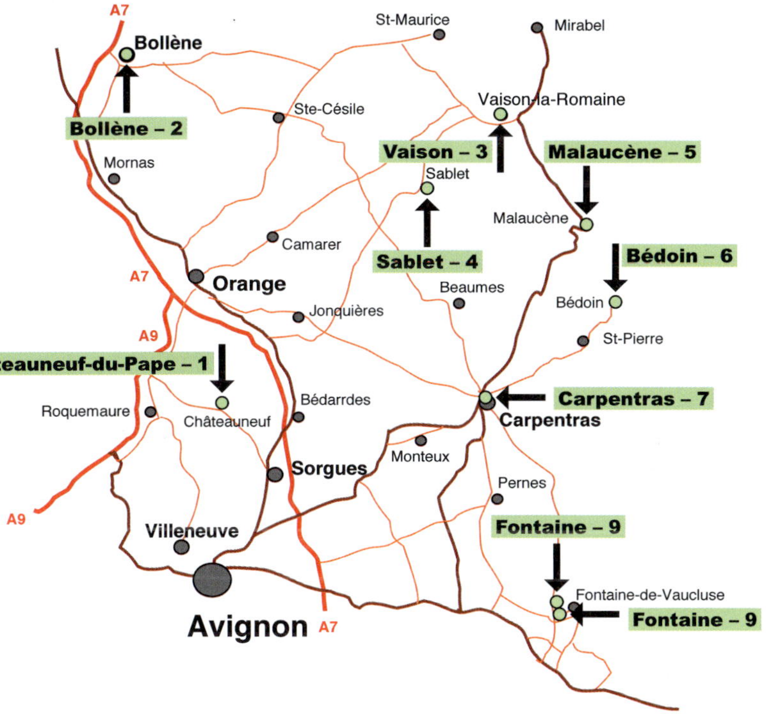

Tour 15: **Im Norden der Provence**

Nr.	Ort, Bezeichnung	Stell-plätze	Gast-haus	Häu-ser	WC	Bad See	Orts-nähe	Ent-sorg.	Park-dauer	Park-gebühr
		A				B		C	D	
NP-1	**Châteauneuf-du-Pape. Château*** **	20	+	+	-	-	5	-	1	0
NP-2	**Bollène, Centre Leclerc***	20	+	+	-	-	x	-	1	0
NP-3	**Vaison, Le Colombier*** **	20	-	-	-	-	x	+	1	8
NP-4	**Sablet, Domaine de Parandou****	5	-	-	-	-	x	+	U	2
NP-5	**Malaucène, Charles de Gaulle****	10	-	+	-	-	5	+	U	0
NP-6	**Bédoin, Aire de la Penede****	40	-	-	-	-	10	+	U	3
NP-7	**Carpentras, Ortsmitte***	4	-	+	+	-	5	+	1	0
NP-8	**Fontaine, Sorgue-Ufer Nord****	50	-	+	-	-	12	+	1	4
NP-9	**Fontaine, Sorgue-Ufer Süd*** **	10	+	+	+	-	12	+	T	4

Legende

****	sehr ruhige und sehr schöne Lage.
***	sehr ruhige und schöne Lage.
**	ruhige und gute Lage.
*	keine ruhige Lage.
A	Stellplätze gestaffelt nach 3, 5, 10, 20, 30, 50 Wohnmobilen. Dabei wird angenommen, dass nur die Hälfte des Platzes zur Verfügung steht und die andere Hälfte durch Pkws belegt ist.
B	Fußweg in Minuten, x über 15 Minuten Fußweg.
C	Aufenthaltsdauer in Tagen.
D	Stellplatzgebühr in Euro pro Wohnmobil und 24 Stunden.
P	Stellplatzgebühr in der Saison.
T	Aufenthaltsdauer einige Tage.
U	Aufenthaltsdauer unbegrenzt.

84230 Châteauneuf-du-Pape Château des Papes*** NP-1

Übernachtungsplätze auf einem Hügel an der Schlossruine der Päpste in sehr ruhiger und schöner Lage.

Von der Ausfahrt Orange der A9 Richtung Centre ville fahren und nach 1,1 km rechts Richtung Roquemaure abbiegen (D976). Nach 7 km links Richtung Châteauneuf abbiegen und in Châteauneuf nach weiteren 5,9 km zweimal links abbiegen (D68). Dem Wegweiser Château nach 600 m folgen. Noch 500 m bis zum Platz auf dem Hügel (**Avenue des Olivier**).
44° 03' 29" Nord, 4° 49' 43" Ost. 44° 03,49' Nord 4° 49,72' Ost. 44,05820° Nord, 4,82866° Ost.

Gaststätten und Geschäfte in der Nähe. Häuser am Parkplatz.
Blick über die Weinberge.
Für breite Mobile nicht geeignet. Schmale Toreinfahrt.
5 Minuten Fußweg zur Ortsmitte.
Weinprobe und Weinkauf des berühmten Châteauneuf-du-Pape.
Besichtigung von Orange: Triumphbogen, Römisches Theater.
Besichtigung von Avignon: Papstpalast, Stadtmauer, Kathedrale Notre-Dame-des-Domes.
Ebene und leicht schräge Stellflächen für 20 Wohnmobile.
Keine Parkgebühr. Wenig Schatten.
Tel. 04 90 83 57 57.

84500 Bollène Centre Leclerc* NP-2

Privater **Parkplatz** am Centre Leclerc de Bollène.

Von der Nationalstraße N7 den Wegweisern Centre Leclerc folgen. An der BP-Tankstelle, Route de St-Paul 3 Chateau wird der Parkplatz erreicht (**Avenue Jean Moulin**).
43° 19' 20" Nord, 4° 44' 35" Ost. 43° 19,33' Nord, 4° 44,58' Ost. 43,32210° Nord, 4,74300° Ost.

Gaststätten, Geschäfte, Häuser am Parkplatz.
Ver- und Entsorgung und WC am Platz. Wasser 2 €.
Aufenthaltsdauer nicht begrenzt. Ganzjährig zugänglich.
Besichtigung von Bollène: Altstadt, Chateau, Kirche St-Paul.
Besichtigung von Orange: Triumphbogen, Römisches Theater, Altstadt.
Besichtigung von Avignon: Papstpalast, Stadtmauer, Kathedrale Notre-Dame-des-Domes.
Fahrt zum Pont du Gard. Fahrt nach Nîmes.
Fahrt nach Vaison-la-Romaine.
Fahrt auf der Weinstraße der Provence.
Stellmöglichkeiten für 20 Wohnmobile. Keine Parkgebühr.
Tel. 04 90 51 36 00.

84110 Vaison-la-Romaine Le Colombier*** NP-3

Wohnmobilplatz am Ortsrand in sehr ruhiger und schöner Lage.

Von der D 975 in östlicher Richtung dem Mobil-Symbol folgen. Im Kreisverkehr links und nächste Straße wieder links fahren. Nach 100 m wird der Platz links erreicht (**Av. André-Coudray/Av. Chanione Sautel**).
44° 14' 47" Nord, 5° 04' 26" Ost. 44° 14.79' Nord, 5° 04.44' Ost. 44,24641° Nord, 5,07413° Ost.

Blick auf Weinanbaugebiete.
Weingut Domaine Pierres Vieilles am Platz.
Kostenlose Ver- und Entsorgung am Platz.
Müllcontainer am Platz.
Kaum Schatten.
Aufenthaltsdauer 24 Stunden. Ganzjährig zugänglich.
Parkplatz Fouilles Romain für Wohnmobile verboten.
Besichtigung der römischen Ausgrabungsstätte und der Kirche Notre-Dame-de-Nazareth.
Besichtigung von Orange: Triumphbogen, Römisches Theater.
Fahrt zum Mont Ventoux.
Geschotterte, gerade Stellflächen für 20 Wohnmobile.
Parkgebühr 8 €. Kassierer abends.
Tel. 04 90 36 50 00.

84110 **Sablet** Domaine de Parandou** NP-4

Wohnmobilplatz an der Domaine in ruhiger und schöner Lage.

Von der D977 in westlicher Richtung über den Kreisverkehr hinweg fahren (Nicht nach Sablet hinein!). Nach 100 m wird die Domaine de Parandou rechts erreicht (D977).
44° 11' 38" Nord, 4° 59' 40" Ost. 44° 11.63' Nord, 4° 59.66' Ost. 44,19487° Nord, 4,99433° Ost.

Ver- und Entsorgung am Eingang des Platzes. Gebühr 3 €, einschließlich Strom.
Müllcontainer am Platz.
Ganzjährig zugänglich. Aufenthaltsdauer unbegrenzt.
Wein einkaufen in der Domaine de Parandou.
Besichtigung von Bollène: Altstadt, Chateau, Kirche St-Paul.
Besichtigung von Orange: Triumphbogen, Römisches Theater, Altstadt.
Besichtigung der römischen Ausgrabungsstätte Vaison und der Kirche Notre-Dame-de-Nazareth.
Geschotterte, ebene Stellflächen mit Wiesenbewuchs für 5 Wohnmobile.
Parkgebühr: 1,50 € für 24 Stunden.
Tel. 04 90 46 90 19.

84340 **Malaucène** Avenue Charles de Gaulle** NP-5

Wohnmobilplatz am Ortsrand in ruhiger und schöner Lage.

Von der D 938 in östlicher Richtung 500 m nach dem Ortseingangsschild im Kreisverkehr rechts Richtung Centre Ville abbiegen. An der Post rechts und bis zum Ende des Parkplatzes durchfahren (**La Palivettes**).
44° 10' 39" Nord, 5° 07' 49" Ost. 44° 10.65' Nord, 5° 07.81' Ost. 44,17753° Nord, 5,12987° Ost.

Häuser und Geschäfte im Ort. 5 Gehminuten.
Kostenlose Ver- und Entsorgung und Müllcontainer am Platz.
Ganzjährig zugänglich.
Aufenthaltsdauer unbegrenzt.
Einfacher Fußballplatz am Stellplatz.
Besichtigung der römischen Ausgrabungsstätte und der Kirche Notre-Dame-de-Nazareth in Vaison-la-Romaine.
Besichtigung von Orange: Triumphbogen, Römisches Theater.
Fahrt zum Mont Ventoux.
Asphaltierte, ebene und leicht schräge Stellflächen für 10 Mobile.
Kaum Schatten.
Keine Parkgebühr.
Tel. 04 90 65 20 17.

84410 **Bédoin** Municipal aire de la Penede** NP-6

Übernachtungsplatz am Ortsrand in ruhiger und schöner Lage.

Von der D938 (Carpentras-Malaucene) 1 km südlich von Malaucene Richtung Bédoin abbiegen (D19) und in der Ortsmitte rechts abbiegen (**Chemin des Sablières**). Noch 400 m bis zum Platz.
44° 07' 27" Nord, 5° 10' 24" Ost. 44° 07,45' Nord, 5° 10,40' Ost. 44,12419° Nord, 5,17341° Ost.

Häuser am Platz. Tennisclub in der Nähe.
Ver- und Entsorgung am Platz. Wasser 2 € für 10 Minuten.
Müllbehälter am Platz.
Ganzjährig zugänglich.
Aufenthaltsdauer unbegrenzt.
10 Gehminuten zur Ortsmitte.
Besichtigung der römischen Ausgrabungsstätte und der Kirche Notre-Dame-de-Nazareth in Vaison-la-Romaine.
Besichtigung von Orange: Triumphbogen, Römisches Theater.
Fahrt zum Mont Ventoux.
Ebene Stellflächen für 40 Mobile.
Parkgebühr: 3 € für 24 Stunden. Kassierer. Kein Schatten.
Tel. 04 90 62 22 59.

84200 Carpentras Ortsmitte* NP-7

Übernachtungsplätze auf einem Parkplatz in der Ortsmitte.

Von der D942 in östlicher Richtung im Kreisverkehr dem Wohnmobilsymbol folgen. Nach 900 m auf den Boulevard de Graville fahren. Nach 250 m links und nach 400 m Richtung Centre Ville D 82 abbiegen. Nach 600 m wird der Platz links erreicht (**Boulevard de la Pyramide**).
44° 03' 22" Nord, 5° 02' 34" Ost. 44° 03.36' Nord, 5° 02.56' Ost. 44,05597° Nord, 5,04235° Ost.

Häuser und Geschäfte in der Nähe.
Kostenlose Ver- und Entsorgung am Platz.
Müllcontainer und WC am Platz.
Ganzjährig zugänglich. Aufenthaltsdauer 24 Stunden.
Besichtigung von Carpentras: Kathedrale St-Siffrein, Synagoge, Spital, Inguimbertinische Bibliothek, Archäologisches Museum.
Besichtigung der römischen Ausgrabungsstätte und der Kirche Notre-Dame-de-Nazareth in Vaison-la-Romaine.
Besichtigung von Orange: Triumphbogen, Röm. Theater, Altstadt.
Fahrt zum Mont Ventoux.
Asphaltierte, ebene Stellflächen für 4 Wohnmobile. Kein Schatten.
Keine Parkgebühr.
Tel. 04 90 63 00 78.

84800 Fontaine-de-Vaucluse Rechtes Sorgue-Ufer** NP-8

Befestigter **Wohnmobilplatz** am Sorgue-Ufer in ruhiger und schöner Lage.

Von der N100 Richtung Fontaine fahren (D24) und über den Fluss fahren. Nach 400 m rechts Richtung Fontaine fahren. Noch 1,2 km bis zum Platz rechts (**Avenue Robert Garcin**).
43° 55' 10" Nord, 5° 07' 02" Ost. 43° 55,17' Nord, 5° 07,04' Ost. 43,91938° Nord, 5,11729° Ost.

Teilweise Blick auf den Fluss.
Ver- und Entsorgung, WC, Müllbehälter und Bänke am Platz.
Ganzjährig zugänglich. Aufenthaltsdauer einige Tage.
12 Minuten Fußweg zur Ortsmitte.
Besichtigung der Sorgue-Quelle.
Besuch der Papierfabrik mit Verkaufsständen.
Wanderungen und Radtouren am Sorgue-Ufer.
Besichtigung von Carpentras: Kathedrale St-Siffrein, Synagoge, Spital, Inguimbertinische Bibliothek, Archäol. Museum.
Fahrt nach Gordes, zum Kloster Senanque und zu den Bories.
Ebene, befestigte Stellflächen für 50 Wohnmobile.
Parkplatz auch für Busse und Pkw.
Schatten durch einzelne Bäume. Parkgebühr 3,50 € für 24 Stunden.
Tel. 04 90 20 31 79.

84800 Fontaine-de-Vaucluse Linkes Sorgue-Ufer*** NP-9

Asphaltierter **Parkplatz** am Sorgue-Ufer in sehr ruhiger und schöner Lage.

Von der N100 Richtung Fontain fahren (D24) und über den Fluss fahren. Nach 400 m rechts Richtung Fontain fahren. Nach 1,8 km im Ort über die Brücke fahren. Noch 200 m bis zum Platz rechts. Bei Anfahrt auf der linken Uferseite wird der Platz 600 m nach dem Ortsanfang links erreicht.

Häuser am Parkplatz.
Gaststätten, Geschäfte, Kunst- und Souvenirläden in der Nähe.
Wasserversorgung am Parkplatz.
Kanuverleih in der Nähe. Besichtigung der Sorgue-Quelle.
Besuch der Papierfabrik mit Verkaufsständen.
Wanderungen und Radtouren am Sorgue-Ufer.
Besichtigung von Carpentras: Kathedrale St-Siffrein, Synagoge, Spital, Inguimbertinische Bibliothek, Archäologisches Museum.
Fahrt nach Gordes, zum Kloster Senanque und zu den Bories.
Ebene und leicht schräge Stellflächen für 10 Mobile.
Parkgebühr 3,50 € für 24 Stunden. Kein Schatten.
Tel. 04 90 20 31 79.

Wildwasserfahrt auf der Sorgue

An der Sorgue bei Fontaine

Die Quelle der Sorgue

Die Sorgue 500 m nach der Quelle

Beim Marquis de Sade

Im Osten der Provence

Tour 16

Wir fahren nun nach Osten. Vor Salon besichtigen wir eine sehr alte Sehenswürdigkeit, die Grottes de Calès. Vom kleinen Parkplatz im Ort Lamanon führt ein Weg zu den Grotten. In das weiche Kalkgestein gruben die Ureinwohner Wohnhöhlen, die von den Ligurern und Kelten zu einer Höhlensiedlung mit Treppen, Terrassen, Gängen und Straßen ausgebaut wurden. Die Anlage besticht durch die großzügige und harmonische Bauweise.

Unser nächstes Ziel auf der Route touristique ist Village des Bories, runde Steinhütten aus dem 17. Jahrhundert, ähnlich den Trullis in Apulien. Die Siedlung wurde Anfang des Jahrhunderts aufgegeben, zerfiel, wurde überwuchert, ab 1969 freigelegt und teilweise als Freilichtmuseum restauriert. Die flachen Steine sind bis zu der Spitze mörtellos übereinander geschichtet und mit Kragsteinen abgeschlossen. Das Dorf besteht aus fünf Gruppen Bauern- und Handwerkerhäusern. In einigen Steinhütten ist noch der alte Hausrat der früheren Bewohner zu sehen.

Die Zufahrtsstraße ist auf dem ersten Teilstück sehr schmal und für Wohnmobile gesperrt. Mit dem Fahrrad oder zu Fuß erreicht man das Freilichtmuseum in 10 bzw. 30 Minuten. Auf dem Parkplatz südlich von Gordes, zwei Kilometer von den Bories entfernt, kann man sein rollendes Zuhause für die Nacht abstellen (**OP-1**).

Die Route touristique leitet uns bergauf zu einem anderen attraktiven Ort, nach Gordes, einem der bekanntesten Dörfer Frankreichs, auf einem Felsen am Rande des Plateaus de Vaucluse gelegen. Die schönsten Motive sind auf vielen Postkarten zu sehen, trotzdem strapazieren wir unsere Kamera, es gibt so viel im Bild festzuhalten. Der schönste Blick auf Gordes bietet sich bei der Anfahrt von der D2. Wir haben Glück, eine Parkbucht ist frei. Die alten Häuser schmiegen sich an die Felsen und werden von dem Schloss mit mächtigen Rundtürmen überragt.

Auf dem großen Parkplatz unterhalb des Dorfes ist eine Ver- und Entsorgungsstation und viel Platz für die Übernachtung (**OP-2**). Wir stellen unser Wohnmobil auf dem oberen Platz in der Nähe des Schlosses ab (**OP-3**). Dort ist noch mehr Platz für alle Größen von Mobilen. Abends bummeln wir durch die Gassen, lassen uns in einem Restaurant verwöhnen, sind zufrieden, klönen mit den Wohnmobil-Nachbarn und schlafen ruhig.

Nur wenige Kilometer nördlich liegt einsam am Ende eines unbesiedelten Tales, von Wäldern umschlossen, ein sehr beliebtes Postkartenmotiv der Provence, das graue Sisterzienserkloster Sénanque und seine leuchtend blauen Lavendelfelder. Die Mönche bauten im 12. Jahrhundert das Kloster schlicht und streng, wie es ihren Ordensregeln entsprach. Ornamente, Schmuck und Skulpturen fehlen, trotzdem oder gerade deshalb bildet das Kloster mit der rauhen Landschaft eine harmonische Einheit. Im 18. Jahrhundert wurde das Kloster aufgelöst. Die Bauten sind charakteristisch für die strenge romanische Bauweise und religiöse Symbolik der Zisterzienser-Mönche. Wir können alle Räume besichtigen. In dem großen Vorraum ist das Angebot an Büchern und Bildbänden besonders groß. Unser Wissen über die Klöster der Zisterzienser vervollständigen wir durch die umfangreiche Ausstellung mit viel Bildmaterial im ersten Stock.

Über Gordes fahren wir weiter zum anderen Bilderbuchdorf, hoch auf einem Felsen, nach Roussillon. Vom Plateau nahe der Kirche schweift der Blick weit über die Landschaft. Auch in diesem Ort bestimmen Künstler, Kneipen und Touristen das Bild. Vor allem aber sind es die berühmten zackigen Ockerfelsen, die die Touristen in Massen anlocken, die „Chaussee der Giganten“ und das „Tal der Feen“.

Im Tageslicht wechseln die farbenprächtigen Felsen ihre Ansicht von knallgelb bis zu einem tiefen Rot. Die Ursache für das Farbenspiel ist ein Gemisch aus Eisenoxid, Ton, Sand und Siliziumoxid. Der Grund für die Zerrissenheit der Felsen ist die Erosion, die mit dem weichen Gestein leichtes Spiel hat. Wir wandern mitten durch die bizarren Felsgebilde, immer wieder sehen wir andere Gesteinsformationen und Felsansichten, die uns zu unzähligen Fotos verleiten. Der Abbau des Ockers wird nur noch in geringem Umfang durchgeführt, verdrängt durch die synthetische Farbherstellung. Noch vor einigen Jahrzehnten waren hier über 1000 Menschen beschäftigt. In den Souvenir-Geschäften wird Ockerpulver als Andenken an die Besichtigung angeboten. Der Parkplatz im Ort ist oft durch Pkw und kleine Mobile belegt (**OP-4**), der andere Stellplatz für Mobile liegt an einer Straße 1,5 km von den Ockerfelsen entfernt (**OP-5**).

Westlich von Apt überqueren wir eine alte Römerbrücke, den Pont Julien, der seinen Namen Julius Cäsar verdankt, und den Coulon in drei eleganten Bögen, die auf zwei Pfeilern und drei Stützflächen ruhen, überspannt. Wir bewundern die Ingenieurskunst der Römer, nach zwei Jahrtausenden ist die Brücke immer noch für jeden Verkehr tauglich. Fast 70 Meter lang war die Brücke ein Teil der antiken Straße von Marseille über die Alpen. Sicherlich ist Pont Julien eine der schönsten und besterhaltenen Brücken aus der Antike.

Das Gebiet um Lacoste, dem Wohnsitz des Marquis de Sade, war schon in prähistorischer Zeit bewohnt. In den Zeiten der Religionskriege erlitt die Bevölkerung, die sich dem reformierten Glauben anschloss, hohe Verluste. Das Schloss des Marquis de Sade wurde in der Revolution endgültig zerstört. Als umstrittener Autor ging der Marquis in die Geschichte ein. Er schrieb im 18. Jahrhundert Romane und philosophische Abhandlungen über Exzesse und Orgien, die sich in diesem Schloss abgespielt haben sollen.

In Apt, der alten Römerstadt Apta Julia, bunkern wir auf dem bunten Wochenmarkt in der Altstadt, einem der größten Märkte der Provence, Vorräte für die Weiterfahrt. Neben Lebensmitteln, kandierten Früchten und Bekleidung kann man auch handwerkliche und künstlerische Erzeugnisse, antike Gegenstände und Trödel erwerben. Die Kathedrale von Apt stammt schon aus vorromanischer, merowingischer Zeit. Der Ornamentstil der Platten an der Decke der Krypta hat nach der übermächtigen römischen Kultur einen neuen einfachen, aber kraftvollen Ausdruck entwickelt. Die Reliquien der Marienmutter, der Heiligen Anna, werden in einer Seitenkapelle aufbewahrt. Vollendet wurde die Kirche mit dem Uhrturm erst im 16. Jahrhundert.

Wir lenken unser Wohnmobil nun nach Süden über den Gebirgszug Montagne de Luberon. Bonnieux heißt das nächste malerische Dorf, wieder hoch auf einem Felsen gelegen, umgeben von mittelalterlichen Wällen. Die Kirche aus dem 15. Jahrhundert enthält eine Altarwand aus vergoldetem Holz, eine Darstellung des Abendmals und der Verklärung. Von der Terrasse hat man einen herrlichen Blick über das Tal von Apt und die südlichen Hänge des Luberon.

Die besondere Attraktion aber ist der Zedernwald auf dem Kamm des Gebirges. Eine schmale Straße mit prächtigen Ausblicken auf das Tal von Apt führt auf den Kamm und zu einem Parkplatz in einsamer, reizvoller Umgebung. Stundenlang kann man von hier aus durch den Wald mächtiger Zedern wandern. Die Zedern wurden im letzten Jahrhundert aus dem Libanon eingeführt und haben sich im Luberon zu einem umfangreichen Waldgebiet entwickelt.

Die Schlucht von Lourmarin, durch die unsere Straße führt, teilt das Gebirge in den kleinen und den großen Luberon. Der Fluss schneidet sich tief in die Kalkfelsen ein, dann öffnet sich die Schlucht und das Tal der Durance bestimmt das Landschaftsbild. Das bekannteste Dorf des Luberon, von Touristen viel besucht, ist Lourmarin am Südhang. Das Schloss hat eine bewegte Vergangenheit hinter sich. In den Religionskriegen wechselte es mehrmals den Besitzer. Es wurde 1920 restauriert. Wir schlendern durch die liebevoll angelegten engen Gassen des Dorfes, erstehen einige handwerkliche Gegenstände und besichtigen den Wachtturm aus dem 15. Jahrhundert und die ehrwürdige Kirche Saint-André-et-Trophime aus dem 12. Jahrhundert. Auf dem Friedhof des Dorfes ruht der Schriftsteller Albert Camus, Nobelpreisträger von 1957, der hier wohnte und 1960 tödlich verunglückte.

Das Schloss d'Ansouis wurde im 10. Jahrhundert als Festung erbaut, zeigt heute aber die Gebäude des 17. Jahrhunderts. Beachtenswert sind die schöne Fassade mit der großartigen Tür und der von einer doppelten Schmuckspirale umrahmte Balkon mit drei Balustraden. Die mit einem Gewölbe überdachte Ehrentreppe führt in den Wachsaal mit einer Ausstellung alter Waffen. Sehenswert sind auch die flämischen Wandteppiche und die provencalische Küche mit dem gewaltigen Kamin. Von dem französischen Garten auf der Terrasse hat man einen zauberhaften Blick über den südlichen Luberon.

Das phantastische Renaissanceschloss in La Tour d'Aigues wurde im 16. Jahrhundert auf den Fundamenten eines älteren Gebäudes errichtet. Von dem stolzen Schloss ist wenig übriggeblieben. Beeindruckend ist aber immer noch der Turm der Sabran und das gewaltige Eingangstor aus dem Jahre 1571, nach antikem Vorbild mit Schmuckgirlanden und Waffen verziert. Heute finden in der Saison Konzerte in den Schlossruinen statt. Nach einem abendlichen Bummel durch die nahe Altstadt mit vielen Geschäften genießen wir die beleuchtete, phantastische Kulisse der Schlossruine und den Rundblick über den Luberon.

So verlassen und einsam wie Sénanque lag einst das kleine Zisterzienser-Kloster Silvacane am Fuße des Luberon. Schmucklosigkeit war auch hier absolutes Gebot, eine revolutionäre Planung in einer Zeit des Prunks und der phantasievollen Ausstattung der Kirchen und Klöster. Klarheit, Schlichtheit, Stille, Askese und Reinheit waren die Gebote des Ordens. Sieben Stunden des Tagesablaufs beschäftigten sich die Mönche mit Beten und Gottesdiensten, sieben Stunden schliefen sie in ihren Kutten gemeinsam im unbeheizten Dormitorium, die restlichen Stunden wurden mit harter Arbeit verbracht. Die fast übermenschlichen Anforderungen ließen das Durchschnittsalter der Mönche auf 28 Jahre sinken. Wir schaudern bei dem Gedanken, an diesem Ort unser Leben verbringen zu müssen. Die ersten primitiven Gebäude wurden im 11. Jahrhundert erbaut, aber schon Mitte des 13. Jahrhunderts fiel das Kloster Bränden und Plünderungen zum Opfer. Der Staat erwarb 1848 das Kloster, unterhielt und restaurierte es. Die Abteikirche ist in der Form eines lateinischen Kreuzes gebaut und durch Strenge und Harmonie gekennzeichnet. Es gibt keine Fenster in den Seitenmauern, Licht tritt nur durch Öffnungen im Giebel ein. Skulpturenschmuck ist nur in Form von großen Blättern zu finden. Die Abtei Silvacane ist die einfachste und strengste Form eines Zisterzienserklosters.

Wir wollen zum Grand Canyon du Verdon und übernachten deshalb auf dem Wohnmobilplatz in St-Paul (**OP-6**). Wir können hier unser Mobil von allem Ballast befreien, mit frischen Wasser versorgen und alles Notwendige für die Weiterfahrt einkaufen. Falls die Tour nach Norden in die Alpenregion fortgesetzt werden soll, hat man auf dem Aire de Camping Car in St-Michel L' Observatoire (**OP-7**), im Ort Dauphin (**OP-8**), am Ortsrand von Villeneuve (**OP-9**), im Zentrum von Gréoux les Bains (**OP-10**) oder in der Ortsmitte von Sisteron (**OP-11**) die Möglichkeit zur Übernachtung. Die größte Stellfläche für 50 Wohnmobile befindet sich in Gréoux. Einrichtungen für die Ver- und Entsorgung des Mobils sind überall vorhanden.

Flamingos in der Provence

Reit-Ausflug in der Provence

Vaucluse Ost

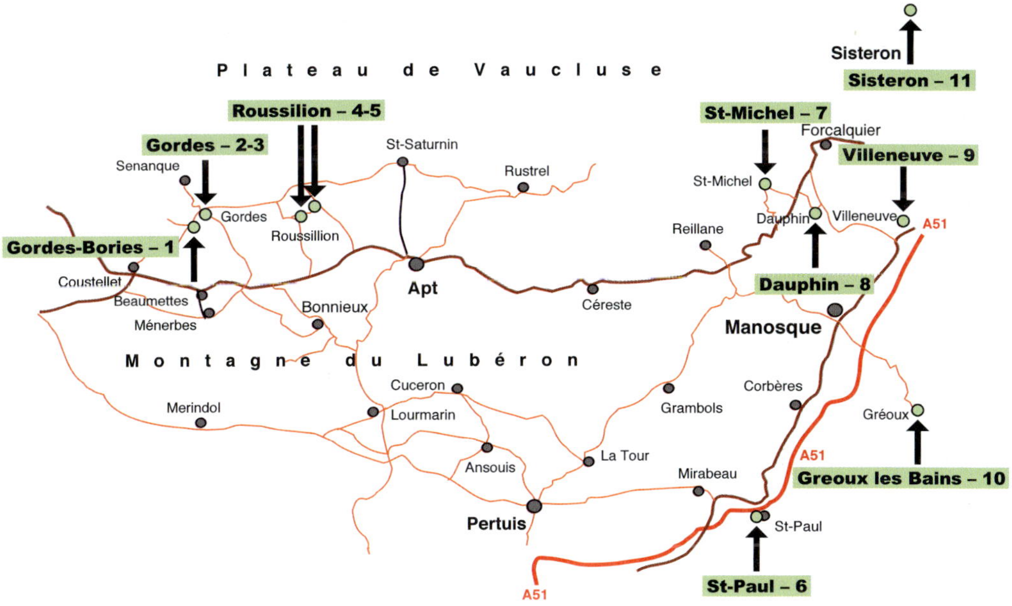

Tour 16: **Im Osten der Provence**

Nr.	Ort, Bezeichnung	Stell-plätze A	Gast-haus	Häu-ser	WC	Bad See B	Orts-nähe	Ent-sorg. C	Park-dauer D	Park-gebühr
OP-1	**Gordes-Bories, Museumsdorf****	50	-	-	-	-	x	-	1	0
OP-2	**Gordes, Place René Caniu****	30	-	+	-	-	10	+	1	8
OP-3	**Gordes, Zentrum*****	50	+	+	-	-	5	-	1	8
OP-4	**Roussilion, Ortsparkplatz****	5	-	+	-	-	5	-	1	2
OP-5	**Roussilion, Aire de Sage***	5	-	-	-	-	x	-	1	0
OP-6	**St-Paul, Wohnmobilplatz****	5	+	+	-	-	x	+	1	0
OP-7	**St-Michel, Aire Camping Car****	10	[illegible]	+	+	-	10	+	1	0
OP-8	**Dauphin, Ortsparkplatz****	3	-	+	-	-	8	+	1	0
OP-9	**Villeneuve, Ortsrand*****	6	-	+	-	-	x	+	2	0
OP-10	**Greoux les Bains, Zentrum****	50	+	+	-	-	6	+	U	7
OP-11	**Sisteron, Ortsmitte***	10	-	+	+	-	5	+	U	0

Legende

****	sehr ruhige und sehr schöne Lage.
***	sehr ruhige und schöne Lage.
**	ruhige und gute Lage.
*	keine ruhige Lage.
A	Stellplätze gestaffelt nach 3, 5, 10, 20, 30, 50 Wohnmobilen. Dabei wird angenommen, dass nur die Hälfte des Platzes zur Verfügung steht und die andere Hälfte durch Pkws belegt ist.
B	Fußweg in Minuten, x über 15 Minuten Fußweg.
C	Aufenthaltsdauer in Tagen.
D	Stellplatzgebühr in Euro pro Wohnmobil und 24 Stunden.
P	Stellplatzgebühr in der Saison.
T	Aufenthaltsdauer einige Tage.
U	Aufenthaltsdauer unbegrenzt.

84220 Gordes-Villages des Bories Zufahrt Museumsdorf** OP-1

Wohnmobilplatz an der Zufahrt zum Museumsdorf in ruhiger und schöner Lage.

Von der N100 (Cavaillon-Apt) 9 km östlich von Cavaillon Richtung Gordes abbiegen. Nach 3,2 km links Richtung Gordes fahren (D2). Nach weiteren 3,5 km links dem Wegweiser Villages des Bories folgen.
43° 54' 02" Nord, 5° 11' 33" Ost. 43° 54,04' Nord, 5° 11,55' Ost. 43,90095° Nord, 5,19254° Ost.

Einsame Lage. Straße in der Nähe.
Besuch des Museumdorfes Villages des Bories. 2 km Entfernung. Eintritt Erw. 6 €.
Zufahrt nur für Pkw.
Ganzjährig zugänglich. Aufenthaltsdauer 24 Stunden.
Wanderungen im Plateau de Vaucluse.
Besichtigung von Gordes.
Besuch des Klosters Senanque.
Besuch des Lavendelmuseums in Coustellet.
Besichtigung der größten Quelle Europas in Fontain-de-Vaucluse.
Ebene und leicht schräge, geschotterte Stellflächen für 50 Mobile.
Keine Parkgebühr. Schatten durch einzelne Bäume.
Tel. 04 90 72 02 75.

84220 Gordes Place René Caniu** OP-2

Für Wohnmobile zugelassener, asphaltierter **Übernachtungsplatz** unterhalb Gordes in sehr ruhiger Lage.

Von der N100 (Cavaillon-Apt) 9 km östlich von Cavaillon Richtung Gordes abbiegen. Nach 3,2 km links Richtung Gordes fahren (D2). Nach weiteren 4,1 km rechts Richtung Gordes abbiegen (D15). Nach 800 m zur Zufahrt links abbiegen. 200 m bis zum Mobilplatz durchfahren.
43° 54' 44" Nord, 5° 11' 47" Ost. 43° 54,73' Nord, 5° 11,79' Ost. 43,91217° Nord, 5,19650° Ost.

Häuser am Parkplatz. Parkplatz auch für Busse und Pkw.
Ver- und Entsorgung am Platz. Wasser 2 €.
Besichtigung von Gordes. 10 Minuten Fußweg zum Ortszentrum.
Wanderungen im Plateau de Vaucluse.
Besuch des Museumsdorfes Villages des Bories.
Besuch des Klosters Senanque.
Besuch des Lavendelmuseums in Coustellet.
Besichtigung der größten Quelle Europas in Fontain-de-Vaucluse.
Asphaltierte, leicht schräge und schräge Stellflächen für 30 Mobile.
Parkgebühr: 8 € für 24 Stunden einschl. Entsorgung.
Kein Schatten.

84220 Gordes Zentrum*** OP-3

Wohnmobilplatz im Ort in sehr ruhiger und schöner Lage.

Von der N100 (Cavaillon-Apt) 9 km östlich von Cavaillon Richtung Gordes abbiegen. Nach 3,2 km links Richtung Gordes fahren (D2). Nach weiteren 4,1 km rechts Richtung Gordes abbiegen (D15). Nach 1,4 km am Hauptplatz links abbiegen. Nach 300 m links dem P-Schild folgen. Noch 100 m (**Route de Murs**).
43° 55' 03" Nord, 5° 12' 03" Ost. 43° 55,05' Nord, 5° 12,05' Ost. 43,91750° Nord, 5,20083° Ost.

Panoramablick über die Landschaft. Häuser am Parkplatz.
Ver- und Entsorgung Place René Caniu. Bänke am Platz.
Ganzjährig zugänglich.
Besichtigung von Gordes. 5 Minuten Fußweg zum Zentrum.
Wanderungen im Plateau de Vaucluse.
Besuch des Museumsdorfes Villages des Bories.
Besuch des Klosters Senanque.
Besuch des Lavendelmuseums in Coustellet.
Ebene, geschotterte Stellflächen für 50 Wohnmobile.
Parkplatz auch für Pkw.
Parkgebühr: 8 € für 24 Stunden.
Schatten durch einzelne Bäume.
Tel. 04 90 72 02 75.

84220 **Roussillon** Ortsparkplatz** OP-4

Übernachtungsplätze auf einem Ortsparkplatz in ruhiger Lage und landschaftlich reizvoller Umgebung.

Bei Anfahrt von Gordes von der D102 Richtung Roussillon abbiegen (D169, teilweise schmale Straße). Am Ortsanfang wird der Platz rechts erreicht.
43° 54' 09" Nord, 5° 17' 23" Ost. 43° 54,15' Nord, 5° 17,38' Ost. 43,90254° Nord, 5,28963° Ost.

Ganzjährig zugänglich.
Besichtigung der Ockerfelsen. 10 Minuten Fußweg.
5 Minuten Fußweg zur Ortsmitte.
Besuch des Klosters Senanque.
Besichtigung von Gordes.
Besuch des Museumsdorfes Villages des Bories.
Besuch des Lavendelmuseums in Coustellet.
Ebene, geschotterte Stellflächen für 5 Wohnmobile.
Keine großen Mobile. Parkplatz auch für Pkw.
Parkgebühr: 2 € für 24 Stunden.
Wenig Schatten.
Tel. 04 90 05 60 16.

84220 **Roussillon** Aire de Sage* OP-5

Übernachtungsplätze auf einem Parkplatz außerhalb des Ortes.

Bei Anfahrt von Gordes von der D102 Richtung Roussillon abbiegen (D169, teilweise schmale Straße). 200 m nach dem Ortsanfang links fahren. Rechts abbiegen für Wohnmobile verboten. 1,4 km nach dem Ortsende wird der Platz links erreicht.
43° 54' 41" Nord, 5 ° 17' 59" Ost. 43° 54,68' Nord, 5° 17,98' Ost. 43,91126° Nord, 5,29966° Ost.

Ganzjährig zugänglich.
Besichtigung der Ockerfelsen.
Besuch des Klosters Senanque.
Besichtigung von Gordes.
Besuch des Museumsdorfes Villages des Bories.
Besuch des Lavendelmuseums in Coustellet.
Besichtigung der größten Quelle Europas in Fontain-de-Vaucluse.
Fahrt nach Cavaillon.
Ebene Stellflächen für 5 Wohnmobile.
Keine Parkgebühr.
Kein Schatten.
Tel. 04 90 05 60 16.

Die Bories bei Gordes

St-Paul-lès-Durance Wohnmobilplatz** OP-6

Übernachtungsplatz im Ort.

Von Pertuis Richtung Mirabeau über die Brücke Pont Mirabeau fahren und Richtung St-Paul/Vinon abbiegen (D952). 200 m nach dem westlichen Ortsanfang St-Paul links dem Wohnmobil-Symbol über die Brücke bis zum Wohnmobilplatz folgen (**Allée des Platanes**).

Gaststätte in der Nähe.
Häuser am Parkplatz.
Ver- und Entsorgung am Parkplatz.
Ganzjährig zugänglich.
Wanderungen und Radtouren im Luberon.
Fahrt auf der Route de Chateaux du Sud-Luberon.
Fahrt nach Silvacane, Ansouis und Lourmarin.
Fahrt zum Grand Canyon du Verdon.
Fahrten nach Manosque und Sisteron.
Ebene und leicht schräge Stellflächen für 5 Wohnmobile.
Keine Parkgebühr.
Tel. 04 42 57 40 56.

04870 St-Michel l'Observatoire Aire de Camping-Car** OP-7

Stellplatz am Ortrand in sehr ruhiger und schöner Lage.

Von der D 305 in nordöstlicher Richtung wird der Stellplatz 600 m hinter St. Michel links erreicht (**Route de l'Observatoire, quartier du Stade**).
43° 54' 58" Nord, 5° 43' 00" Ost. 43° 54.96' Nord, 5° 43.01' Ost. 43,91613° Nord, 5,71680° Ost

Gaststätten und Geschäfte im Ort. 10 Gehminuten.
Ver- und Entsorgung am Platz, hinter Schranken.
Jeton 2 € im Geschäft oder beim Bürgermeisteramt im Ort.
Müllcontainer und Sanitäranlage mit WC am Platz.
Informationstafel vorhanden.
Aufenthaltsdauer 24 Stunden. Ganzjährig zugänglich.
Fahrten nach Manosque und Sisteron.
Ebene und leicht schräge, geschotterte und mit Wiese bewachsene Stellflächen für 10 Mobile.
Teilweise Schatten durch Bäume.
Keine Parkgebühr.
Tel. 04 92 76 60 04.

Gordes

04300 **Dauphin** Ortsparkplatz** OP-8

Übernachtungsplatz am Ortrand in sehr ruhiger und schöner Lage.

Von der D13 (Mane-Volx) Richtung Dauphin abbiegen und durch den Ort fahren (D16). Am Straßenende nach rechts abbiegen (D15) und nach 300 m wieder rechts abbiegen (D316/Boulevard du Nord). Noch 1 km bis zum Platz (**Route de la Recontre**).
43° 54' 00" Nord, 5° 47' 02" Ost. 43° 54,01' Nord, 5° 47,04' Ost. 43,90018° Nord, 5,78408° Ost

Gaststätten und Geschäfte im Ort. 8 Gehminuten.
Ver- und Entsorgung am Platz.
Stromanschluss möglich.
WC vorhanden.
Müllcontainer und Sanitäranlage mit WC am Platz.
Aufenthaltsdauer 24 Stunden.
Ganzjährig zugänglich.
Fahrten nach Manosque.
Ausflug nach Sisteron.
Stellflächen für 3 Mobile.
Teilweise Schatten durch Bäume.
Keine Parkgebühr.
Tel. 04 92 79 58 18.

04180 **Villeneuve** Ortsrand*** OP-9

Wohnmobilplatz am Ortsrand hinter dem Friedhof in sehr ruhiger und schöner Lage.

Von der D 96 in östlicher Richtung dem Wohnmobilschild folgend links abbiegen und aufwärts nach Villeneuve fahren. Durch den Ort durch und kurz abwärts. Am Friedhof scharf rechts abbiegen. Noch 200 m bis zum Stellplatz (**Le Clos d'Aubert**).
43° 53' 46" Nord, 5° 51' 41" Ost. 43° 53.76' Nord, 5° 51.69' Ost. 43,89613° Nord, 5,86161° Ost.

Häuser am Stellplatz.
Geschäfte in der Nähe. Restaurant im Ort.
Kostenlose Ver- und Entsorgung am Platz.
Müllcontainer am Platz.
Informationstafel vorhanden.
Von März bis November zugänglich. Aufenthaltsdauer 48 Stunden.
Wandern und Radwandern in der Umgebung.
Fahrten nach Manosque und Sisteron.
Geschotterte, ebene Stellflächen für 6 Wohnmobile.
Keine Parkgebühr.
Etwas steile Zufahrt.
Tel. 04 92 78 42 31.

Kloster Senanque

04800 Gréoux les Bains Zentrum** OP-10

Übernachtungsplatz im Ort in ruhiger und schöner Lage.

Bei Anfahrt aus dem Westen im Ort von der D952/Avenue des Alpes) rechts abbiegen (**Chemin de la Barque**). Noch 200 m bis zum Platz.
43° 45' 20" Nord, 5° 53' 19" Ost 43° 45,34' Nord, 5° 53,32' Ost. 43,75562° Nord, 5,88862° Ost.

Schranke vor dem Platz.
Häuser, Gaststätte und Lebensmittelgeschäft am Stellplatz.
Ver- und Entsorgung am Platz.
Stromversorgung möglich.
Müllcontainer am Platz.
Ganzjährig zugänglich. Aufenthaltsdauer nicht begrenzt.
6 Minuten zur Ortsmitte.
Wandern und Radwandern in der Umgebung.
Fahrten nach Manosque.
Ausflug nach Sisteron.
Asphaltierte, ebene Stellflächen für 50 Mobile bis 8 m Länge.
Etwas Schatten durch hohe Bäume.
Parkgebühr: 7 € für 24 Stunden inkl. Ver- und Entsorgung.
Informationen. Tel. 04 92 78 01 08.

Sisteron Ortsmitte* OP-11

Übernachtungsplatz im Ort in schöner Lage.

Von der N 85 in südöstlicher Richtung dem Schild Centre Ville am Ortseingangsschild folgen. Nach dem Kreisverkehr wird der Platz links erreicht (**Cours Melchior Donnet**).
44° 12' 01" Nord, 5° 56' 38" Ost. 44° 12.02' Nord, 5° 56.63' Ost. 43,20033° Nord, 5,94383° Ost.

Häuser und Geschäfte in der Umgebung.
5 Gehminuten zum Ortskern.
Ver- und Entsorgung am Platz. Flot bleu mit Jeton 2 €.
Strom an der Ver- und Entsorgung.
Müllcontainer und WC am Platz.
Ganzjährig zugänglich. Aufenthaltsdauer nicht begrenzt.
Weite Aussicht.
Besichtigung von Sisteron.
Asphaltiert, gerade und leicht schräge Stellflächen für 10 Wohnmobile.
Keine Parkgebühr.
Informationen: Tel. 04 92 61 00 37.

Schloss in Gordes

Die tiefe Schlucht des Flusses

In den südlichen Voralpen

Tour 17

Der Verdon fließt im Westen in einen großen Stausee. Der einzige Zugang zum Seeufer befindet sich bei dem kleinen Ort Esparron-de-Verdon, der sich in letzter Zeit zu einem touristischen Zentrum entwickelt. Der kleine Parkplatz am Seeufer ist den Seglern und den Gästen der Ausflugsschiffe vorbehalten. Schon an der Zufahrt zum See verbietet ein Wohnmobil-Verbotsschild die Einfahrt. Den fjordähnlichen See erleben wir auf einer mehrstündigen Fahrt mit dem Ausflugsschiff.

Auf dem ruhigen und schön gelegenen Stellplatz in Gréoux haben wir übernachtet (**VA-1**). Wir fahren durch den Ort Allemagne, „Deutschland“, und besichtigen das Schloss „Deutschland“. Der große asphaltierte Parkplatz am Schloss Allemagne verspricht unter Bäumen eine ruhige Übernachtung (**VA-2**).

Auf dem Wege zum Grand Canyon du Verdon kaufen wir in Riez Vorräte für die Weiterreise und Mitbringsel für unsere Freunde. Der Ortsparkplatz und der Stellplatz am Ortsrand haben genügend Parkflächen von der Straße entfernt (**VA-3** und **VA-4**). Geschäfte und Gaststätten laden zum abendlichen Bummel ein.

Bevor wir den Canyon erkunden, kümmern wir uns um einen Übernachtungsplatz, denn für dieses Naturwunder wollen wir möglichst zwei Tage einplanen. Früher war der große Stausee Lac de Ste-Croix am Ausgang des Canyon ein Paradies für Wohnmobile. Nachdem die Zahl der Fahrzeuge enorm gestiegen ist, wurde das Übernachten am Ufer des Sees fast überall verboten. Man kann aber auf den Wohnmobilplatz in Ste-Croix (**VA-5**) oder auf den schönen Aire de Camping-Car in Moustièrs (**VA-6**) oder auf den großen Platz an den Sportanlagen in les Salles-sur-Verdon, der für Wohnmobile reserviert ist und in einer reizvollen Umgebung liegt, ausweichen (**VA-7**). Sanitäre Anlagen und eine Ver- und Entsorgung sind auf dem Platz in Salles zu finden. Bäume spenden Schatten, Geschäfte und Restaurants sind unmittelbar am Stellplatz, der Strand ist in acht Minuten zu Fuß zu erreichen. Man kann auch mit dem Wohnmobil zum Hafen und zum Strand fahren. Einen zweiten Stellplatz findet man in Les Salles am Ortsrand (**VA-8**) in der Nähe des Campingplatzes.

Wir starten zu unseren Rundfahrten. Der Verdon rauscht 20 Kilometer weit zwischen 700 Metern steil aufragenden Felswänden über viele Stromschnellen. Selbst für geübte Wildwasserfahrer ist er viel zu gefährlich. Einen Teil der Schlucht kann man auch zu Fuß erkunden. Dafür muss man genügend Zeit, eine gute Ausrüstung und eine noch bessere Kondition haben. Wir beschränken uns auf die Rundfahrten in großer Höhe, an schwindelerregenden Abgründen vorbei und werfen staunende Blicke von den Parkmöglichkeiten hinab in die Schlucht zu den tobenden Wassermassen. 130 Kilometer fahren wir an den beiden Tagen auf den schmalen, kurvenreichen Straßen am Rand des Canyon entlang, mal am rechten, mal am linken Ufer. Viele Aussichtspunkte an der Route de Crêtes im Norden und an der Corniche Sublime im Süden verhelfen uns nicht nur zu phantastischen Eindrücken, sondern auch zu Minuten der Entspannung nach konzentrierter und angestrengter Fahrt am Steuer unseres großen Fahrzeuges.

Nicht weit vom Lac du Ste-Croix besichtigen wir Moustièrs-Sainte Marie, entstanden aus einer alten Klosteranlage, bekannt wegen der schönen Fayencen aus der Provence. Die Kapelle Notre-Dame-de-Beauvoir steht auf einem Plateau hoch über Moustièrs. Wallfahrer pilgern den steilen, stufigen Weg nach oben an den Kreuzwegstationen mit Fayence-Kunstwerken vorbei. Das Museum im Ort zeigt die Entstehung und Arbeiten der Manufaktoren im Mittelalter. 1925 wurde die alte Tradition wieder aufgenommen, es entstand eine zweite Blüte der Fayence-Herstellung.

Seit dieser Zeit ist der Tourismus die Haupteinnahmequelle. Moustiers hat aber auch ein idyllisches Ortsbild in einer attraktive Landschaft. Dicht drängeln sich die Häuser am Ausgang einer Klamm, wild schießt ein Gebirgsbach durch den Ort, eine Kette überspannt die Schlucht, gestiftet von einem Kreuzritter. Die steilen Felswände stellen eine imposante Kulisse dar.

Gute Stellplätze für Wohnmobile, geeignet für Übernachtung und Erholung, finden wir am Verdon in Castellane (**VA-9**), im Ort Trigance (**VA-10**), in Comps sur Artuby (**VA-11**), in La Bastide (**VA-12**), in Caille (**VA-13**) und in Thorenc (**VA-14**).

Wir lenken unser Fahrzeug am Massiv des Maures vorbei, um die Abtei le Thoronet, das älteste der drei Zisterzienserklöster, schon 1136 gegründet, zu besuchen. Wie Sénanque und Silvacane versteckt sich das Kloster in der Einsamkeit bewaldeter Hänge. Der strenge Bau wirkt gedrungen und herb, angepasst der Ordensauffassung nach einfachem, schlichtem und hartem Leben: Arbeiten und Beten. Die Ordensregeln werden unterstrichen durch die völlige Schmucklosigkeit der dreischiffigen Klosterkirche, eine Ursache auch für die hervorragende Akustik im Kirchenraum.

An das Kirchengebäude schließen sich der Kreuzgang und die Klostergebäude an. An der Nordseite des Kreuzganges befindet sich ein sechseckiges Brunnenhaus mit einem modernen Becken. Im frühgotischen Kapitelsaal sind die einzigen Skulpturen an den Säulen zu sehen, Pinienzapfen und Palmenzweige. Die Steinbänke an den Wänden vermitteln einen Eindruck von der kargen Ausstattung der Räume für die Betbrüder. Der Parkplatz am Kloster ist schattig und liegt in einer reizvollen Umgebung. Leider weist kein Schild auf den Aufenthalt im Wohnmobil hin.

Ein Abstecher nach Osten führt in die Stadt der „Drachenkämpfe“, Draguignan, deren Name auf einen legendären Anfang zurückgeht. In der malerischen Altstadt sind der Uhrturm aus dem 17. Jahrhundert, die spätgotische Wallfahrtskirche Notre-Dame-du-Peuple aus dem 16. Jahrhundert und die Bibliothek im Stadtmuseum mit wertvollen, mittelalterlichen Büchern einen Stopp wert.

Bevor man die Autobahn erreicht, kann man in Draguignan (**VA-15**) oder in La Motte (**VA-16**) übernachten, um am anderen Tag die Heimfahrt anzutreten.

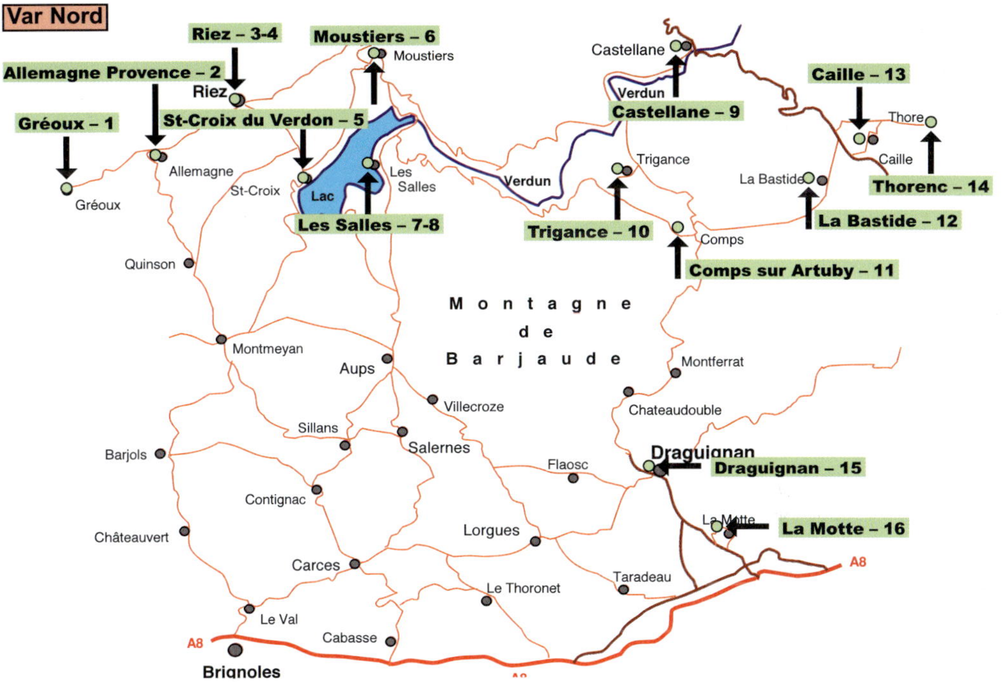

Tour 17: **In den Voralpen**

Nr.	Ort, Bezeichnung	Stell-plätze A	Gast-haus	Häu-ser	WC	Bad See	Orts-nähe B	Ent-sorg. C	Park-dauer D	Park-gebühr
VA-1	**Gréoux, Aire Camping-Cars********	75	-	-	+	-	5	+	30	6
VA-2	**Allemagne Provence, Château****	10	+	+	-	-	x	-	1	0
VA-3	**Riez, Ortsparkplatz****	10	+	+	-	-	5	-	1	0
VA-4	**Riez, Ortsrand****	100	+	+	+	-	x	+	1	0
VA-5	**St-Croix du Verdon, Ort******	15	-	+	+	-	x	+	1	6
VA-6	**Moustiers, Aire Camping-Car********	20	-	-	-	-	10	+	2	6
VA-7	**Les Salles, Mobilplatz******	20	+	+	+	-	x	+	1	8
VA-8	**Les Salles, Ortsrand****	20	+	+	-	-	x	-	1	P
VA-9	**Castellane, Bord du Verdon******	20	-	+	-	-	5	+	2	8
VA-10	**Trigance, St-Roch****	3	+	+	-	-	5	+	2	5
VA-11	**Comps sur Artuby, La Grange******	20	+	+	+	-	x	+	1	0
VA-12	**La Bastide, Bas du village****	4	+	+	-	-	5	+	2	0
VA-13	**Caille, Ortsstellplatz******	3	-	+	-	-	3	+	U	0
VA-14	**Thorenc, Ortsrand****	3	-	-	-	-	x	+	2	0
VA-15	**Draguignan, Intermarché***	5	+	+	-	-	x	+	1	0
VA-16	**La Motte, Boulevard Bouis****	5	+	+	-	-	x	+	1	0

Legende

**** sehr ruhige und sehr schöne Lage.
*** sehr ruhige und schöne Lage.
** ruhige und gute Lage.
* keine ruhige Lage.
A Stellplätze gestaffelt nach 3, 5, 10, 20, 30, 50 Wohnmobilen. Dabei wird angenommen, dass nur die Hälfte des Platzes zur Verfügung steht und die andere Hälfte durch Pkws belegt ist.
B Fußweg in Minuten, x über 15 Minuten Fußweg.
C Aufenthaltsdauer in Tagen.
D Stellplatzgebühr in Euro pro Wohnmobil und 24 Stunden.
P Stellplatzgebühr in der Saison.
T Aufenthaltsdauer einige Tage.
U Aufenthaltsdauer unbegrenzt.

04800 Gréoux-les-Bains Aire d'Accueil de Camping-Cars**** VA-1

Wohnmobilhafen in sehr ruhiger und sehr schöner Lage.

Von der D 952 in westlicher Richtung vor der Tankstelle in Gréoux rechts abbiegen und dem Symbol folgen. Nach 150 m links, nach weiteren 50 m rechts abbiegen. Nach 50 m wird der Stellplatz erreicht.
43° 45' 21" Nord, 5° 53' 22" Ost. 43° 45.35' Nord, 5° 53.37' Ost. 43,75583 Nord, 5,88950 Ost.

Häuser und Geschäfte im Ort. 5 Gehminuten.
Ver- und Entsorgung am Platz. Informationstafel vorhanden.
Strom und Müllcontainer am Platz.
Sanitäranlage mit WC und Spülgelegenheiten.
Tennisplatz in der Nähe.
Ganzjährig zugänglich. Aufenthaltsdauer 30 Tage.
Schrankenschleuse vor der Einfahrt.
Besichtigung von Riez: Römischer Tempel, Baptisterium, Altstadt.
Fahrt zum Grand Canyon du Verdon.
Teilweise Schatten durch Bäume. Terrassenförmige Grünanlage.
Geschotterte, teilweise mit Wiese bewachsene Stellflächen für 75 Wohnmobile.
Parkgebühr 6 €/24 Stunden.
Parkscheinautomat an der Ausfahrt. Münzen und Karten.

04500 Allemagne-en-Provence Château** VA-2

Asphaltierter **Übernachtungsplatz** mit einzelnen Bäumen am Schloss in landschaftlich reizvoller Lage.

Von der D952 (Gréoux-les-Bains – Riez) in Allemagne 500 m nach dem westlichen bzw 400 m nach dem östlichen Ortsanfang dem Wegweiser Château folgen und zum Parkplatz abbiegen (**Place du Château**).
43° 46' 58" Nord, 6° 00' 25" Ost. 43° 46,97' Nord, 6° 00,42' Ost. 43,78279° Nord, 6,00713° Ost.

Gaststätte und Kiosk am Parkplatz.
Verkaufsstände und Häuser am Parkplatz.
Geschäfte in der Nähe.
Ganzjährig zugänglich.
Besichtigung des Schlosses. Besuchszeiten nur nachmittags.
Wanderungen und Radtouren am Verdon.
Tulpenfelder um Allemagne.
Besichtigung von Riez: Römischer Tempel, Baptisterium, Altstadt.
Fahrt zum Grand Canyon du Verdon.
Ebene Stellflächen für 10 Wohnmobile.
Keine Parkgebühr. Wenig Schatten.
Tel. 04 92 77 43 10.

04500 Riez Ortsparkplatz** VA-3

Übernachtungsplatz in der Nähe des Ortszentrums in ruhiger Lage.

Bei Anfahrt von Gréoux von der D952 (Gréoux-les-Bains–Moustiers) 900 m nach dem westlichen Ortsanfang Riez – zum Parkplatz links abbiegen (**Legen Maxime Javelly**). Bei Anfahrt von Moustiers Richtung Gréoux fahren und 1,6 km nach dem östlichen Ortsanfang links zum Parkplatz abbiegen.
43° 48' 59" Nord, 6° 05' 28" Ost. 43° 48,98' Nord, 6° 05,46' Ost. 43,81650° Nord, 6,09188° Ost.

Gaststätte, Geschäfte und Tankstelle in der Nähe.
Häuser am Parkplatz.
Ver- und Entsorgung am Platz.
Parkplatz an Markttagen durch Pkw belegt.
5 Minuten Fußweg zur Ortsmitte.
Ganzjährig zugänglich. Aufenthaltsdauer 24 Stunden.
Wanderungen und Radtouren.
Besichtigung von Riez: Römischer Tempel, Baptisterium, Altstadt.
Fahrt zum Grand Canyon du Verdon.
Ebene und leicht schräge Stellflächen für 10 Wohnmobile.
Keine Parkgebühr. Etwas Schatten durch einzelne Bäume.
Tel. 04 92 77 99 09.

04500 Riez Ortsrand** VA-4

Befestigter **Übernachtungsplatz** mit Bäumen am Rand am Outdoor-Aktivitäten-Zentrum in ruhiger Lage.

Von der D952 (Allemagne-Rietz). im Ort links Richtung Mézel abbiegen (D952). Der Platz wird nach 100 m erreicht (**Avenue Frederic-Mistral**).
43° 48' 58" Nord, 6° 05' 24" Ost. 43° 48,97' Nord, 6° 05,40' Ost. 43,81623° Nord, 6,09006° Ost.

Gaststätte und Häuser in der Nähe.
Ver- und Entsorgung am Platz.
WC am Platz.
Ganzjährig zugänglich.
Aufenthaltsdauer 24 Stunden.
Wanderungen und Radtouren.
Besichtigung von Riez: Römischer Tempel, Baptisterium, Altstadt.
Fahrt zum Grand Canyon du Verdon.
Ebene Stellflächen für 100 Wohnmobile.
Keine Parkgebühr.
Etwas Schatten durch einzelne Bäume am Rand.
Tel. 04 92 77 99 09.

04500 Ste-Croix du Verdon Lac de Ste Croix*** VA-5

Wohnmobilstellplatz im Ort in sehr ruhiger und schöner Lage.

Von der D111 wird der Platz in Ste-Croix rechts erreicht (**Le Cours**).
43° 45' 39" Nord, 6° 09' 03" 43° 45.65' Nord, 6° 09.05' Ost. 43,76060° Nord, 6,15080° Ost.

Blick auf den See Lac du Verdon.
Häuser und Geschäfte im Ort.
Ver- und Entsorgung und Müllcontainer am Platz.
Sanitäranlage mit WC und Dusche am Platz.
Aufenthaltsdauer 48 Stunden. Zugänglich 01.04. – 01.10.
Baden im See. Wandern und Radfahren in der Umgebung.
Besichtigung von Riez: Römischer Tempel, Baptisterium, Altstadt.
Fahrt zum Grand Canyon du Verdon.
Teilweise Schatten durch Bäume.
Asphaltierte, gerade und leicht schräge Stellflächen für 15 Mobile bis 7 m Länge.
Parkgebühr: 6 € von 19.00 – 08.00 Uhr
Parken am See für Wohnmobile ab 20.00 Uhr verboten.
Tel. 04 92 77 84 10. www.saintecroixduverdon.com

04360 Moustièrs-Ste-Marie Aire de Camping-Car**** VA-6

In Terrassen eingeteilter **Mobilstellplatz** unterhalb des Ortes in sehr ruhiger und sehr schöner Lage.

Von der D952 in westlicher Richtung wird in Moustièrs-Ste-Marie der Stellplatz rechts erreicht (**Rue de la Bourgade, Parkplatz P5**).
43° 50' 37" Nord, 6° 13' 07" Ost. 43° 50.62' Nord, 6° 13.12' Ost. 43,84335° Nord, 6,21928° Ost.

Gasthäuser und Geschäfte in Moustièrs-Ste-Marie. 10 Gehminuten.
Ver- und Entsorgung am Platz. Wasser 2 €
Stromanschluss (Gebühr 2 €) und Müllcontainer am Platz.
Ganzjährig zugänglich. Aufenthaltsdauer 48 Stunden.
Einkaufen im idyllischen Bergdorf.
Besichtigung der Berggrotte und Bergkapelle.
Besichtigung von Riez: Römischer Tempel, Baptisterium, Altstadt.
Fahrt zum Grand Canyon du Verdon.
Geschotterte, ebene Stellflächen für 20 Wohnmobile.
Parkgebühr: 6 € für 24 Stunden.
Tel. 04 92 74 67 84. www.moustiers.fr

83630 Les Salles-sur-Verdon Wohnmobilplatz*** VA-7

Befestigte **Wohnmobilplätze** in sehr ruhiger und schöner Lage.

Von der D957 (Moustiers-Aups) 6 km nach der Brücke über den Verdon rechts Richtung les Salles abbiegen. Am Ortsanfang les Salles links zum Parkplatz abbiegen (**D957/D71**).
43° 46' 28" Nord, 6° 13' 03" Ost. 43° 46,46' Nord, 6° 13,05' Ost. 43,77429° Nord, 6,21758° Ost.

Gaststätten in der Nähe. Häuser am Parkplatz.
Geschäfte, Supermarkt und Bäcker am Parkplatz.
WC und Duschen am Parkplatz.
Ver- und Entsorgung am Platz. Wasser 3 €.
Stromanschluss Gebühr 3 €.
Ganzjährig zugänglich.
Baden und Wassersport am See. 10 Minuten Weg zum Kiesstrand.
Wandern und Radtouren am See.
Schiffsrundfahrten auf dem Lac Ste-Croix.
Fahrt auf den Panoramastraßen oberhalb des Grand Canyon du Verdon.
Ebene Stellflächen für 20 Wohnmobile.
Parkgebühr in der Saison: 8 € für 24 Std. Schatten durch Bäume.
Zufahrten zum See am Süd-, Ost- und Nordufer abgeschrankt.
Tel. 04 94 70 21 84. www.sallessurverdon.com

83630 Les Salles-sur-Verdon Ortsrand** VA-8

Befestigte **Wohnmobilplätze** am Ortsrand in sehr ruhiger und schöner Lage.

Von der D957 (Moustiers-Aups) – 5,5 km nach der Verdon-Brücke – wird der Platz an der **D957 (Place Frontfreye)** erreicht.
43° 46' 43" Nord, 6° 12' 50" Ost. 43° 46,63' Nord, 6° 12,84' Ost. 43,77709° Nord, 6,21396° Ost.

Gaststätten und Häuser in der Nähe.
Ganzjährig zugänglich.
Bademöglichkeit und Wassersport am See.
Wanderungen und Radtouren am See.
Schiffsrundfahrten auf dem Lac Ste-Croix.
Fahrt auf den Panoramastraßen oberhalb des Grand Canyon du Verdon.
Geschotterte, ebene Stellflächen für 20 Wohnmobile.
Wohnanhänger und Zelte verboten.
Parkgebühr.
Etwas Schatten durch Bäume am Rand.
Zufahrten zum See am Süd-, Ost- und Nordufer abgeschrankt.
Tel. 04 94 70 21 84. www.sallessurverdon.com

04120 Castellane Bord du Verdon*** VA-9

Übernachtungsplatz am Ufer des Verdon in ruhiger und sehr schöner Lage.

Auf der N 85 am Ortsrand von Castellane befindet sich der Stellplatz an der Verdonflussbrücke (**Parking de la Boudousque, Boulevard Frederic Mistral, D21**).
43° 50' 46" Nord, 6° 30' 48" Ost. 43° 50.77' Nord, 6° 30.81' Ost. 43,84589° Nord, 6,50702° Ost.

Schranke vor Stellplatz.
Häuser und Geschäfte in der Nähe. 5 Gehminuten zur Ortsmitte.
Ver- und Entsorgung am Platz. Gebühr 2 €. Wasser 2 €.
Müllbehälter am Platz. Ganzjährig zugänglich.
Aufenthaltsdauer 48 Stunden.
Wandern und Radfahren in der Umgebung.
Fahrt auf den Panoramastraßen des Grand Canyon du Verdon.
Fahrt zum Lac Ste-Croix. Fahrt zum Kloster le Thoronet.
Asphaltierte, ebene Stellflächen für 20 Wohnmobile.
Teilweise Schatten durch Bäume.
Parkgebühr 8 € für 24 Stunden.
Parkautomat mit Münzen vor der Schranke.
Tel. 04 92 83 60 07. www.castellane.org

83840 Trigance Quartier St-Roch** VA-10

Übernachtungsplatz am Ortsrand in ruhiger und sehr schöner Lage.

Von der D955 (Comps-Castellane) Richtung Trigance abbiegen (D90). Nach 500 m zum Platz abbiegen (**Rue Saint-Roche**).
43° 45' 38" Nord, 6° 26' 54" Ost. 43° 45,64' Nord, 6° 26,90' Ost. 43,76071° Nord, 6,44838° Ost.

Schranke vor dem Stellplatz.
Häuser und Geschäfte in der Nähe.
Restaurant im Ort. 5 Gehminuten.
Ver- und Entsorgung am Platz. Stromanschluss möglich.
Müllcontainer und WC am Platz.
Ganzjährig zugänglich. Aufenthaltsdauer 48 Stunden.
Wandern und Radfahren in der Umgebung.
Fahrt auf den Panoramastraßen des Grand Canyon du Verdon.
Fahrt zum Lac Ste-Croix.
Geschotterte, ebene und schräge Stellflächen für 3 Wohnmobile.
Teilweise Schatten durch Bäume.
Parkgebühr: 5 € für 24 Stunden einschl. Ver- und Entsorgung.
Parkautomat mit Münzen vor der Schranke.
Tel. 04 94 76 91 01. www.trigance.fr

83840 Comps sur Artuby La Grange des Roux*** VA-11

Wohnmobilstellplatz am Ortsrand in ruhiger und sehr schöner Lage.

Von der D 21 auf die D 955 in südlicher Richtung wird 800 m nach dem Ortseingangsschild der Stellplatz rechts erreicht.
43° 42' 23" Nord, 6° 30' 25" Ost. 43° 42.38' Nord, 6° 30.41' Ost. 43,70778° Nord, 6,50861° Ost.

Blick über die Landschaft
Häuser und Geschäfte in der Nähe.
Restaurant (Pizzeria) am Stellplatz.
Ver- und Entsorgung am Platz. Jetons (3 €) in der Pizzeria.
Müllcontainer und WC am Platz.
Ganzjährig zugänglich.
Aufenthaltsdauer 24 Stunden.
Wandern und Radfahren in der Umgebung.
Fahrt zum Lac Ste-Croix.
Geschotterte und mit Wiese bewachsene Stellflächen für 20 Mobile.
Teilweise Schatten durch Bäume. Grünanlage mit Picknickbänken.
Keine Parkgebühr.
Tel. 04 94 50 24 00.

83840 La Bastide Bas du village** VA-12

Wohnmobilplatz am Ortsrand in sehr ruhiger und schöner Lage.

Von der D 21 in südlicher Richtung nach 400 m hinter dem Ortseingangsschild rechts dem Schild Flot Bleau abwärts folgen. Nach weiteren 100 m wird der Platz links erreicht (**Parking Bas Village, D21**).
43° 44' 17" Nord, 6° 37' 34" Ost. 43° 44.29' Nord, 6° 37.56' Ost. 43,73817° Nord, 6,62600° Ost.

Häuser am Stellplatz. Geschäfte in der Nähe.
Restaurant im Ort.
Ver- und Entsorgung am Platz (Flot bleu mit Jeton). Gebühr 2 €.
Stromanschluss und Müllcontainer am Platz.
Bouleplatz in der Nähe.
5 Gehminuten in die Ortsmitte.
Ganzjährig zugänglich.
Aufenthaltsdauer 48 Stunden.
Fahrt zum Lac Ste-Croix.
Fahrt zum Kloster le Thoronet.
Geschotterte, ebene Stellflächen für 4 Wohnmobile.
Keine Parkgebühr.
Informationen: Tel. 04 94 76 80 19.

06750 Caille Ortsstellplatz*** VA-13

Wohnmobilstellplatz am Ortsrand in sehr ruhiger und schöner Lage.

Von der D79 in östliche Richtung, 200 m nach dem Ortseingangsschild rechts dem Wohnmobilsymbol folgen. Nach 400 m, am Ende des Ortes, wird der Stellplatz links erreicht (**Chemin de la Plaine**).
43° 46' 44" Nord, 6° 44' 00" Ost 43° 46,73' Nord, 6° 44,00' Ost. 43,77896° Nord, 6,73342° Ost.

Häuser, Bäcker und Geschäfte in der Nähe (3 Gehminuten).
Ver- und Entsorgung am Platz (Flot bleu). 4 € für 15 Minuten.
Stromanschluss möglich. Gebühr 2 €.
Müllcontainer am Platz.
Ganzjährig zugänglich. Aufenthaltsdauer unbegrenzt.
Wandern und Radfahren in der Montagne de l'Audibergue.
Fahrt zum Kloster le Thoronet.
Ausflug in die Seealpen.
Geschotterte, gerade Stellflächen für 3 Wohnmobile.
Keine Parkgebühr.
Tel. 04 93 60 31 51.

06750 Thorenc Ortsrand** VA-14

Übernachtungsplatz am Ortsrand in sehr ruhiger und schöner Lage.

Von der N85 (Grasse-Castellane) Richtung Valderure abbiegen (D2) und nach 16 km nach der Abzweigung Thorenc rechts Richtung Oppidum de Castelleras zum Stellplatz fahren (**D2**).
43° 47' 58" Nord, 6° 48' 30" Ost. 43° 47,96' Nord, 6° 48,50' Ost. 43,79930° Nord, 6,80838° Ost.

Etwas einsame Lage.
Ver- und Entsorgung am Platz.
Müllcontainer am Platz.
01.04.–01.11. zugänglich.
Aufenthaltsdauer 48 Stunden.
Wandern und Radfahren in den Montagne du Cheiron.
Fahrt zum Kloster le Thoronet.
Ausflug in die Seealpen.
Fahrt nach Grasse.
Geschotterte, ebene Stellflächen für 3 Wohnmobile.
Keine Parkgebühr.
Tel. 04 93 60 73 40.

Parkplatz am Verdon bei Trigance

Am Lac de Ste-Croix

Draguignan Intermarché* VA-15

Übernachtungsplätze auf dem Parkplatz des Supermarktes Intermarché.

Von der Ausfahrt le Muy (36) der Autobahn A8 Richtung Draguignan fahren (N555) und in der Stadtmitte Draguignan Richtung Lorgues (D562) abbiegen. Am Supermarkt Intermarché zum Parkplatz abbiegen.
43° 26' 07" Nord, 6° 26' 58" Ost. 43° 26,12' Nord, 6° 26,96' Ost. 43,43533° Nord, 6,44933° Ost.

Gaststätte und Häuser am Parkplatz. Supermarkt am Parkplatz.
Ver- und Entsorgung am Parkplatz.
Verkehrsgeräusche durch Parkplatz- und Straßenverkehr.
Ganzjährig zugänglich.
Aufenthaltsdauer nicht begrenzt.
20 Minuten Fußweg zur Ortsmitte.
Besuch der Abbaye du Thoronet.
Fahrt zum Lac de Carcès und zum Lac Ste-Croix.
Fahrt zu den Panoramastraßen
oberhalb des Grand Canyon du Verdon.
Fahrt zum Massif du Maures und zur Côte d'Azur.
Ebene Stellflächen für 5 Wohnmobile.
Keine Parkgebühr.

La Motte Boulevard Bouis** VA-16

Übernachtungsplätze auf dem Parkplatz.

Von der Ausfahrt le Muy (36) der Autobahn A8 Richtung Draguignan fahren (N555) und nach 2 km rechts Richtung La Motte abbiegen. In La Motte zum Parkplatz **Boulevard Bouis Nr. 23** fahren.

Gaststätte in der Nähe. Häuser am Parkplatz.
Ver- und Entsorgung am Parkplatz.
Ganzjährig zugänglich.
Aufenthaltsdauer 24 Stunden.
Besuch der Abbaye du Thoronet.
Fahrt zum Lac de Carcès. Fahrt zum Lac Ste-Croix.
Fahrt zu den Panoramastraßen
oberhalb des Grand Canyon du Verdon.
Fahrt zum Massif du Maures und zur Côte d'Azur.
Ebene und leicht schräge Stellflächen für 5 Wohnmobile.
Keine Parkgebühr.
Tel. 04 94 50 44 55.

Blumenschmuck in Moustièrs

Für Wohnmobile nicht mehr verboten

An der Côte d'Azur

Tour 18

Unsere französischen Freunde bestätigen, was wir schon von vielen Wohnmobilurlaubern erfahren hatten: Die Côte d'Azur ist für Wohnmobile wieder zugänglich, einige Stellplätze sind unmittelbar an der Küste und an den Stränden entstanden, für Wohmobilurlauber ist Platz am Meer. Nizza, Cannes, Frejus, St-Tropez, klangvolle Namen, Städte und Sehenswürdigkeiten, die wir besuchen und besichtigen können.

Wir fahren Richtung Marseille, der Metropole Südfrankreichs und machen einen Abstecher in diese große Hafenstadt, die schon in der Antike eine Großstadt war. Griechen aus Kleinasien gingen im Gebiet des alten Hafens an Land und gründeten um 600 v. Chr. Massalia, ihre erste Kolonie in Gallien. Der Einfluss der reichen Kolonie erstreckte sich nicht nur auf die Küste, sondern reichte bis Arles, Avignon und Cavaillon. Glanum war eine blühende Tochterstadt von Massalia. Die reiche Griechenstadt war lange Zeit mit den Römern verbündet, im Bürgerkrieg zwischen Cäsar und Pompejus beging sie den Fehler, mit Pompejus gemeinsame Sache zu machen. 49 n. Chr. konnte die Stadt der Belagerung Cäsars nicht mehr standhalten und kapitulierte. Das letzte freie griechische Gebiet wurde dem römischen Weltreich eingegliedert.

Trotz der großartigen Vergangenheit sind die Sehenswürdigkeiten in dieser Stadt bescheiden. Die Basilika Saint-Victor aus dem 13. Jahrhundert ähnelt einer Festung. Frühchristliche Reste einer Basilika aus dem 5. Jahrhundert, Kapellen einer Unterkirche und die Katakomben sind zu besichtigen. Die alte Kathedrale wurde im 12. Jahrhundert erbaut und im 17. Jahrhundert erweitert. Nur die Kapelle Saint Lazare im Baustil der italienischen Renaissance ist in dieser Kirche bedeutend. Auf einem Kalkfelsen erhebt sich das Wahrzeichen von Marseilles, die Kirche Notre-Dame-de-la-Garde, erbaut im 19. Jahrhundert im romanisch-byzantinischen Stil und gekrönt von einer zehn Meter hohen vergoldeten Marienstatue. Am 15. August ist die Kirche das Ziel von vielen Wallfahrern aus der Provence. Von dem Felsen hat der Besucher einen grandiosen Blick über Marseille und das Meer.

Unser Ausflug führt uns zum Étang de Berre, einem riesigen Salzsee, umgeben von hohen Kalkfelsen, und zur Blauen Küste im Westen von Marseille. In den Fischerorten isst man in Gaststätten hervorragende Fischgerichte. Die Strände sind zum Baden weniger zu empfehlen. Trotzdem ist die Blaue Küste das Ausflugsziel der Bewohner von Marseille.

Wir benutzen wieder die Autobahn und verlassen sie bei Aix-en-Provence, dem römischen Aquae Sextiae. An diesem Ort fand 102 v. Chr. die Schlacht statt, in der Marius die ins Römische Reich eingedrungenen Teutonen vernichtend schlug. Im Mittelalter gelangt die Stadt zu Wohlstand und wird Hauptstadt und geistiger Mittelpunkt der Provence.

Der Bau der Cathédrale Saint-Sauveur wurde im 5. Jahrhundert begonnen und erst im 17. Jahrhundert vollendet. Römische, romanische, gotische Stilelemente bilden mit Bauteilen der Renaissance und des Barock ein buntes Kunstgemisch. Besonders sehenswert sind die Türflügel des Hauptportals mit Holzfiguren von Jean Guiramand, das erste bedeutende Werk der Renaissance in der Provence, das Gemälde im Hauptschiff „Maria im brennenden Dornbusch" von einem Maler der Schule von Avignon und die flämischen Wandteppiche mit Szenen aus dem Marienleben. Der Kreuzgang mit zierlichen Säulen und einer abwechslungsreichen Ornamentik ist ein Werk der Romanik.

Die Museen der Stadt vermitteln den Besuchern viel Wissen. In der archäologischen Abteilung des Musée Granet geben die Exponate aus der Frühzeit Einblick in die ligurische, keltische und griechische Zeit. In der Gemäldegalerie bewundert man Werke aus mehreren Stilrichtungen des Mittelalters und der Neuzeit. Im Musée des Tapisseries sind Bildteppiche aus den vergangenen Jahrhunderten ausgestellt. Die Bibliothèque Méjannes hat 300 000 Bücher, darunter wertvolle Handschriften, das Tagebuch eines Königs und einmalige gedruckte Bände aus dem 16. und 17. Jahrhundert.

Am Abend bummeln wir über den breiten Boulevard Cours Mirabeau. Die mächtigen Plantanen bilden ein grünes Gewölbe, die Fronten der vornehmen Häuser und die Fassaden der Stadtpaläste aus den vergangenen drei Jahrhunderten eine eindrucksvolle Kulisse. Auf keinen Fall darf man einen Markt in der Altstadt versäumen. Das Angebot ist eine bunte Palette: Antiquitäten, seltene Gegenstände, Keramik, alte Möbel und Einrichtungsstücke, aber auch Gewürze, Kräuter, Lebensmittel, Spezialitäten der Provence und Erzeugnisse vom Bauernhof.

Im Norden von Aix liegt die Ausgrabungsstätte der alten Hauptstadt der Ligurer Oppidum d'Entremont. In Verbindung mit der Ausstellung im Musée Granet erhalten wir einen guten Einbick in die Kultur und Lebensweise dieses alten Volkes, das vor den Griechen und Römern die Provence besiedelte.

Ein Ausflug führt uns zum Montagne Ste-Victoire, ein Berg, der von Cézanne sehr oft gemalt wurde. Wir halten bei unserer Fahrt um den Gebirgsstock an verschiedenen Stellen und wandern durch die Kornfelder und Weinberge. Im Norden befinden sich zwei Stauseen.

Wir übernachten am Stadtgarten von Cuges-les-Pins, ein ruhiger und guter Platz für die Nacht (**CA-1**). Ver- und Entsorgungseinrichtungen sind vorhanden. Südlich von Toulon besteht auch die Möglichkeit, auf dem Stellplatz am Stadion in Saint-Mandrier zu übernachten (**CA-2**). Allerdings haben größere Mobile Schwierigkeiten beim Wenden.

Um schnell unser Ziel zu erreichen, benutzen wir die Autobahn. Toulon wird umfahren. Der direkte Weg zur Küste führt nach la Ciotat. Am Bootshafen weisen uns Verbotsschilder ab. Aber am kleinen Badestrand von le Mugel finden wir doch einen großen Parkplatz, der durch Grünstreifen und Baumgruppen aufgelockert ist und sich für eine ruhige Übernachtung eignet, leider fehlen die Wohnmobil-Hinweisschilder. In dieser kleinen Stadt am Meer genießen wir das pulsierende südländische Treiben.

Über die Küstenstraße Corniche des Maures erreichen wir Hyéres. In der Nähe der Küste ist ein Wohnmobil-Übernachtungsplatz zwischen zwei Pkw-Parkplätzen eingerichtet worden (**CA-3**). Auf der Halbinsel Giens können wir sehr schöne Radtouren und Wanderungen unternehmen. Weiter im Westen kann man auch in le Londe übernachten (**CA-4**). Die Ortsmitte ist nicht weit entfernt, alle Ver- und Entsorgungseinrichtungen sind vorhanden, aber nur vier Mobile können hier bleiben.

Wir fahren über die kurvenreiche Küstenstraße Corniche des Maures mit fantastischen roten Felsformationen und schönen Ausblicken auf das Meer. Die kleinen Parkplätze liegen direkt an der Straße und eignen sich nicht für eine Übernachtung. Aber neue Stellplätze für Wohnmobile sind in der Nähe der Küste in Bormes les Mimosas (**CA-5**), in La Fossette-Aiguebelle (**CA-6**) und in Cavalière (**CA-7**) entstanden. Sogar 60 Mobile finden auf dem Parkplatz an der Avenue du Cap Negre in Cavalière Platz.

Var Süd und Alpes-Maritimes

Nicht weit entfernt vom Strand finden wir in Ramatuelle in der Nähe von St-Tropez (**CA-8** und **CA-9**) zwei ruhige und sehr schöne Stellplätze für die Nacht und für den erholsamen Aufenthalt am Tag. Zwei Tage und Nächte dürfen wir auf diesen beiden Stellplätze mit allen notwendigen Einrichtungen bleiben. Wer will, wechselt zwischen diesen beiden Plätzen und kann eine Woche Urlaub am Strand genießen. Auch in der Touristenhochburg St-Tropez besteht die Möglichkeit, in der Nähe des Strandes das Ferienhaus auf Rädern abzustellen (**CA-10**). In der Hochsaison sind die Wohnmobilstellplätze aber meistens belegt. Auch in Grimaud finden wir in der Nähe des Strandes zwei ruhige Stellplätze für die Nacht (**CA-11**).

In Ville de St-Maxime (**CA-12**) kann das Wohnmobil abgestellt werden. Wir fahren auf der Küstenstraße Richtung Frejus und bleiben auf dem Aire de Camping Car in Les Issambres (**CA-13**). Der schöne Platz ist in drei Teilen mit getrennten Einfahrten gegliedert. Am besten gefällt uns der hintere sehr ruhige Platzteil mit hohen Schatten spendenden Bäumen. Dusche, WC, Waschmaschine, Trockner können benutzt werden. Kiosk, Bäcker, Geschäfte, Gaststätten und den breiten Sandstrand erreichen wir in drei Minuten.

In Cannes an der Mall finden wir bei der Anfahrt aus dem Nordwesten einen Stellplatz für Wohnmobile (**CA-14**). Leider führt die Schnellstraße N7 an dem Platz vorbei. Urlaub im Wohnmobil an der Côte d'Azur wurde für uns zu einer Reise durch malerische Landschaften, zu kulturellen Höhepunkten in sehenswerten Städten und zur Erholung an schönen Sandstränden.

Yachthafen an der Côte d'Azur

Plage la Gaillarde

Stellplatz Bonne Terrasse bei St-Tropez

Var Süd und Alpes-Maritimes

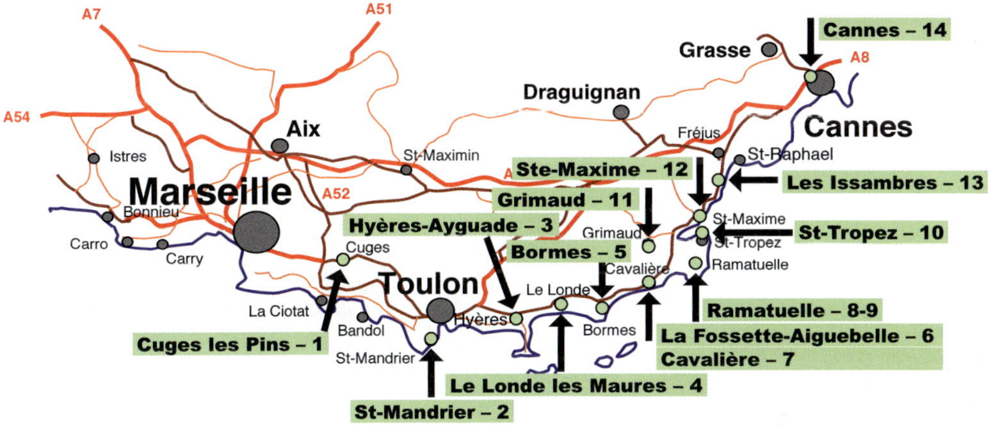

Tour 18: **An der Côte d'Azur**

Nr.	Ort, Bezeichnung	Stell-plätze A	Gast-haus	Häu-ser	WC	Bad See B	Orts-nähe	Ent-sorg. C	Park-dauer D	Park-gebühr
CA-1	**Cuges les Pins, Le Jardin****	20	-	+	+	-	10	+	1	3
CA-2	**St-Mandrier, Stade Max Juvenal****	6	-	+	-	-	x	+	2	0
CA-3	**Hyères-Ayguade, Le Mérou****	5	-	-	-	+	x	+	1	0
CA-4	**Le Londe les Maures, Stade***	4	-	+	+	-	5	+	1	0
CA-5	**Bormes, Ortsparkplatz****	5	-	+	+	+	5	+	2	0
CA-6	**La Fossette-Aiguebelle, Küste****	20	-	+	+	-	15	-	1	10
CA-7	**Cavalière, Parking Voitures****	60	-	-	+	+	5	+	1	15
CA-8	**Ramatuelle, Bonne Terasse******	100	-	-	-	+	x	+	2	8
CA-9	**Ramatuelle, Les Tamaris******	60	+	-	+	+	x	+	2	10
CA-10	**St-Tropez, Strand****	15	-	+	+	+	x	+	2	12
CA-11	**Grimaud, Ortsstellplatz****	10	+	+	-	[illegible]	5	+	1	0
CA-12	**Ste-Maxime, les Pompiers*****	30	+	+	-	-	10	+	2	10
CA-13	**Les Issambres, Campig Car*****	40	+	+	+	+	x	+	2	15
CA-14	**Cannes, Mall***	5	+	+	-	-	10	+	1	0

Legende

****	sehr ruhige und sehr schöne Lage.
***	sehr ruhige und schöne Lage.
**	ruhige und gute Lage.
*	keine ruhige Lage.
A	Stellplätze gestaffelt nach 3, 5, 10, 20, 30, 50 Wohnmobilen. Dabei wird angenommen, dass nur die Hälfte des Platzes zur Verfügung steht und die andere Hälfte durch Pkws belegt ist.
B	Fußweg in Minuten, x über 15 Minuten Fußweg.
C	Aufenthaltsdauer in Tagen.
D	Stellplatzgebühr in Euro pro Wohnmobil und 24 Stunden.
P	Stellplatzgebühr in der Saison.
T	Aufenthaltsdauer einige Tage.
U	Aufenthaltsdauer unbegrenzt.

Am Strand von Ramatuelle

Am Strand von Issambres

13780 Cuges les Pins Le Jardin de la Ville** CA-1

Mobilplatz am Stadtgarten in Terrassen angelegt außerhalb des Ortes in ruhiger und schöner Lage.

Von der N8 (Aubagne-Toulon) im Ort Richtung Le Jardin de la Ville abbiegen (Boulevard Gambetta). Noch 500 m bis zum Platz am Stadtgarten (**Vallon de Ste Madeleine**).
43° 16' 52" Nord, 5° 42' 22" Ost. 43° 16,87' Nord, 5° 42,36' Ost. 43,28114° Nord, 5,70592° Ost.

Häuser am Stellplatz. Geschäfte in der Nähe.
Ver- und Entsorgung am Platz.
WC am Platz.
Ganzjährig zugänglich.
Aufenthaltsdauer 24 Stunden.
10 Minuten Fußweg zur Ortsmitte.
Besichtigung von Aix-en-Provence.
Fahrt nach Marseille
Fahrt zur Côte d'Azur.
Befestigte, ebene Stellflächen für 20 Wohnmobile.
Etwas Schatten.
Parkgebühr: 3 € für 24 Stunden inkl. Ver- und Entsorgung.
Tel. 04 42 73 80 11. www.cuges-les-pins.fr

83430 St-Mandrier sur Mer Stade Max Juvenal** CA-2

Wohnmobilplatz in ruhiger und schöner Lage.

Von der D78 dem Wohnmobilschild folgend rechts abbiegen. Nach 450 m wird der Stellplatz auf der rechten Seite erreicht (**Stade Juvenal, Route St Mandrier**).
43° 04' 39" Nord, 5° 54' 16" 43° 04.66' Nord, 5° 54.27' Ost. 43,07736° Nord, 5,90552° Ost.

Häuser und Geschäfte in der Nähe.
Rugby-Stadion am Platz.
Ver- und Entsorgung 50 m vor dem Platz.
Stromanschluss möglich. Müllcontainer am Platz.
Ganzjährig zugänglich. Aufenthaltsdauer 48 Stunden.
Sporthafen in der Nähe.
Fahrt auf der Corniche des Maures.
Besichtigung von Toulon.
Asphaltierte, ebene Stellflächen für 6 Wohnmobile.
Teilweise Schatten durch Bäume.
Für sehr große Mobile nicht geeignet. Geringe Wedemöglichkeit.
Keine Parkgebühr.
Informationen: Tel. 04 94 63 61 69.

Strand auf der Halbinsel St-Tropez

83400 Hyéres-Ayguade Lieu de le Mérou** CA-3

Übernachtungsplatz zwischen zwei PKW-Parkplätzen in schöner Lage am Meer.

Von der D 42 Boulevar de la marine in nordöstlicher Richtung bis zum Wohnmobilschild im Kreisverkehr fahren. Nach 300 m dem Wohnmobilschild folgend rechts abbiegen. Nach 450 m wird der Stellplatz auf der rechten Seite erreicht (**Base de loisirs du Mérou**).
43° 06' 32" Nord, 6° 10' 52" Ost. 43° 06.54' Nord, 6° 10.87' Ost. 43,10901° Nord, 6,18117° Ost.

Ver- und Entsorgung 50 m hinter dem Platz (Flot bleu mit Karte). Gebühr 3 €.
Ganzjährig zugänglich.
Zugang zum Meer 50 m.
Wanderungen und Radtouren auf der Halbinsel Giens.
Fahrt auf der Corniche des Maures.
Fahrt nach Toulon.
Teilweise Schatten durch Bäume.
Geschotterte, ebene Stellflächen für 5 Mobile.
Keine Parkgebühr.
Informationen: Tel. 04 94 00 78 50.

83250 Le Londe les Maures Stade Emmanuel Vitria* CA-4

Wohnmobilplatz am Ortsrand in schöner Lage.

Von der D98 in östlicher Richtung im Kreisverkehr rechts Richtung Londe fahren. Dem Wohnmobilschild Richtung Le Port und Le Plage folgen. Nach 800 m wird der Platz am Kreisverkehr erreicht (**Rond-point Ducourneau, Chemin du Pansard**).
43° 07' 55" Nord, 6° 13' 51" Ost. 43° 07.92' Nord, 6° 13.85' Ost. 43,13175° Nord, 6,23040° Ost.

Häuser und Geschäfte in der Nähe.
Restaurant im Ort.
Ver- und Entsorgung am Platz (Flot bleu mit Karten). Gebühr 3 €.
Stromanschluss möglich. Gebühr 3 €.
WC und Müllcontainer am Platz. Informationstafel vorhanden.
5 Minuten Fußweg zur Ortsmitte.
Ganzjährig zugänglich. Aufenthaltsdauer 24 Stunden.
Einkaufen im Weinanbaugebiet.
Fahrt auf der Corniche des Maures. Fahrt nach Toulon.
Asphaltierte, ebene Stellflächen für 4 Wohnmobile.
Keine Parkgebühr.
Tel. 04 94 01 53 10.

Strand bei St-Raphael

83230 Bormes les Mimosas Ortsparkplatz** CA-5

Übernachtungsplätze auf einem Parkplatz im Ort in ruhiger Lage.

Von der D98 Richtung Le Levandou abbiegen (D559) und im Kreisel rechts Richtung La Favière fahren (D298). Nach 700 m Richtung Port abbiegen. Noch 900 m bis zum Platz (**Sentier des Pecheurs**).
43° 07' 27" Nord, 6° 21' 44" Ost. 43° 07,45' Nord, 6° 21,73' Ost. 43,12410° Nord, 6,36210° Ost.

Häuser und Strand in der Nähe.
Ver- und Entsorgung am Platz.
Müllcontainer und WC am Platz.
Ganzjährig zugänglich. Aufenthaltsdauer 48 Stunden.
5 Gehminuten zur Ortsmitte.
Besichtigung von Frejus: Römische Ausgrabungsstätte, Arena, römisches Theater.
Fahrt auf der Corniche des Maures.
Fahrt nach Cannes.
Asphaltierte, ebene Stellflächen 5 Wohnmobile.
Teilweise Schatten durch Bäume.
Keine Parkgebühr.
Tel. 04 94 05 34 50.

83980 La Fossette-Aiguebelle Küstenparkplatz** CA-6

Übernachtungsplatz in schöner Lage an der Küste.

Von Le Lavandou auf der Küstenstraße Richtung Cavalière fahren und in Aiguebelle nach der Gaststätte Le Sud zum Platz abbiegen (**Rue du Train des Pignes/Avenue du Levant/D559**).
43° 08' 57" Nords, 6° 24' 32" Ost. 43° 08,95' Nord, 6° 24,53' Ost. 43,14916° Nord, 6,40888° Ost.

Häuser am Platz.
WC am Platz.
01.04.–01.02. zugänglich.
Aufenthaltsdauer 24 Stunden.
15 Gehminuten zur Ortsmitte.
Besichtigung von Frejus: Römische Ausgrabungsstätte, Arena, römisches Theater.
Fahrt auf der Corniche des Maures.
Fahrt nach Cannes.
Ebene Stellflächen für 20 Wohnmobile.
Parkgebühr: 10 € für 24 Stunden.
Tel. 04 94 71 00 61.

83250 Cavalière Parking Voitures** CA-7

Wohnmobilplatz am Strand in ruhiger und sehr schöner Lage.

Von Le Lavandou auf der Küstenstraße Richtung Cavalière fahren und im Ort 300 m nach dem Hotel Grand Hôtel Moriaz zum Platz abbiegen (**Avenue du Cap Negre**).
43° 09' 07" Nord, 6° 25' 50" Ost. 43° 09,11' Nord, 6° 25,84" Ost. 43,15185° Nord, 6,43070° Ost.

100 m bis zum Strand.
Ver- und Entsorgung am Platz.
Stromanschluss am Platz.
WC am Platz.
Müllcontainer am Platz.
Ganzjährig zugänglich. Aufenthaltsdauer 24 Stunden.
5 min Fußweg zur Ortsmitte.
Sandstrand in der Nähe.
Besichtigung von Frejus: Römische Ausgrabungsstätte, Arena, römisches Theater.
Fahrt auf der Corniche de l'Esterel.
Befestigte Stellflächen für 60 Wohnmobile.
Teilweise Schatten durch Bäume.
Parkgebühr: 15 € für 24 Stunden, außerhalb der Saison 10 €.
Tel. 06 80 25 26 84.

83350 Ramatuelle Strandstellplatz Bonne Terasse**** CA-8

Wohnmobilhafen am Strand in sehr ruhiger und sehr schöner Lage.

Von der D98A vor St-Tropez rechts Richtung Ramatuelle/Les Plages abbiegen (D93). Nach 6,5 km links dem Symbol folgen. Nach 700 m links und nach weiteren 1,1 km wieder links dem Wegweiser Aire de camping car folgen. Noch 400 m bis zum Platz links (**Route de Bonne Terrasse**).
43° 12' 40" Nord, 6° 39' 44" Ost. 43° 12.67' Nord, 6° 39.73' Ost. 43,21150° Nord, 6,66222° Ost.

Schranke vor der Zufahrt, nur nachts geschlossen.
Langer Sandstrand mit Strandrestaurants.
Ver- und Entsorgung am Platz. Gebühr 2 €.
Sanitäranlage mit WC und Dusche am Platz (8.30–17.00 Uhr).
Müllcontainer am Platz. Informationstafel vorhanden.
Zugänglich 01.04.–31.10. Aufenthaltsdauer 48 Stunden.
Baguette und Croissants ab 8.30 Uhr am Platz.
Besichtigung von Frejus: Römische Ausgrabungsstätte, Arena, römisches Theater.
Ebene und leicht schräge, geschotterte und befestigte Stellflächen für 100 Mobile. Teilweise Schatten durch Bäume und Schilf.
Gebühr 7,70 € für 24 Std. inkl. Ver- und Ents., WC und Dusche.
Tel. 04 98 12 64 00.

83350 Ramatuelle-Pampelonne Stellplatz les Tamaris*** CA-9

Wohnmobilplatz am Strand in sehr ruhiger und schöner Lage.

Von der D98A vor St-Tropez rechts Richtung Ramatuelle/Les Plages abbiegen (D93). Nach 3 km links dem Wegweiser Pampelonne folgen. Noch 800 m bis zum Platz links (**Boulevard des Tamaris**).
43° 14' 22" Nord, 6° 29' 41" Ost. 43° 14,36' Nord, 6° 39,69' Ost. 43,23929° Nord, 6,66144° Ost.

Strandtaverne und Sandstrand am Platz. Hundeverbot am Strand.
Ver- und Entsorgung am Platz. Wasser 2 € für 10 Minuten.
WC am Strand.
Stromanschluss (12 Anschlüsse). Gebühr 2 €.
Zugänglich 01.04.–01.11.
Aufenthaltsdauer 48 Stunden.
Parkplatz auch für PKW.
Besichtigung von St-Tropez (4 km).
Besichtigung von Frejus: Römische Ausgrabungsstätte, Arena, römisches Theater.
Ebene, geschotterte und befestigte Stellflächen in Boxen eingeteilt für 60 Wohnmobile. Kein Schatten.
Parkgebühr 18 € für 24 Std. (Juli-August), sonst 10 €. Kassierer.
Tel. 04 98 12 64 00.

83990 St-Tropez Strand** CA-10

Übernachtungsplatz in Strandnähe in sehr ruhiger und schöner Lage.

Von der D98A Richtung St-Tropez abbiegen. Durch den Ort Richtung Plage des Cannebiers fahren und an der Küste rechts abbiegen (**Chemin de la Moutte**). Noch 300 m bis zum Platz.
43° 15' 53" Nord, 6° 40 '22" Ost. 43° 15,88' Nord, 6° 40,37" Ost. 43,26463° Nord, 6,67278° Ost.

Sandstrand in der Nähe (300 m). Duschen am Strand.
Ver- und Entsorgung am Platz. Wasser 2 €.
Stromanschluss am Platz. Gebühr 2,50 €.
WC, Dusche (0,50 €) und Müllcontainer am Platz.
Shuttle zum Zentrum (3 km).
Ganzjährig zugänglich. Aufenthaltsdauer 48 Stunden.
Parkplatz auch für PKW.
Besichtigung von Frejus: Römische Ausgrabungsstätte, Arena, römisches Theater.
Ebene, befestigte Stellflächen für 15 Wohnmobile. Wenig Schatten.
Parkgebühr: 12 € für 24 Stunden.
Tel. 04 94 55 90 56.

83310 Grimaud Ortsstellplatz** CA-11

Wohnmobilstellplatz in schöner Lage und in der Nähe des Strandes.

Von der D 244 in westlicher Richtung wird 100 m nach dem Ortseingang der Stellplatz links erreicht.
43° 16' 47" Nord, 6° 34' 41" Ost. 43° 16.79' Nord, 6° 34.68' Ost. 43,27973° Nord, 6,57796° Ost.

Geschäfte, Häuser, Restaurant, Bäcker in der Nähe.
Ver- und Entsorgung am Platz (Euro-Relais mit Jeton und Karte).
Müllcontainer am Platz. Informationstafel vorhanden.
Ganzjährig zugänglich. Aufenthaltsdauer 24 Stunden.
5 Gehminuten zur Ortsmitte.
Besichtigung von Frejus: Römische Ausgrabungsstätte, Arena, römisches Theater.
Fahrt auf der Corniche de l'Esterel. Fahrt nach Cannes.
Asphaltierte, ebene Stellflächen für 10 Wohnmobile.
Teilweise Schatten durch Bäume. Keine Parkgebühr.
Tel. 04 94 55 43 83.

83120 Ste-Maxime Ortsstellplatz Les Pompiers*** CA-12

Wohnmobilplatz in sehr schöner Lage.

Von der A 8 Ausfahrt St-Tropez (36) Richtung St-Maxime fahren (19,5 km). Von der D25 in südöstlicher Richtung wird am Kreisverkehr in St. Maxime der Platz rechts erreicht (**D25, Route de Plan de la Tour**).
43° 19' 02" Nord, 6° 37' 48" Ost. 43° 19.03' Nord, 6° 37.80' Ost. 43,31713° Nord, 6,62985° Ost.

Gaststätte, Geschäfte und Feuerwehr in der Nähe.
Häuser am Stellplatz.
Ver- und Entsorgung vor dem Platz. Müllcontainer am Platz.
Informationstafel vorhanden.
Ganzjährig zugänglich. Aufenthaltsdauer 48 Stunden.
10 Minuten Fußweg zur Ortsmitte.
Fahrt nach St. Tropez. Besichtigung von Cannes.
Fahrt nach Nizza und zur Côte d'Azur.
Asphaltierte, ebene Stellflächen für 30 Mobile. Teilweise Schatten.
Parkgebühr: 10 € für 24 Std. einschl. Ver- und Ents. Parkautomat.
Tel. 04 55 75 55.

83380 Roquebrunne-les Issambres Aire de Camping Car*** CA-13

Wohnmobilplatz Chez Marcel in sehr ruhiger und schöner Lage.

Von der N98/D558 Richtung St-Tropez fahren. 600 m nach dem Ortsanfang Les Issambres rechts zum Platz abbiegen. Zum besten Platzteil nach unten 200 m um den Platz fahren (**Plage la Gaillarde**).
43° 21' 57" Nord, 6° 42' 46" Ost. 43° 21,95' Nord, 6° 42,76' Ost. 43,36579° Nord, 6,71263° Ost.

Schranke vor dem Platz. Mit Hand zu öffnen.
Drei Platzteile und drei Einfahrten in zwei Etagen.
Imbiss (Pizza, Baquette) am Platz.
Sandstrand (Plage la Gaillarde) in der Nähe.
Gaststätte, Bäcker, Lebensmittel und Souvernirladen in der Nähe.
Ver- und Entsorgung (Bodeneinlass) am Platz. Gebühr 4 € ohne Übernachtung.
Stromanschluss am Platz. Gebühr 3 €. Müllcontainer am Platz.
WC, Dusche (0,50 €), Waschmaschine (5 €), Trockner (5 €).
Ganzjährig zugänglich. Aufenthaltsdauer 48 Stunden.
Zufahrt 8.30–12.15 und 13.30–20.30 Uhr offen.
Fahrt nach St. Tropez. Besichtigung von Cannes.
Fahrt nach Nizza und entlang der Côte d'Azur.
Befestigte, ebene Stellflächen für 40 Mobile. Teilweise Schatten.
Sehr große Mobile zum dritten Platzteil fahren.
Parkgebühr: 15,50 € für 24 Stunden in der Hauptsaison, 10,50 € in der Nebensaison einschl. Ver- und Entsorgung.
Tel. 06 79 33 69 67.

06400 Cannes Mall* CA-14

Übernachtungsplätze auf einem Parkplatz in ruhiger Lage.

Von der Ausfahrt la Bocca (41) der Autobahn A8 Richtung Cannes fahren (N7) und nach 4 km zum Platz abbiegen (**N7/Avenue Francis Tonner**).
43° 33' 01" Nord, 6° 58' 14" Ost. 43° 33,02' Nord, 6° 58,23' Ost. 43,55025° Nord, 6,97049° Ost.

Gaststätte in der Nähe. Häuser am Stellplatz.
Flughafen in der Nähe.
Ver- und Entsorgung am Platz. Wasser 2 €.
Stromanschluss möglich. Gebühr 2 € (Jeton).
Müllbehälter am Platz.
Ganzjährig zugänglich. Aufenthaltsdauer 24 Stunden.
10 Minuten Fußweg zur Ortsmitte.
Fahrt nach St. Tropez. Besichtigung von Cannes.
Fahrt nach Nizza.
Asphaltierte, ebene Stellflächen für 5 Mobile.
Kein Schatten.
Keine Parkgebühr.
Tel. 04 97 06 40 00.

Stellplatz Bonne Terrasse am Strand

Drei große Flüsse

An Rhône, Saône und Doubs

Tour 19

Auf der Fahrt zum Mittelmeer und auf der Heimreise nach Deutschland fahren wir immer in den Tälern der Rhône, Saône und Doubs entlang, wasserreiche Flüsse, die auch für abwechslungsreiche Schiffsfahrten und Bootstouren gut geeignet sind. Wir erleben diese Landschaften mit unserer Landyacht.

Die ersten guten Stellplätze auf unserer Rückreise aus der Provence in ruhiger und schöner Lage erreichen wir in St-Paul Trois Châteaux (**RS-1**), in Clansayes (**RS-2**), in Donzère (**RS-3**) und in Montelimar (**RS-4**). Vom Stellplatz in St-Paul Trois Château in einer Grünanlage sind Geschäfte und Gaststätten in wenigen Minuten zu Fuss zu erreichen. Der Superplatz in Clansayes kann sogar für alle Wasserfreunde ein Schwimmbad anbieten, ideal zum Erfrischen nach einer langen Fahrt in der heißen Sommerzeit. In Donzère stellt man das Haus auf Rädern in der Ortsmitte ab und hat doch eine ruhige Nacht.

Zwischen Valence und Macon wurden am Ortsrand von Tournon (**RS-5**), auf dem Place des Amandiers am Weinanbaugebiet in einer Grünanlage nahe der Ortsmitte in Gervans (**RS-6**) und in Beausemblant (**RS-7**) in ruhiger und guter Lage weitere Übernachtungsplätze eingerichtet. Das Wohnmobil kann auf allen diesen Plätzen vom Ballast befreit und mit Frischwasser und allem Notwendigen aus den Geschäften versorgt werden.

In Lyon begegnen sich Rhône und Saône und schieben ihre Wassermassen an einer schmalen Landzunge vorbei durch die Stadt. Die Lage an diesen zwei Flüssen, die gepflegten Alleen und Plätze und die hervorragende Gastronomie geben der Stadt ein unverwechselbares Flair. Die drittgrößte Stadt Frankreichs wurde schon von den Römern unter dem Namen Lugdunum gegründet und zu einer gallischen Metropole ausgebaut. Von den Tempeln, Prachtbauten, Palästen und Aquädukten ist nicht viel übrig geblieben. Trotzdem sind einige interessante Sehenswürdigkeiten besuchenswert, der weitläufige Place Bellecourt im Zentrum der Stadt mit dem Reiterstandbild Ludwig XIV. und imposanten Häusern aus dem 19. Jahrhundert, die gotische Kathedrale St-Jean, die romanische Basilika St-Martin-d'Ainay aus dem 9. Jahrhundert und die Wallfahrtskirche Notre-Dame-de-Fourvière auf einem Hügel mit einer prächtigen Aussicht auf die Innenstadt, zu der eine Standseilbahn hinaufführt. Beim Besuch des Marionetten-Museums lernt man viel über historische und zeitgenössische Marionetten und über die Geschichte des Puppentheaters.

Ein Stellplatz für die Übernachtung ist weder in Lyon noch in der Umgebung zu finden. Aber nordöstlich von Macon kann man in La Chapelle (**RS-8**), in Prissé (**RS-9**), in Lugny (**RS-10**) oder in St-Gengoux de Scissé (**RS-11**) bleiben und entsorgen. An den Ortsrändern von Lugny und St-Gengoux übernachtet man in reizvoller Umgebung und sehr ruhige Lage. In St-Gengoux und Prissé sind Geschäfte und Gaststätten nicht weit entfernt.

Der Charme der Altstadt von Macon, das nostalgische südländische Flair, die verwinkelten Gassen, die sehenswerte Bogenbrücke über die Saône, die vielen Angler an den brüchigen Flussmauern verlocken uns zu einem Besuch der alten Stadt. Wir besichtigen auch den Gerichtspalast aus dem 18. Jahrhundert und die alte Apotheke Hospital Hôtel Dieu.

Tournus ist unser nächstes Ziel. Ausdrucksvoll und ehrwürdig erhebt sich die wuchtige romanische Domkirche St-Philibert mit zwei ungleichen Zwillingstürmen, einer schlichten Fassade und mächtigen Rundpfeiler aus dem Gewirr alter Häuser und schlichter Bauten. Erdrückend wirkt die düstere, in ihren Ausmaßen gewaltige Krypta. Dieser Bau gleicht keiner anderen Kathedrale oder Kirche.

Rhone und Doubs

In Givry, südwestlich von Chalon-sur-Saône, besteht die Möglichkeit, in der Mitte des Ortes für 24 Stunden das Wohnmobil abzustellen (**RS-12**). Geschäfte und Gaststätten sind in wenigen Minuten zu Fuß zu erreichen. Eine Ver- und Entsorgung ist in der Nähe des Platzes installiert.

Bevor wir zur A30 nach Mulhouse Richtung Heimat abbiegen, besuchen wir Beaune. Wir fühlen uns beim Bummel durch die Altstadt in vergangene Zeiten zurückversetzt, besichtigen das Hôtel Dieu, ein Krankenhaus aus dem 15. Jahrhundert, ein eindrucksvoller gotischer Bau mit einem stimmungsvollen Innenhof, einem großen Krankensaal, einer Apotheke und einer gut ausgerüsteten Küche. Bewundernswert ist das riesige Altarbild des Jüngsten Gerichts von Rogier van der Weyden.

Die Stadt ist auch das Zentrum des Burgunder-Weins. Im Weinmuseum im alten Herzogspalast probieren wir einige Sorten und bewundern die riesigen alten Weinkelter. Das Renaissance-Schloss Citeaux in le Clos de Vougot ist das bekannteste Weingut des Anbaugebietes von Burgund, der Côte d'Or. Weinkeller, Geräte, Fässer, Kelter und Gärkeller sind im Schloss zu besichtigen. In der Ortsmitte von Beaune kann man an der Zufahrtsstraße Avenue Charles de Gaulle übernachten (**RS-13**).

Zu unserem letzten Aufenthalt lenken wir unsere Landyacht wieder nach Baume-les-Dames zum Hafen der Flussyachten (**RS-14**). Auf diesem Platz, in sehr ruhiger Lage in der Nähe des Flusses Doubs, aufgelockert in mehrere Flächen, nicht weit von den Supermärkten und Geschäften entfernt, fühlen wir uns so richtig wohl. Die Aufenthaltsdauer ist nicht begrenzt, einem längeren Aufenthalt für Bootsfahrten, Radtouren oder Wanderungen steht nichts im Wege.

Weiter im Osten, in der Nähe der Autobahn, besteht am Rugbystadion in Montebelliard noch eine Möglichkeit zum Übernachten (**RS-15**). Ver- und Entsorgung und Stromanschlüsse sind am Platz vorhanden.

Tour 19: **An Rhone, Saone und Doubs**

Nr.	Ort, Bezeichnung	Stellplätze A	Gasthaus	Häuser	WC	Bad See B	Ortsnähe	Entsorg. C	Parkdauer D	Parkgebühr
RS-1	**St-Paul, Chaussy*****	10	-	+	-	-	5	+	1	0
RS-2	**Clansayes, Aire de Toronne******	30	-	+	+	+	x	+	U	12
RS-3	**Donzère, Ortsmitte****	3	-	+	-	-	5	+	U	0
RS-4	**Montelimar, Aire Camping Car*****	10	+	+	-	-	10	+	2	5
RS-5	**Tournon, Ortsrand****	10	-	+	+	-	x	+	1	0
RS-6	**Gervans, Place de Amandiers****	3	-	+	+	-	5	+	1	0
RS-7	**Beausemblant, Ort*****	5	-	+	+	-	3	+	2	0
RS-8	**La Chapelle, Maison de Pays*****	5	-	+	+	-	x	+	1	0
RS-9	**Prissé, Producteurs****	8	-	+	+	-	x	+	1	0
RS-10	**Lugny, Ortsrand*****	10	-	+	-	-	15	-	1	0
RS-11	**St-Gengoux, Ortsrand*****	5	-	+	-	-	5	+	U	0
RS-12	**Givry, Ortsmitte****	8	-	+	-	-	5	+	1	0
RS-13	**Beaune, Ortsmitte****	5	-	+	-	-	5	+	1	0
RS-14	**Baume-les-Dames, Sporthafen******	30	-	-	+	-	10	+	U	5
RS-15	**Montbéliard, Rugbystadion****	3	-	-	-	-	x	+	2	0

Rhone und Doubs

Legende

****	sehr ruhige und sehr schöne Lage.
***	sehr ruhige und schöne Lage.
**	ruhige und gute Lage.
*	keine ruhige Lage.
A	Stellplätze gestaffelt nach 3, 5, 10, 20, 30, 50 Wohnmobilen. Dabei wird angenommen, dass nur die Hälfte des Platzes zur Verfügung steht und die andere Hälfte durch Pkws belegt ist.
B	Fußweg in Minuten, x über 15 Minuten Fußweg.
C	Aufenthaltsdauer in Tagen.
D	Stellplatzgebühr in Euro pro Wohnmobil und 24 Stunden.
P	Stellplatzgebühr in der Saison.
T	Aufenthaltsdauer einige Tage.
U	Aufenthaltsdauer unbegrenzt.

26130 St-Paul Trois Châteaux Chaussy*** RS-1

Übernachtungsplatz im Ort in ruhiger und schöner Lage.

Von der D 59 in nordwestlicher Richtung im Kreisverkehr rechts Richtung Centre Ville und im zweiten Kreisverkehr geradeaus Richtung Parkplatz Chaussy fahren. Nach 200 m links und nach 50 m abbiegen zum Parkplatz (**Place de Chaussy**).
44° 20' 51" Nord, 4° 46' 13" Ost. 44° 20,85' Nord, 4° 46,22' Ost. 44,34750° Nord, 4,77033° Ost.

Häuser und Geschäfte am Platz.
Restaurant im Ort. 5 Gehminuten.
Kostenlose Ver- und Entsorgung am Platz.
Müllcontainer am Platz.
Grünanlage, Spielplatz und Fußballplatz am Platz.
Ganzjährig zugänglich. Aufenthalt 24 Stunden.
Ausflug zum George de l'Ardèche.
Asphaltierte und leicht schräge Stellflächen für 10 Wohnmobile.
Auch PKW zugelassen. Keine Parkgebühr.
Tel. 04 75 96 59 60.

26130 Clansayes Aire de Toronne**** RS-2

Wohnmobilhafen mit Swimmingpool am Ortsrand in sehr ruhiger und sehr schöner Lage.

Von der D 133 in nordöstlicher Richtung auf die D 57 Richtung Clansayes abbiegen. Nach 50 m rechts zum Stellplatz fahren (**Quatier Toronne**).
44° 22' 07" Nord, 4° 47' 52" Ost. 44° 22.12' Nord, 4° 47.86' Ost. 44,36867° Nord, 4,79767° Ost.

Swimmingpool am Stellplatz (nur Sommerbetrieb).
Baguette-Bringservice ab 8.30 Uhr. Grillstätte vorhanden.
Ver- und Entsorgung am Platz. Gebühr 4 €. Müllbehälter am Platz.
Strom an den Stellflächen (3,50 €).
Sanitäranlage mit WC und Dusche (nur Sommerbetrieb).
Ganzjährig zugänglich. Aufenthaltsdauer unbegrenzt.
Ausflug zum George de l'Ardèche.
Geschotterte und leicht schräge Stellflächen für 6 Wohnmobile. Stellfläche unterhalb für 30 Mobile. Bäume an den Stellflächen.
Parkgebühr: 2 Personen 12 €. Zusätzliche Person 2-2,50 €/Nacht inklusive Swimmingpool und WC/Dusche.
In der Nebensaison: 2 Personen 8 €. Zusätzliche Person 2-2,50 € ohne WC/Dusche und Swimmingpool.
Tel. 06 89 51 07 77.

Donzère Ortsmitte** RS-3

Stellplatz in der Ortsmitte in ruhiger Lage.

Von der D 486 Richtung Centre Ville rechts in die Avenue de la Mairie abbiegen. Nach 50 m rechts in die **Rue Jules Ferrand** fahren. Noch 50 m bis zum Parkplatz rechts.
44° 26' 36" Nord, 4° 42' 37" Ost. 44° 26.60' Nord, 4° 42.60' Ost. 44,44333° Nord, 4,71002° Ost.

Für Wohnmobile bis 3,5 t zugelassen.
Wochenmarkt am Samstag. Von 8–14.00 Uhr für Mobile gesperrt.
Häuser am Stellplatz.
Geschäfte in der Nähe.
Restaurant im Ort. 5 Gehminuten.
Kostenlose Ver- und Entsorgung am Platz.
Sanitäranlage am Platz.
Müllcontainer am Platz.
Informationstafel vorhanden.
Ganzjährig zugänglich.
Aufenthaltsdauer unbegrenzt.
Ausflug zum George de l'Ardèche.
Asphaltierte, ebene Stellflächen für 3 Wohnmobile.
Keine Parkgebühr.

26200 Montelimar Aire de Camping Car*** RS-4

Wohnmobilplatz in einer Grünanlage in sehr ruhiger und schöner Lage.

Von der Ausfahrt Montelimar Nord (17) der A7 Richtung Montelimar Centre fahren und nach 11 km – 1 km nach dem Ortsanfang – im Kreisel links, dann nach 100 m, 200 m und wieder 200 m rechts dem Wegweiser Air de Camping Car folgen (**Avenue des Portes du Soleil/Chemin du Bois de Land 6**).
44° 33' 54" Nord, 4° 45' 25" Ost. 44° 33,90' Nord, 4° 45,41' Ost. 44,56500° Nord, 4,75694° Ost.

Häuser, Gaststätte, Tankstelle und Supermarkt in der Nähe.
Ver- und Entsorgung (Bodeneinlass) am Platz.
Wasserversorgung mit Karte. Müllcontainer am Platz.
10 Minuten Fußweg zur Ortsmitte.
Besichtigung von Montelimar: Historisches Zentrum, Église Sainte Croix, Château des Adhémar, Temple Protestant, Allée Provencales, Musée de la Miniature.
Ganzjährig zugänglich. Aufenthaltsdauer 48 Stunden.
Ebene und leicht schräge Stellflächen für 10 Mobile auf Wiese. Nach Regenfällen weicher Untergrund.
Schatten durch einzelne hohe Bäume.
Parkgebühr: 5 € für 24 Stunden inkl. Ver- und Entsorgung, Parkautomat an der Zufahrt (Kreditkarte).
Tel. 04 75 01 00 20. www.montelimar-tourisme.com

07300 Tournon-sur-Rhône Ortsrand** RS-5

Wohnmobilplatz in ruhiger und guter Lage.

Von der Ausfahrt Tain l'Herimetage (13) der A7 Richtung Tain l'Herimetage fahren und 1,5 km nach dem Ortsanfang Tain links über die Rhône-Brücke abbiegen (D95). Nach der Brücke rechts durch Tournon fahren und im Kreisel nach 1,5 km rechts abbiegen. Noch 200 m bis zur Zufahrt **Chemin de Labeaune**.
45° 04' 25" Nord, 4° 49' 16" Ost. 45° 04,42° Nord, 4° 49,27° Ost. 45,07328° Nord, 4,82159° Ost.

Häuser am Stellplatz.
Industrieanlagen gegenüber.
Tankstelle und Geschäfte in der Nähe.
Kostenlose Ver- und Entsorgung am Platz (Euro Relais).
WC und Müllbehälter am Stellplatz.
Ganzjährig zugänglich.
Aufenthaltsdauer 24 Stunden.
Weinanbaugebiet.
Fahrt nach Valence. Fahrt nach Lyon.
Asphaltierte, etwas schräge Stellflächen für 10 Mobile.
Keine Parkgebühr.
Tel. 04 75 07 83 83.

26600 Gervans Place des Amandiers** RS-6

Übernachtungsplatz in ruhiger und schöner Lage.

Von der N 71 in nördlicher Richtung, rechts in die D 258 abbiegen. Dem Wohnmobilschild folgen. Nach 400 m wird der Platz links erreicht (**Place des Amandiers/Rue de l'Ecole**).
45° 06' 33" Nord, 4° 49' 50" Ost. 45° 06.55' Nord, 4° 49.83' Ost. 45,10991° Nord, 4,83050° Ost.

Häuser am Stellplatz.
Geschäfte im Ort. 5 Gehminuten.
Kostenlose Ver- und Entsorgung am Platz.
WC am Stellplatz.
Müllcontainer vorhanden.
Ganzjährig zugänglich. Aufenthaltsdauer 24 Stunden.
Weinanbaugebiet.
Wandern in den Weinbergen.
Fahrt nach Valence.
Geschotterte, ebene Stellflächen für 3 Wohnmobile.
Keine Parkgebühr.
Tel. 04 75 03 30 69.

26240 Beausemblant Aire de Camping Cars*** RS-7

Wohnmobilplatz in sehr ruhiger und schöner Lage.

Von der Ausfahrt Tain l'Hermitage (13) der A7 nach Norden Richtung St-Vallier fahren (N7). Nach 22 km in Laveyron im Kreisel rechts Richtung Beausemblant abbiegen. Nach 2,4 km – 400 m nach dem Ortsanfang – rechts dem Wegweiser Aire de Camping Car folgen. Noch 100 m bis zum Platz links (**Rue de la Poste**).
45° 13' 04" Nord, 4° 49' 59" Ost. 45° 13,06' Nord, 4° 49,99' Ost. 45,21778° Nord, 4,83306° Ost.

Häuser am Stellplatz.
Geschäfte im Ort.
Kostenlose Ver- und Entsorgung am Platz.
WC gegenüber an der Hauptstraße.
Müllcontainer vorhanden.
3 Minuten Fußweg zur Ortsmitte.
Ganzjährig zugänglich. Aufenthaltsdauer 48 Stunden.
Fahrt nach Macon.
Fahrt nach Lyon.
Fein geschotterte, ebene Stellflächen für 5 Wohnmobile.
Keine Parkgebühr.
Tel. 04 75 03 13 64.

71570 La Chapelle de Guinchay Maison de Pays*** RS-8

Wohnmobilplatz am Ortsrand in sehr ruhiger und schöner Lage.

Von der N7 in La Chapelle-Pontanevaux Richtung Les Broyers abbiegen (D95) und nach der Bahn nach 300 m zum Platz abbiegen (**Route Juliénas**).
46° 12' 37" Nord, 4° 46' 02" Ost. 46° 12,62' Nord, 4° 46,03' Ost. 46,21031° Nord, 4,76722° Ost.

Häuser am Stellplatz.
Restaurant im Ort.
Kostenlose Ver- und Entsorgung am Platz.
WC und Müllcontainer am Platz.
Ganzjährig zugänglich. Aufenthaltsdauer 24 Stunden.
Wandern und Radwandern in der Umgebung.
Fahrt nach Lyon.
Fahrt nach Macon.
Befestigte, ebene Stellflächen für 5 Wohnmobile.
Keine Parkgebühr.
Tel. 03 85 36 70 47.

Boote und Mobile in Beaume-les-Dames

71960 Prissé Groupement de Producteurs** RS-9

Übernachtungsplatz in ruhiger und schöner Lage.

Von der D 17 abbiegen Richtung Prissé. Nach 600 m links in die Rue de l'Anciemee Gare abbiegen. Noch 100 m bis zum Platz (**Rue Pierre Balvay/Les Grandes Vignes**).
46° 19' 19" Nord, 4° 45' 13" Ost. 46° 19.31' Nord, 4° 45.22' Ost. 46,32183° Nord, 4,75367° Ost.

Häuser, Winzergenossenschaft und Geschäfte am Stellplatz.
Weinprobe und Weinkauf.
Kostenlose Ver- und Entsorgung am Platz.
Wasserversorung im Winter nicht möglich.
Sanitäranlage, WC und Müllcontainer am Platz.
Picknickplatz am Stellplatz.
Ganzjährig zugänglich.
Aufenthaltsdauer 24 Stunden.
Produkte der Region am Stellplatz.
Asphaltierte, ebene Stellflächen für 8 Wohnmobile bis 8 m Länge.
Keine Parkgebühr.
Tel. 03 85 37 80 08.

71260 Lugny Ortsrand*** RS-10

Übernachtungsplatz oberhalb von Lugny in sehr ruhiger und sehr schöner Lage.

Von der D 103 in nördlicher Richtung, in Lugny dem Stellplatzschild geradeaus folgen. Nach 200 m rechts, 500 m links und nochmals 200 m links abbiegen. 400 m aufwärts zum Stellplatz (**Rue de la Folie**).
46° 28' 42" Nord, 4° 48' 36" Ost. 46° 28.70' Nord, 4° 48.60' Ost. 46,47833° Nord, 4,81001° Ost.

Häuser in der Nähe.
Restaurant, Geschäfte im Ort. 15 Gehminuten.
Kostenlose Ver- und Entsorgung im Ort an der Post.
Müllcontainer an der Ver- und Entsorgung.
Ganzjährig zugänglich.
Aufenthaltsdauer 24 Stunden.
Weinanbaugebiet. Blick auf die Weinberge.
Fahrt nach Chalon.
Fahrt nach Macon.
Geschotterte, mit Wiese bewachsene, ebene und leicht schräge Stellflächen für 10 Wohnmobile.
Keine Parkgebühr.
Tel. 03 85 33 21 96.

71460 St-Gengoux de Scissé Ortsrand*** RS-11

Wohnmobilplatz am Ortsrand in sehr ruhiger und schöner Lage.

Von der D 82 in südwestlicher Richtung, 600 m nach dem Ortsanfang links abbiegen. Nach 100 m rechts dem Wohnmobilschild folgen. Noch 50 m bis zum Stellplatz rechts.
46° 27' 39" Nord, 4° 46' 32" Ost. 46° 27.65' Nord, 4° 46.52' Ost. 46,46083° Nord, 4,77533° Ost.

Ausblick auf die Weinfelder.
Häuser am Stellplatz.
Geschäfte in der Nähe.
Restaurant im Ort. 5 Gehminuten.
Kostenlose Ver- und Entsorgung am Platz.
Müllcontainer am Platz.
Ganzjährig zugänglich.
Aufenthaltsdauer unbegrenzt.
Wein einkaufen im Ort und Umgebung.
Wandern und Radwandern in der Umgebung.
Fahrt nach Chalon.
Fahrt nach Macon.
Geschotterte, ebene Stellflächen für 5 Wohnmobile.
Keine Parkgebühr.

Givry Ortsmitte** RS-12

Übernachtungsplatz in der Ortsmitte an der ehemaligen Bahntrasse in ruhiger und schöner Lage.

Im Ort der Rue de Fontaine-Courerte folgen und im Linksknick rechts abbiegen auf die Rue du Pré Beau. Nach 100 m links auf die Rue de la Saulgeot und nach 50 m in die **Rue de la Gare**. Noch 100 m
46° 46' 47" Nord, 4° 44' 57" Ost 46° 46.78' Nord, 4° 44.95' Ost. 46,77967° Nord, 4,74917° Ost

Häuser am Stellplatz. Geschäfte in der Nähe.
Restaurant im Ort. 5 Gehminuten.
Kostenlose Ver- und Entsorgung in Platznähe.
Vom Stellplatz nur Durchgang möglich.
(Koord.: 46° 46.80' Nord, 4° 44.90' Ost.)
Müllcontainer am Platz.
Picknickbänke und Basketballanlage am Platz.
Ganzjährig zugänglich. Aufenthaltsdauer 24 Stunden.
Radfahren auf der ehemaligen Bahntrasse (asphaltierter Weg).
Geschotterte, ebene Stellflächen für 8 Wohnmobile.
Keine Parkgebühr.
Tel. 03 85 94 16 30.

Beaune Ortsmitte** RS-13

Übernachtungsplatz in der Ortsmitte in guter Lage.

Von der Ausfahrt Beaune der A6 Richtung Zentrum fahren (N470/**Avenue du Charles de Gaulle**) und nach 3 km zum Platz abbiegen.
47° 01' 02" Nord, 4° 50' 11" Ost. 47° 01,04' Nord, 4° 50,17' Ost. 47,01736° Nord, 4,83609° Ost.

Häuser, Tankstelle und Hotel am Stellplatz.
Supermarkt, Cafeteria und Geschäfte in der Nähe.
Ver- und Entsorgung am Platz. Wasser 3,50 € mit Kreditkarte.
Stromanschluss am Platz. 3,50 € für 4 Stunden.
Müllcontainer am Platz.
Ganzjährig zugänglich. Aufenthaltsdauer 24 Stunden.
10 Minuten Fußweg zum Ostzentrum.
Asphaltierte, ebene Stellflächen für 5 Wohnmobile bis 8 m Länge.
Keine Parkgebühr.
Fahrt nach Dijon.
Fahrt nach Chalon.
Tel. 03 80 26 21 30.

Baume-les-Dames Am Sporthafen**** RS-14

Wohnmobilpark am Sportboothafen in sehr ruhiger und sehr schöner Lage.

Von der D 50 in südlicher Richtung, 500 m nach dem Orteingangsschild rechts Richtung Centre Ville fahren. Nach 600 m links dem Schild Aire de Stationement folgen. Nach 1 km rechts, nach 100 m links. Noch 200 m bis zum Platz links.
47° 20' 24" Nord, 6° 21' 27" Ost. 47° 20.40' Nord, 6° 21.45' Ost. 47,34009° Nord, 6,35750° Ost.

Einkaufen und tanken (Super U) im Ort. 10 Gehminuten.
Ver- und Entsorgung und Müllcontainer am Platz.
Strom an den Stellflächen.
Sanitäranlage WC und Dusche vorhanden. Gebühr 1 €.
Ganzjährig zugänglich. Aufenthaltsdauer unbegrenzt.
Ausweichparkplatz unterhalb des Platzes (50 m entfernt).
Büro: Di-Sa 9–13 Uhr und 16.30–21 Uhr.
Bootstour am Hafen Le Jouffroy Tel.: 06 71 65 90 69.
Fahrt nach Dijon. Fahrt nach Montebeliard.
Geschotterte, ebene und leicht schräge Stellflächen für 30 Mobile.
Etwas Schatten durch einzelne Bäume.
Parkgebühr 8 €/Nacht ab 18.30 Uhr.
Tel. 03 81 84 27 98.

25200 Montbéliard Rugbystadion** RS-15

Wohnmobilplatz hinter dem großen Parkplatz am Rugbystadion.

Von der D 463 in westlicher Richtung, 700 m nach dem Ortseingangsschild rechts Richtung Curcelles fahren. Nach 1,2 km links Richtung Champ de Foire abbiegen. Nach 200 m wieder links, dann links Richtung Stade de Rugby fahren. Noch 100 m bis zum Platz (**Rue du Champ de Foire**).
47° 30' 24" Nord, 6° 47' 29" Ost. 47° 30.40' Nord, 6° 47.49' Ost. 47,50671° Nord, 6,79124° Ost.

Ver- und Entsorgung am Ende des Platzes (Raclet mit Jeton).
Strom an der Ver- und Entsorgung. Gebühr 2 €.
Jeton am Münzautomaten (Nachbargebäude).
1 Jeton = 1,60 € (100 Liter Wasser/60 Min. Strom).
Müllcontainer am Platz.
Geschäfte im Ort.
10 Gehminuten zur Ortsmitte.
Übernachten auf dem großen Parkplatz für LKW gestattet.
Asphaltierte, ebene Stellflächen für 3 Mobile.
Ganzjährig zugänglich. Aufenthaltsdauer 48 Stunden.
Keine Parkgebühr.
Tel. 03 81 94 45 60.

Wasserwandern auf der Saône

Fachwerkromantik und Weingenuss

Im Elsass

Tour 20

Das Elsass gehört zu den landschaftlich schönsten, kulturell wertvollsten und kulinarisch feinsten Gebieten Frankreichs – alles gute Gründe, eine Wohnmobiltour durch das Elsass zu planen. Bei der Anreise aus dem Süden erreicht man Stellplätze in Chavanne am Aire Port d'Alsace (**EL-1**) oder oben am Berg in Bourbach (**EL-2**).

Die Stadt Thann wird wegen seines bekannten Münsters und seiner würzigen Weine gerne besucht. Neben dem Straßburger Münster ist das St-Theobald-Münster das bekannteste Bauwerk im Elsass. Besonders sehenswert sind der 76 Meter hohe Turm, das Doppelportal an der Westfassade mit reichem Figurenschmuck, die Winzermadonna mit dem Kind, das eine Traube hinter seinem Rücken versteckt, und das reich geschnitzte Chorgestühl. Anschließend besuchen wir die Ruinen der Engelsburg oberhalb der Stadt. In der Nähe des Münsters hat die Stadt einen ruhigen Übernachtungsplatz am Fluss eingerichtet (**EL-3**).

Man kann aber auch von den Vogesen über eine serpentinenreiche Straße ins Elsass fahren und in Willer sur Thur (**EL-4**) sein Ferienhaus auf Rädern abstellen. Die Vogesen zu erkunden, das wird das Ziel einer anderen Reise sein. Wir können sehr empfehlen, am Ecomusée bei Ungersheim zu übernachten (**EL-5**). Das Elsässer Freilichtmuseum ist außerordentlich interessant und vielfältig. Der großzügige Stellplatz bringt uns abendliche Stille, Ruhe und Entspannung. Von hier aus kann man auch die Besichtigung von Colmar, Mühlhausen und anderen interessanten Orten und Radtouren zum Rhein starten.

Colmar ist eine sehenswerte Stadt. Das Unterlinden-Museum mit dem weltberühmten Isenheimer Altar von Matthias Grünewald, aber auch die frühgotische Dominikanerkirche mit dem großartigen Werk „Maria im Rosenhag“ von Martin Schongauer, das Kopfhaus, das Pfisterhaus, die Gerichtslaube und viele Bürgerhäuser, Hinterhöfe, Plätze und Brunnen lassen einen Besuch in Colmar zum Erlebnis werden.

Einen Übernachtungsplatz haben wir in Colmar nicht gefunden. Aber in der Umgebung sind mehrere Stellplätze zu erreichen, am Schwimmbad von Fessenheim in einer ruhigen und schönen Umgebung (**EL-6**), am Tennisplatz in Orschwihr (**EL-7**), auf dem großen, stadtnahen Platz in Soultz (**EL-8**), auf den kleinen, ruhigen Plätzen an den Ortsrändern von Linthal (**EL-9**) oder Hartmannswiller (**EL-10**), in Soultzmatt nur für kleine Mobile (**EL-11**) oder am Schwimmbad in Roufach (**EL12**). Auf allen Plätzen sind Ver- und Entsorgungseinrichtungen und oft auch Stromanschlüsse vorhanden. Eine Gebühr für den Stellplatz wird auf diesen Plätzen nicht erhoben. Im benachbarten Turckheim kann man in der Nähe der Ortsmitte auf dem Place de la République parken. Urgemütliche kleine Weinstuben und Weinkeller verleiten zu einem Aufenthalt in diesem Ort. Wir kaufen unseren Wein in dem kleinen mittelalterlichen Städtchen Eguisheim. Uns reizt ein Bummel durch die verwinkelten Gassen mit den beeindruckenden Fachwerkhäusern aus vergangenen Zeiten. In Trois Epis besteht die Möglichkeit, auf einem Stellplatz im Ort zu übernachten (**EL-13**).

Kayserberg, bekannt als Geburtsort des Nobelpreisträgers Albert Schweitzer und berühmt wegen seines großartigen mittelalterlichen Stadtbildes, hat für die vielen Urlauber im Eigenheim auf Rädern einen geeigneten großen Schlafplatz eingerichtet (**EL-14**). Die Ruine der Kaiserburg aus dem 13. Jahrhundert beherrscht die Stadt und das Tal. Von dort genießen wir auch einen prächtigen Ausblick über die mittelalterliche Stadt. Bei unserem Rundgang besichtigen wir die romanische Pfarrkirche mit dem Heiligen Grab und dem Hochaltar, das Rathaus aus der Renaissance, die romantische Weißbrücke mit einer Kapelle, die vielen schönen, bunten Fachwerkhäuser und die Adalbert-Schweitzer-Gedenkstätte.

Der Nachbarort Riquewihr (Reichenweiher) ist wegen seines einzigartigen Ortbildes genauso bekannt. Wir bummeln durch die malerischen Gassen, bewundern die bunten Fachwerkhäuser, probieren den deftigen Flammkuchen und kaufen die Spezialitäten der Region. Die Gemeinde hat am Ortsrand den Wohnmobilurlaubern einen Übernachtungsplatz zur Verfügung gestellt (**EL-15**). Leider dürfen Mobile über sieben Metern Länge den Stellplatz nicht benutzen. Schon am Mittag ist der Platz meisten durch mittlere und kleinere Mobilen belegt.

Ein sehr sehenswerter Ort ist Ribeauville (Rappoltsweiler). Tagsüber drängeln sich Scharen von Touristen durch die bunten Gassen und bewundern die schönen Fachwerkhäuser, den Metzgerturm, das barocke Rathaus, die gotische Kirche und den Brunnen aus der Renaissance. Im Ort liegt am Rande der Altstadt ein Stellplatz mit Ver- und Entsorgung (**EL-16**). Für den Tages- und Nachtaufenthalt zahlt man nur 3 Euro.

Die Haut-Koenigsbourg ist die bekannteste Burg im Elsass. Sie wurde von Kaiser Wilhelm II. nach den alten Plänen wiederaufgebaut. Die Burgenromantik zieht Scharen von Touristen an. Leider ist das Übernachten auf den Parkplätzen wie auch auf den sehr schön und ruhig gelegenen Parkplätzen des Affenberges und der Adlerwarte nicht gestattet.

Auch in Kintzheim schlendern wir durch die Gassen, bewundern die bunten Fachwerkhäuser und die mittelalterliche Burg oberhalb des Dorfes und probieren den Elsässer Wein. In Sélestat (Schlettstadt) besichtigen wir die romanische Kirche St-Fides, das gotische Münster St-Georg, Bürger- und Patrizierhäuser, den Hexen- und den Uhrturm. Am bekanntesten ist in Schlettstadt aber die Humanistenbibliothek mit rund 3000 wertvollen Handschriften und Büchern aus dem 14. bis 16. Jahrhundert. Um zu übernachten fahren wir nach Chatenois (**EL-17**). Der Stellplatz liegt in einer Grünanlage in der Nähe des Ortszentrums. Alle Einrichtungen für die Ver- und Entsorgung das Mobils sind vorhanden. Der Platz darf ohne eine Gebühr benutzt werden.

Unser nächstes Ziel ist die barocke Abteikirche von 1759 mit den drei Türmen in Ebersmünster, ein bedeutendes Bauwerk der Barockzeit. Das Innere der Kirche glänzt mit vielen barocken Skulpturen und Malereien und birgt eine wertvolle Silbermann-Orgel.

Wir fahren zu einer Kultstätte aus uralter Zeit und zu der meist besuchten Pilgerstätte im Elsass zum Odilienberg. Die heilige Odilie, Schutzpatronin des Elsass und Gründerin des Klosters, hat dort in einem Sarkophag ihre letzte Ruhestätte gefunden. Der Berg wird von einer drei Meter hohen Mauer- und einen Erdwall aus keltischer Zeit umringt, den wir auf einer Wanderung kennenlernen. Vom Kloster genießen wir einen weiten Rundblick bis zum Schwarzwald. Leider ist der Parkplatz nicht für die Übernachtung zugelassen. Erst in Blienschwiller und in Rothau findet man Stellplätze für die Nacht (**EL-18** und **EL-19**).

Straßburg ist sicher die bekannteste Stadt im Elsass. Über die Sehenswürdigkeiten, die Gastronomie, die Märkte und Einkaufstraßen gibt es sehr viel Literatur, so dass sich an dieser Stelle eine Beschreibung erübrigt. Einen Stellplatz gibt es an der Jugendherberge (**EL-20**).

Das Rohan-Schloss von 1779 der Straßburger Bischöfe in Saverne (Zabern) ist eine Nummer zu groß ausgefallen. In diesem Gebäude sind heute verschiedene Museen untergebracht. In Zabern sind außerdem die katholische Pfarrkirche, die gotische Michaeliskapelle, das Rathaus und das Haus Katz, eines der schönsten Fachwerkhäuser im Elsass, zu besichtigen. Durch die Stadt fließt der Rhein-Marne-Kanal. Ein Boot fährt von Zabern zum Schiffshebewerk St-Louis-Arzwiler. Dort werden die Schiffe in einem Trog mit Wasser auf einer schrägen Fläche quer zum Hang nach oben gezogen oder nach unten herabgelassen. Von der Burgruine Haut-Barr bei Saverne haben wir einen phatastischen Rundblick über die Rheinebene bis zum Schwarzwald. Im Garten der Gaststätte genießen wir den Abend bei Elsässer Spezialitäten und Elsässer Wein.

Wir beenden unsere interessante Reise durch das Elsass im Keramikdorf Soufflenheim, erwerben einige feuerfeste bunte Formen und schlafen ruhig auf dem Stellplatz im Ort (**EL-21**).

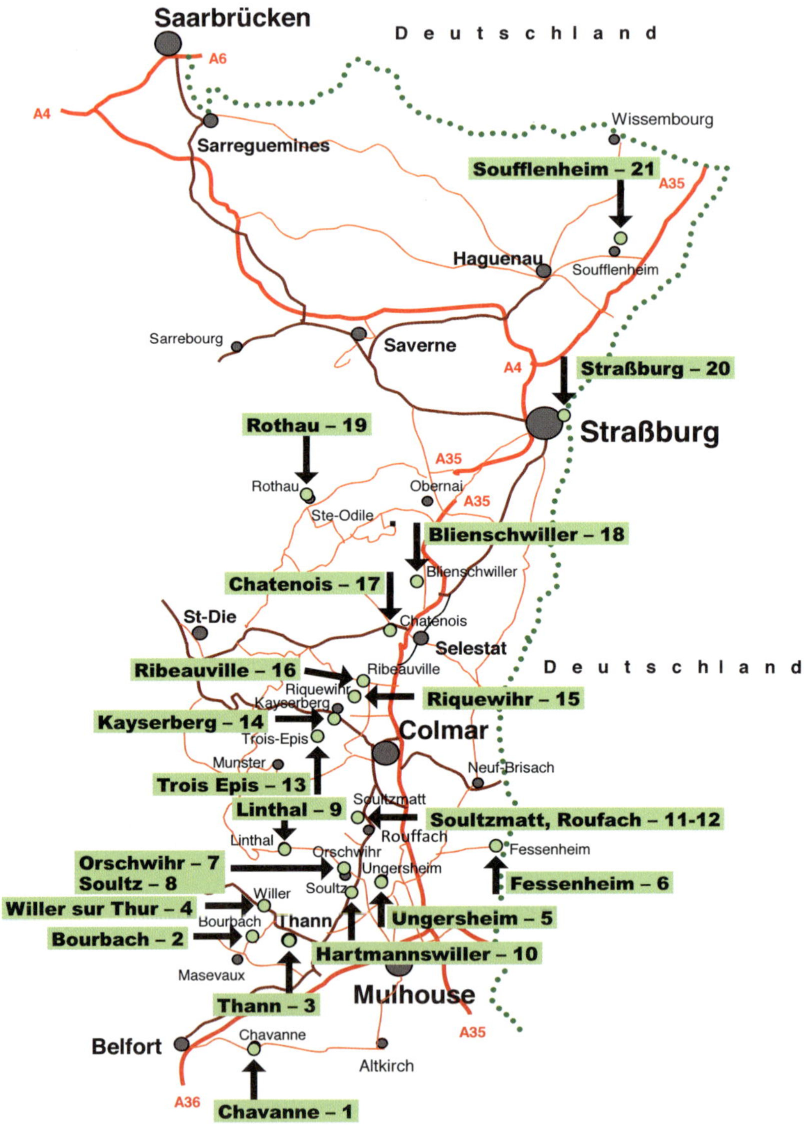
Saarbrücken
Deutschland
A6
A4
Sarreguemines
Wissembourg
Soufflenheim – 21
A35
Haguenau
Soufflenheim
Sarrebourg
Saverne
A4
Straßburg – 20
Straßburg
Rothau – 19
A35
Rothau
Obernai
A35
Ste-Odile
Blienschwiller – 18
Blienschwiller
Chatenois – 17
St-Die
Chatenois
Selestat
Ribeauville – 16
Ribeauville
Deutschland
Riquewihr
Riquewihr – 15
Kayserberg
Kayserberg – 14
Colmar
Trois-Epis
Munster
Neuf-Brisach
Trois Epis – 13
Soultzmatt
Linthal – 9
Soultzmatt, Roufach – 11-12
Rouffach
Linthal
Fessenheim
Orschwihr – 7
Soultz – 8
Orschwihr
Ungersheim
Fessenheim – 6
Willer
Soultz
Willer sur Thur – 4
Bourbach
Thann
Ungersheim – 5
Bourbach – 2
Hartmannswiller – 10
Masevaux
Mulhouse
Thann – 3
A35
Belfort
Chavanne
Altkirch
A36
Chavanne – 1

Tour 20: **Im Elsass**

Nr.	Ort, Bezeichnung	Stell-plätze A	Gast-haus	Häu-ser	WC	Bad See B	Orts-nähe	Ent-sorg. C	Park-dauer D	Park-gebühr
EL-1	**Chavanne, Aire Port d'Alsace*** **	10	-	+	-	-	5	+	1	5
EL-2	**Bourbach, L'ecole maternelle** **	3	+	+	+	-	x	+	3	0
EL-3	**Thann, Place du Bungert*** **	10	+	+	+	-	x	+	U	0
EL-4	**Willer sur Thur, Ortsparkplatz** **	3	-	+	-	-	x	+	1	0
EL-5	**Ungersheim, Ecomusée**** **	50	+	+	-	-	x	+	U	6
EL-6	**Fessenheim, Piscine*** **	7	-	-	-	+	x	+	U	0
EL-7	**Orschwihr, Terrain de Tennis*** **	4	-	-	-	-	5	+	U	0
EL-8	**Soultz, Ortsparkplatz** **	20	-	+	-	-	10	+	1	0
EL-9	**Linthal, Aire de Linthal** **	3	+	+	-	-	x	+	1	0
EL-10	**Hartmannswiller, Ortsrand** **	5	-	+	-	-	6	+	1	0
EL-11	**Soultzmatt, Aire kommunale* **	3	+	+	-	-	x	+	2	0
EL-12	**Roufach, Schwimmbad** **	5	+	+	-	+	12	+	1	0
EL-13	**Trois Epis, Zentrum** **	5	-	+	+	-	5	+	1	0
EL-14	**Kayserberg, Vielle Ville*** **	40	+	+	+	-	5	+	1	7
EL-15	**Riquewihr, Entrée village*** **	5	+	+	-	-	8	+	1	4
EL-16	**Ribeauville, Route de Guémar** **	10	-	+	-	-	5	+	1	3
EL-17	**Chatenois, Stadtfriedhof*** **	7	+	+	+	-	8	+	1	0
EL-18	**Blienschwiller, Vins Spitz*** **	10	+	+	-	-	x	-	U	0
EL-19	**Rothau, Zone de loisirs*** **	8	-	+	+	-	x	+	1	7
EL-20	**Straßburg, Auberge Jeunesse** **	15	-	-	-	-	x	+	1	0
EL-21	**Soufflenheim, Ortsrand** **	3	-	+	-	-	5	+	1	0

Legende

****	sehr ruhige und sehr schöne Lage.
***	sehr ruhige und schöne Lage.
**	ruhige und gute Lage.
*	keine ruhige Lage.
A	Stellplätze gestaffelt nach 3, 5, 10, 20, 30, 50 Wohnmobilen. Dabei wird angenommen, dass nur die Hälfte des Platzes zur Verfügung steht und die andere Hälfte durch Pkws belegt ist.
B	Fußweg in Minuten, x über 15 Minuten Fußweg.
C	Aufenthaltsdauer in Tagen.
D	Stellplatzgebühr in Euro pro Wohnmobil und 24 Stunden.
P	Stellplatzgebühr in der Saison.
T	Aufenthaltsdauer einige Tage.
U	Aufenthaltsdauer unbegrenzt.

Am Freilichtmuseum in Ungersheim

68210 Chavanne sur l'Étang Aire Port d'Alsace*** EL-1

Wohnmobilplatz am Freizeitgelände in ruhiger und sehr schöner Lage.

Von der D 419 in östlicher Richtung wird am Ortseingangsschild der Platz rechts erreicht (**Port d'Alsace/Rue d'Alsace/D419**).
47° 38' 01" Nord, 7° 01' 07" Ost. 47° 38.01' Nord, 7° 01.11' Ost. 47,63325° Nord, 7,01858° Ost.

Häuser am Stellplatz. Geschäfte in der Nähe.
Ver- und Entsorgung (Flot-bleu) am Platz.
Stromanschluss möglich.
Sanitärgebäude (im Winter geschlossen).
Müllbehälter am Platz.
Metzger und Bäcker in der Nähe. Restaurant im Ort.
Wandern und Radtouren im Sundgau.
Ganzjährig zugänglich. Zufahrt 3,5 t.
Asphaltierte, ebene Stellflächen für 10 Wohnmobile.
Parkgebühr: 5 € für 24 Stunden.
Tel. 03 89 25 23 99.

68290 Bourbach le Haut L'ecole maternelle** EL-2

Asphaltierte **Wohnmobilplätze** am Ortsrand in ruhiger und schöner Lage.

Von der N66 (Thann-Bussang) in Bitschwiler bei Thann Richtung Masevaux/Bourbach abbiegen (D14). Nach 9,8 km über den Col du Hundsrück – 800 m nach dem Ortsanfang Bourbach – wird der Parkplatz links erreicht. Bei Anfahrt von Masevaux in der Ortsmitte Richtung Bourbach abbiegen (D14). Nach 4,5 km – 3 km nach dem Ortsende Masevaux – wird der Parkplatz rechts erreicht (**Route Joffre**).
47° 47' 53" Nord, 7° 01' 20" Ost. 47° 47,88' Nord, 7° 01,33' Ost. 47,79473° Nord, 7,02168° Ost.

Gaststätten und Häuser am Parkplatz. Blick über Täler und Berge.
Ver- und Entsorgung am Parkplatz. Gebühr 2 €.
WC, Stromanschluss und Müllbehälter am Parkplatz.
Zugänglich 01.04.–30.10. Aufenthaltsdauer 72 Stunden.
Anfahrt von Thann bis 12 t.
Besichtigung von Thann: Engelsbourg, Cathédrale St-Thiébaut mit Winzermadonna, Winzerbrunnen, Hexenturm, Stadttor.
Wanderungen in den Vogesen.
Ausflug zum Col de Hundsrück und Col de Bussang (Moselquelle).
Ebene Stellflächen für 3 Mobile. Keine Parkgebühr. Kein Schatten.
Tel. 03 89 82 41 26.

68800 Thann Place du Bungert*** EL-3

Durch Bäume begrenzte **Mobilplätze** am Rand eines Großparkplatzes in sehr ruhiger und schöner Lage.

Von der N83 (Colmar-Cernay) südlich von Cernay Richtung Thann abbiegen (N66). Nach 5,6 km – 700 m nach dem Ortsanfang Thann – rechts Richtung centre abbiegen. Nach 100 m rechts, nach weiteren 100 m links und dann nach 100 m wieder links dem Parkplatz-Schild folgen. Zum hinteren Bereich des Parkplatzes durchfahren (**Rue des Pelerins**).
47° 48' 42" Nord, 7° 06' 18" Ost. 47° 48,70' Nord, 7° 06,30' Ost. 47,81168° Nord, 7,10468° Ost.

Gaststätten in der Nähe. Häuser am Parkplatz. Samstag Markt.
Ver- und Entsorgung und WC am Platz (Flot bleu). Gebühr 2 €.
Stromanschluss möglich. Getrennte Müllsammlung am Parkplatz.
Ganzjährig zugänglich. Aufenthaltsdauer nicht begrenzt.
Besichtigung von Thann: Engelsbourg, Cathédrale St-Thiébaut mit Winzermadonna, Winzerbrunnen, Hexenturm, Stadttor.
Besuch des Ecomusée (Freilichtmuseum des Elsass).
Wanderungen in den Vogesen. Ausflug zum Col de Hundsrück und zum Col de Bussang mit Moselquelle.
Asphaltierte, ebene, kurze Stellflächen für 10 Wohnmobile.
Für große Mobile nicht geeignet.
Keine Parkgebühr. Teilweise Schatten durch hohe Bäume.
Tel. 03 89 38 53 00.

68760 Willer sur Thur Ortsparkplatz** EL-4

Übernachtungsplatz im Ort in ruhiger Lage.

Von der N 66 in nördlicher Richtung, rechts abbiegen in die D 13 Richtung Goldbach. Noch 100 m bis zum Platz links (**Place de la Liberté**).
47° 50' 35" Nord, 7° 04' 23" Ost. 47° 50.59' Nord, 7° 04.38' Ost. 47,84350° Nord, 7,07210° Ost.

Häuser am Stellplatz. Bäcker und Geschäfte in der Nähe.
Kostenlose Ver- und Entsorgung am Platz (Flot bleu).
Stromanschluss möglich.
Müllcontainer und WC am Platz.
Ganzjährig zugänglich.
Aufenthaltsdauer 24 Stunden.
Ausflug zum Grand Ballon.
Asphaltierte, ebene Stellflächen für 3 Wohnmobile.
Keine Parkgebühr.
Tel. 03 89 38 16 50.

68190 Ungersheim Ecomusée**** EL-5

Durch Bäume, Büsche und Holzlatten in Abschnitte eingeteilte, naturbelassene **Wohnmobilplätze** in sehr ruhiger Lage und landschaftlich reizvoller Umgebung.

Von der N83 Richtung Muhlhouse/Ecomusée abbiegen (D430). Nach 5,1 km rechts Richtung Ecomusée (Ausfahrt 5) und nach 200 m rechts Richtung Pulversheim fahren. Nach weiteren 800 m links Richtung Ecomusée abbiegen und dem Symbol/P2 nach weiteren 600 m rechts folgen. Noch 100 m bis zu den Mobilplätzen rechts (**Chemin du Grosswald**). Oder zu den weiträumigen Plätzen P1 fahren.
47° 51' 06" Nord, 7° 17' 09" Ost. 47° 51,10' Nord, 7° 17,15' Ost. 47,85175° Nord, 7,28485° Ost.

Gaststätte und Bäcker im Ecomusée, von außen zugänglich.
Ver- und Entsorgung am Bus-Parkplatz.
Müllkörbe und WC am Platz.
Aufenthaltsdauer nicht begrenzt. Ganzjährig zugänglich.
Besuch des Ecomusée (Freilichtmuseum des Elsass).
Ganzjährig geöffnet 9.00-18.00 Uhr.
Wanderungen und Radtouren in der Rheinebene.
Fahrt nach Mühlhausen.
Fahrt nach Colmar.
Ebene und leicht unebene Stellflächen für 50 Wohnmobile.
Parkgebühr 6 € für 24 Std. inkl. Ver- unf Entsorgung. Kassierer.
Viel Schatten durch hohe Bäume.
Tel. 03 89 48 11 28.

68740 Fessenheim Piscine*** EL-6

Wohnmobilplatz am Schwimmbad in ruhiger und schöner Lage.

Von der D3 bis in östlicher Richtung, 400 m nach dem Ortseingangsschild links zum Stellplatz abbiegen (**Rue de la 1. Armée/Allée de la Guyane**).
47° 55' 06" Nord, 7° 31' 54" Ost. 47° 55.10' Nord, 7° 31.90' Ost. 47,91862° Nord, 7,53139° Ost.

Schwimmbad am Stellplatz.
Supermarkt in der Nähe.
Einkaufen und tanken beim Super U (am Kreisverkehr 150 m).
Ver- und Entsorgung am Platz. Flot Bleau (Jeton/20 Min.) Gebühr 2 €.
Jeton im Schwimmbad oder im Super U (5 Gehminuten) erhältlich.
Strom an der Ver- und Entsorgung.
Müllcontainer am Platz.
Ganzjährig zugänglich.
Aufenthaltsdauer unbegrenzt.
Asphaltierte, ebene Stellflächen für 7 Wohnmobile.
Teilweise Schatten durch Bäume. Grünanlage.
Keine Parkgebühr.
Tel. 03 89 48 60 02.

68500 Orschwihr Terrain de Tennis*** EL-7

Wohnmobilplatz am Picknickplatz in ruhiger und sehr schöner Lage.

Von der D 5 in nördlicher Richtung, 600 m nach dem Ortseingangsschild links zum Stellplatz abbiegen (**Rue de la Source**).
47° 56' 14" Nord, 7° 13' 52" Ost. 47° 56.24' Nord, 7° 13.86' Ost. 47,93715° Nord, 7,23206° Ost.

Für Wohnmobile reserviert.
Ver- und Entsorgung am Platz (Flot bleu mit Karten).
Wasser-Gebühr 4 € für 10 Minuten.
Strom an der Ver- und Entsorgung. Gebühr 4 €.
Müllcontainer am Platz. Informationstafel vorhanden.
Tennisplätze in der Nähe.
Grünanlage mit Spielplatz und Picknickbänken am Platz.
5 Gehminuten zur Ortsmitte.
Ganzjährig zugänglich. Aufenthaltsdauer unbegrenzt.
Asphaltierte, ebene Stellflächen für 4 Wohnmobile.
Keine Parkgebühr.
Tel. 03 89 76 95 07.

68360 Soultz Ortsparkplatz** EL-8

Übernachtungsplätze auf einem großen Parkplatz im Stadtzentrum in ruhiger und guter Lage.

Bei Anfahrt aus dem Südosten von der D429 (Rue de la Marne) im Ort links abbiegen (Rue Jean Jaures). Noch 800 m bis zum Platz links (**Rue Jean Jaures 43**).
47° 53' 08" Nord, 7° 13' 46" Ost. 47° 53,13' Nord, 7° 13,77' Ost. 47,88547° Nord, 7,22954° Ost.

Häuser und Schule am Platz.
Ver- und Entsorgung am Platz (Flot bleu). Kartenzahlung.
Strom an der Ver- und Entsorgung. Gebühr 4 €.
Müllcontainer am Platz.
Ganzjährig zugänglich.
Aufenthaltsdauer 24 Stunden.
10 Minuten Fußweg zur Ortsmitte.
Besichtigung von Murbach: Klosterruine,
Stiftskirche in Lauterbach.
Ausflug zum Ballon des Vosges.
Fahrt auf der Elsässischen Weinstraße.
Asphaltierte, ebene Stellflächen für 20 Mobile.
Kein Schatten. Keine Parkgebühr.

68610 Linthal Aire de Linthal** EL-9

Wohnmobilplatz im Ort in ruhiger und schöner Lage.

Von der Schnellstraße D83 Richtung Guebwiller abbiegen und durch den Ort Richtung Buhl/Lauterbach fahren (D430). 800 m nach dem Ortsanfang Linthal links zum Stellplatz abbiegen (**Rue du Markstein 18/D430**).
47° 56' 41" Nord, 7° 07' 40" Ost. 47° 56,69' Nord, 7° 07,67' Ost. 47,94489° Nord, 7,12789° Ost.

Häuser am Platz. Restaurant in der Nähe.
Ver- und Entsorgung am Platz (Flot bleu).
Wasser-Gebühr 4 € für 15 Minuten.
Strom an der Ver- und Entsorgung. Gebühr 4 €. Kartenzahlung.
Mülltonne am Platz.
Ganzjährig zugänglich. Aufenthaltsdauer einige Tage.
Ausflug zum Ballon des Vosges.
Fahrt auf der Elsässischen Weinstraße.
Asphaltierte, beleuchtete, leicht schräge Stellflächen
für 3 kleine Mobile. Ausweichmöglichkeit auf der Wiese.
Keine großen Mobile. Kein Schatten.
Keine Parkgebühr.
Tel. 03 89 76 32 34.

68500 Hartmannswiller Ortsrand** EL-10

Asphaltierte **Übernachtungsplätze** am Ortsrand in sehr ruhiger und schöner Lage.

Von der D83 Richtung Bolwiller/Hartmannswiller abbiegen (D44). 400 m nach dem Ortsanfang links dem Symbol folgen. Noch 200 m bis zum Platz links (**Rue Louis Deiber**).
47° 51' 47" Nord, 7° 12' 54" Ost. 47° 51,78' Nord, 7° 12,90' Ost. 47,86308° Nord, 7,21499° Ost.

Häuser in der Nähe. Bänke, Tische und Müllbehälter am Platz.
Ver- und Entsorgung am Platz (Flot bleu). Karten-Bedienung.
Aufenthaltsdauer 24 Stunden.
6 Minuten Fußweg zur Ortsmitte.
Wandern und Radtouren in der Rheinebene und in den Vogesen.
Besuch des Ecomusée in Ungersheim (Freilichtmuseum).
Besichtigung von Kayserberg: Château, Altstadt, Weißbrücke, Schnitzaltar von Bongart, Geburtshaus von Albert Schweitzer.
Fahrt auf der Route du Vin. Fahrt nach Colmar.
Ebene, asphaltierte Stellflächen für 5 Wohnmobile.
Keine sehr großen Mobile. Boxen zu kurz.
Ausweichmöglichkeit auf dem Pkw-Parkplatz.
Keine Parkgebühr. Kein Schatten.
Tel. 03 89 47 00 01.

68570 Soultzmatt Aire kommunale* EL-11

Wohnmobilplätze im Ort.

Von der Schnellstraße D83 Richtung Soultzmatt abbiegen (D18). Am Ortsanfang rechts zum Platz abbiegen (**Rue de Saint Blaise**).
47° 57' 23" Nord, 7° 15' 05" Ost. 47° 57,38' Nord, 7° 15,08' Ost. 47,95625° Nord, 7,25129° Ost.

Häuser und Straße am Platz. Gaststätten in der Nähe.
Ver- und Entsorgung (Euro Relais) am Parkplatz. Wasser-Gebühr 2 € für 100 l. Im Winter kein Wasser.
Stromanschluss möglich (ein Anschluss). Gebühr 2 €.
Bänke und Tische, Informationstafel und Müllkörbe am Parkplatz.
Aufenthaltsdauer 48 Stunden. Ganzjährig zugänglich.
Weinprobe und Weinkauf gegenüber und in Soultzmatt.
Wandern und Radtouren in der Rheinebene und in den Vogesen.
Besuch des Ecomusée in Ungersheim (Freilichtmuseum des Elsass).
Besichtigung von Kayserberg: Château, Altstadt, Weißbrücke, Schnitzaltar von Bongart, Geburtshaus von Albert Schweitzer.
Fahrt auf der Route du Vin. Fahrt nach Colmar.
Asphaltierte, ebene Stellflächen für 3 kleine Mobile.
Keine großen Mobile. Keine Parkgebühr.
Tel. 03 89 47 00 01.

Im Ecomuseé Ungersheim. Besuch am Mobil

68250 Roufach Schwimmbad** EL-12

Wohnmobilplätze am Schwimmbad und Stadion in ruhiger Lage.

Von der Schnellstraße D83 Richtung Roufach abbiegen (D18B). Nach 700 m rechts und 100 m nach dem Ortsanfang Richtung centre ville wieder rechts abbiegen. Nach 500 m rechts in die Rue du Stade fahren. Nach 100 m links abbiegen. Noch 100 m bis zum Platz (**Rue de la Piscine/Rue du Stade**).
47° 57' 19" Nord, 7° 17' 44" Ost. 47° 57,32' Nord, 7° 17,73' Ost. 47,95535° Nord, 7,29544° Ost.

Häuser am Platz. Gaststätten in der Nähe.
Ver- und Entsorgung am Parkplatz.
Wasser-Gebühr 3 € für 100 l. Müllbehälter am Parkplatz.
Aufenthaltsdauer 24 Stunden. 12 Minuten Fußweg zur Ortsmitte.
Wandern und Radtouren in der Rheinebene und in den Vogesen.
Besuch des Ecomusée in Ungersheim (Freilichtmuseum).
Besichtigung von Kayserberg: Château, Altstadt, Weißbrücke, Schnitzaltar von Bongart, Geburtshaus von Albert Schweitzer.
Fahrt auf der Route du Vin. Fahrt nach Colmar.
Asphaltierte, ebene Stellflächen für 5 Mobile. Keine Parkgebühr.
Tel. 03 89 49 78 13.

68410 Trois Epis Zentrum** EL-13

Übernachtungsplätze auf einem Parkplatz im Ort in ruhiger Lage.

Von Colmar nach Westen Richtung Les Trois Epis fahren (D11). Im Zentrum des Ortes rechts Richtung Ammerschwihr abbiegen (Rue du Chanoine Albert Salzmann). Noch 100 m (**Place des Antonins**).
48° 06' 04" Nord, 7° 13' 46" Ost. 48° 06,06' Nord, 7° 13,77' Ost. 48,10101° Nord, 7,22948° Ost.

Bäckerei und Geschäfte in der Nähe. Häuser am Parkplatz.
Ver- und Entsorgung am Platz. Wasser-Gebühr 2 € für 100 l.
WC (0,50 €) und Dusche (1 €) am Platz. Strom: Gebühr 2 €.
Ganzjährig zugänglich. Aufenthaltsdauer 24 Stunden.
5 min Fußweg zur Ortsmitte. Weinprobe und Weinkauf.
Wandern und Radtouren in der Rheinebene und in den Vogesen.
Besichtigung von Kayserberg: Château, Altstadt, Weißbrücke, Schnitzaltar von Bongart, Geburtshaus von Albert Schweitzer.
Besichtigung von Riquewihr: Stadtmauer mit Stadttor, Schloss mit Postmuseum, Altstadt.
Besichtigung von Ribeauville: Metzgerturm, Stadtmauer, Altstadt, Pfifferhus, Rathaus.
Fahrt auf der Route du Vin. Fahrt nach Colmar.
Asphaltierte, ebene Stellflächen für 5 Wohnmobile. Keine Parkgebühr. Schatten durch Randbäume.

68240 Kayserberg Vielle Ville** EL-14

Wohnmobilplatz am Ortsrand in ruhiger und schöner Lage.

Von der N83 Richtung Kayserberg abfahren (D415). Nach 8,7 km – 100 m nach dem Ortsanfang – links dem Symbol folgen. 300 m nach dem Ortsende rechts abbiegen und nach weiteren 500 m dem Symbol folgen. Noch 100 m bis zum Platz links.
48° 08' 08" Nord, 7° 15' 48" Ost. 48° 08,14' Nord, 7° 15,80' Ost. 48,13562° Nord, 7,26332° Ost.

Gaststätten und Geschäfte, Straße in der Nähe. Häuser am Platz.
Ver- und Entsorgung, WC und Müllcontainer am Parkplatz.
Tische und Bänke, WC und Waschbecken am Platz.
Ganzjährig zugänglich.
5 Minuten Fußweg zur Ortsmitte. Weinprobe und Weinkauf.
Besichtigung von Kayserberg: Château, Altstadt, Weißbrücke, Schnitzaltar von Bongart, Geburtshaus von Albert Schweitzer.
Wandern und Radtouren in der Rheinebene und in den Vogesen.
Besichtigung von Riquewihr: Stadtmauer mit Stadttor, Schloss mit Postmuseum, Altstadt.
Besichtigung von Ribeauville: Metzgerturm, Stadtmauer, Altstadt, Pfifferhus, Rathaus. Fahrt auf der Route du Vin.
Asphaltierte, ebene Stellflächen für 40 Wohnmobile. Kein Schatten.
Gebühr: 7 € für 24 Std. inkl. Ver- und Entsorgung. Parkautomat.
Informationen: Tel. 03 89 47 30 60 oder 03 89 78 11 11.

68440 Riquewihr Entrée Village*** EL-15

Wohnmobilplatz auf einem Pkw-Parkplatz am Ortsrand in sehr ruhiger und schöner Lage.

Von der D 3 aus Richtung Colmar, im Kreisverkehr Richtung Riquewihr Centre fahren. 300 m nach dem Ortsanfang wird der Platz rechts erreicht (**Rue de la Piscine**).
48° 09' 59" Nord, 7° 18' 07" Ost. 48° 09.99' Nord, 7° 18.12' Ost. 48,16634° Nord, 7,30176° Ost.

Häuser, Gastwirtschaft und Geschäfte am Stellplatz.
Ver- und Entsorgung am Platz (Raclet 2 €). Wasser 2 € für 100 l.
Strom an der Ver- und Entsorgung. Müllcontainer am Platz.
Ganzjährig zugänglich. Wein einkaufen im Ort und Umgebung.
Besichtigung von Kayserberg: Château, Altstadt, Weißbrücke, Schnitzaltar von Bongart, Geburtshaus von Albert Schweitzer.
Besichtigung von Riquewihr: Stadtmauer mit Stadttor, Schloss mit Postmuseum, Altstadt.
Wandern und Radtouren in der Rheinebene und in den Vogesen.
Besichtigung von Ribeauville: Metzgerturm, Stadtmauer, Altstadt, Pfifferhus, Rathaus.
Asphaltierte, ebene und leicht schräge Stellflächen für 5 Mobile bis 7 m Länge. Für große Mobile nicht geeignet.
Parkgebühr 4 €/Nacht (18 – 9 Uhr), tagsüber 2 € (3 Stunden).
Keine großen Mobile. Caravan verboten.
Tel. 03 89 49 08 40. www.ribeauville-riquewihr.com

68150 Ribeauville Route de Guémar** EL-16

Wohnmobilplatz im Ort in ruhiger und schöner Lage.

Von der N83 in westlicher Richtung Ribeauville abbiegen (D106). Nach 4,7 km – 800 m nach dem Ortsanfang – wird der Platz links gegenüber Blumengeschäft „Ribeau Fleurs" erreicht (**Route de Guémar**).
48° 11' 32" Nord, 7° 19' 44" Ost. 48° 11.54' Nord, 7° 19.73' Ost. 48,19222° Nord, 7,3294° Ost.

Häuser und Geschäfte am Stellplatz.
Ver- und Entsorgung (Bodeneinlass) und Müllbehälter am Platz.
Strom an der Ver- und Entsorgung. Wasser 2 €.
Ganzjährig zugänglich. 5 Minuten Fußweg zur Ortsmitte.
Wein einkaufen im Ort und Umgebung.
Besichtigung von Ribeauville: Metzgerturm, Stadtmauer, Altstadt, Pfifferhus, Rathaus.
Wanderungen und Radtouren in der Rheinebene.
Besichtigung von Riquewihr: Stadtmauer, Stadttor, Schloss mit Postmuseum, Altstadt.
Geschotterte, ebene Stellflächen für 10 Mobile. Etwas Schatten.
Parkgebühr 1,50 €/Nacht (19 – 9 Uhr), tagsüber 1,50 € (5 Std.)
Tel. 03 89 73 23 23. www.ribeauville-riquewihr.com

Ribeauville

67730 Chatenois Stadtfriedhof*** EL-17

Asphaltierte **Mobilplätze** am Ortsrand in ruhiger und schöner Lage.

Von der Ausfahrt 17 der Schnellstraße N83 Richtung Châtenois fahren und nach 600 m rechts im Kreisel Richtung Châtenois abbiegen. Nach 1,2 km – 600 m nach dem Ortsanfang – links Richtung Kitzheim fahren (D35). Nach 200 m wird rechts der Platz erreicht (**Alée des Bains 3**).
48° 16' 29" Nord, 7° 23' 55" Ost. 48° 16,48' Nord, 7° 23,92' Ost. 48,27469° Nord, 7,39859° Ost.

Gaststätte in der Nähe. Häuser am Parkplatz.
Ver- und Entsorgung (Eigenbau), Wasser 2 €.
WC und Müllbehälter am Platz.
Aufenthaltsdauer 24 Stunden. 8 Minuten Fußweg zur Ortsmitte.
Besichtigung von Selestat: Altstadt, St-Georges, Ste-Foy, Bibliothèque Humaniste.
Wanderungen zur Haut Koenigsbourg. Wandern in den Vogesen.
Fahrt zur Haut Koenigsburg, zum Affenberg und zur Adlerwarte.
Fahrt zum Kloster Ste-Odile.
Ebene Stellflächen für 7 Wohnmobile auf Wiese.
Keine Parkgebühr. Schatten durch hohe Bäume.
Stellplatz in Benfeld mit Ver- und Entsorgung an der Schnellstraße.
Tel. 03 88 82 02 74.

67650 Blienschwiller Vins Spitz*** EL-18

Übernachtungsplatz am Weingut Spitz in sehr ruhiger und schöner Lage.

Auf der Route du Vin, am Ortrand von Blienschwiller wird der Platz hinter dem Weingut Spitz erreicht.
48° 20' 32" Nord, 7° 25' 23" Ost. 48° 20.53' Nord, 7° 25.38' Ost. 48,34217° Nord, 7,42333° Ost.

Häuser und Geschäfte am Stellplatz.
Ver- und Entsorgung am Platz.
Stromversorgung möglich. Müllcontainer am Platz.
An den Rebstöcken gelegen.
Ganzjährig zugänglich. Aufenthaltsdauer unbegrenzt.
Wein einkaufen und Produkte der Region bei Fam. Spitz.
Ladenlokal 50 m. Fam. Spitz spricht deutsch.
Leicht schräge Stellflächen, geschottert, teilweise mit Wiese bewachsen für 10 Wohnmobile.
Keine Parkgebühr.
Tel.: 03 88 92 61 20.

67570 Rothau Zone de loisirs*** EL-19

Übernachtungsplatz vor einem Campingplatz in sehr schöner Lage.

In Rothau dem Schild Campingplatz/Air de Service folgen. Am Campingplatz wird der Stellplatz links erreicht (**Rue de Schirmeck**).
48° 27' 08" Nord, 7° 11' 56" Ost. 48° 27.15' Nord, 7° 11.94' Ost. 48,45250° Nord, 7,19888° Ost.

Geschäfte im Ort.
Ver- und Entsorgung am Platz. Gebühr 2,50 €.
Flot bleu mit Jeton/Campingkasse. Gebühr 4 €.
Stromversorgung ganzjährig an den Stellflächen.
WC und Dusche am Platz (01.05.–01.10.).
Müllcontainer am Platz.
Beleuchtung mit Bewegungsmelder am Platz.
Picknickbänke am Platz.
Spielplatz am Campingplatzeingang.
Künstlicher Wasserfall in der Nähe.
Ganzjährig zugänglich.
Aufenthaltsdauer unbegrenzt.
Ausflug durch die Vogesen.
Asphaltierte Stellflächen, teilweise auf Wiese für 8 Mobile.
Parkgebühr 6,40 € (1.5.–30.9.)
Tel. 03 88 97 02 02.

67000 Straßburg Auberge de Jeunesse** EL-20

Übernachtungsplatz auf einem Parkplatz in der Nähe der deutschen Grenze in ruhiger Lage.

Von Kehl Richtung Straßburg fahren (B28) und 500 m nach der Rheinbrück (N4) rechts Richtung Jugendherberge abbiegen (**Rue de Cavaliers**). Noch 600 m bis zum Platz.
48° 33' 59" Nord, 7° 47' 59" Ost. 48° 33,98' Nord, 7° 47,98' Ost. 48,56663° Nord, 7,79971° Ost.

Jugendherberge am Platz.
Ver- und Entsorgung (Euro-Relais-Maxi) am Platz. Gebühr 4 €.
Stromversorgung am Platz. 2,50 € für 1 Stunde.
Müllbehälter am Platz.
Ganzjährig zugänglich. Aufenthaltsdauer 24 Stunden.
Bushaltestelle zur Innenstadt in der Nähe.
Besichtigung von Straßburg: Münster, Münster-Viertel, Thomas-Kirche, Haus Kammerzell, Palais Rohan mit Museen, Planetarium, europäisches Parlament, Schokoladen-Museum, Orangerie-Park, Botanischer Garten.
Asphaltierte Stellflächen für 15 Mobile bis 8 m Länge.
Für sehr große Mobile nicht geeignet. Keine Parkgebühr.
Tel. 03 88 60 90 90. www.otstrasbourg.fr

67620 Soufflenheim Ortsrand** EL-21

Übernachtungsplatz auf einem Pkw-Parkplatz am Ortsrand in ruhiger Lage.

Von der Ausfahrt 55 der A35 Richtung Hagenau fahren (D1063) und im Kreisel nach 1300 m rechts Richtung Soufflenheim abbiegen und durch die Ortsmitte fahren. 1,9 km nach dem Ortsanfang links dem Symbol folgen. Noch 100 m bis zum Platz rechts (**Rue des Menuisiers**).
48° 49' 47" Nord, 7° 57' 19" Ost. 48° 49,78' Nord, 7° 57,31' Ost. 48,82973° Nord, 7,95516° Ost.

Häuser am Platz.
Ver- und Entsorgung am Platz.
1 Stromanschluss. Müllbehälter am Platz.
Ganzjährig zugänglich.
Aufenthaltsdauer 24 Stunden.
5 Minuten Fußweg zur Ortsmitte. Kauf von Töpferwaren im Ort.
Besichtigung von Straßburg: Münster, Münster-Viertel, Thomas-Kirche, Haus Kammerzell, Palais Rohan mit Museen, Planetarium, europäisches Parlament, Schokoladen-Museum, Orangerie-Park, Botanischer Garten.
Asphaltierte, ebene Stellflächen für 3 Mobile.
Keine Parkgebühr.
Tel. 03 88 91 80 47.

Im Freilichtmuseum Ungersheim

Stellplatzverzeichnis

Stellplatzverzeichnis

Stellplatzverzeichnis

Buchserie „Wohnmobil-Stellplätze"

Unentbehrliche Nachschlagewerke für alle Wohnmobiltouristen, die gern auf ruhig und schön gelegenen Stellplätzen übernachten.

Von den Gemeinden eingerichtete Plätze.
Insidertipps und eigene Erfahrungen.
Gleichzeitig sind die Bücher Reiseberichte über europäische Ferienlandschaften.

Band 6: Wohnmobil-Stellplätze Österreich
Ferienlandschaften

Ein Buch über 200 freie Stellplätze in Österreich, die sich im Sommer hervorragend für einen Wanderurlaub, zum Surfen und Segeln, im Winter zum Skilaufen eignen. Wochenreisen führen durch Österreichs Ferienlandschaften: Vorarlberg – Montafon – Tirol – Waldviertel – Innviertel – Mühlviertel – Wachau – Salzkammergut – Wien – Neusiedler See – Wiener Hausberge – Kitzbüheler Alpen – Hohe Tauern – Salzburg – Tennengebirge – Gasteiner Tal – Dachstein – Ennstaler Alpen – Hochschwab – Osttirol – Kreuzeckgruppe – Gailtaler Alpen – Kärntner Seen – Lavanttaler Alpen.

€ 19,90 — 5. Auflage. ISBN 978-3-941951-23-5

Band 12: Wohnmobil-Stellplätze Griechenland
Ionische Küste – Chalkidike – Thrakien
Ägäische Küste – Mazedonien – Attika – Peloponnes

Im Ferienland Griechenland werden die schönsten freien Stellplätze und die interessantesten Touren beschrieben. Viele Stellplätze liegen unmittelbar am Meer. Feine Sandstrände, steile Felsen und verschwiegene Buchten bestimmen die Küsten des Landes. Aber Griechenland bietet noch mehr als großartige Landschaften und unberührte Strände. Liebenswerte, freundliche Menschen trifft man überall. Die vielen Sehenswürdigkeiten aus der Antike und dem Mittelalter beeindrucken die Besucher. Nirgendwo sonst lassen sich Badeurlaub und Kulturerlebnisse miteinander verbinden wie in Griechenland. Griechenland mit dem Wohnmobil – das ist ein Traumurlaub.

€ 9,90 — 1. Auflage. ISBN 3-932538-13-7

Band 13: Wohnmobil-Stellplätze Italien Süd
Toskana – Latium – Kalabrien – Sizilien – Apulien

Unverbaute, schön gelegene Strände und Buchten, die großartigen kulturellen Sehenswürdigkeiten in der Mitte und im Süden Italiens und auf Sizilien, idyllische Stellplätze für den Strandurlaub an der Adria, am Thyrrenischen und Ionischen Meer und Stellplätze auf Sizilien werden ausführlich beschrieben. Auf ruhig und schön gelegenen Übernachtungsplätzen findet der Wohnmobiltourist Erholung und Entspannung. Ferienlandschaften: Toskana, Latium, Kampanien, Kalabrien, Sizilien, Basilikata, Apulien, Umbrien, Marken.

€ 19,90 — 2. Auflage. ISBN 978-3-932538-32-2

Band 14: Wohnmobil-Stellplätze Italien Nord
Alpen – Lombardei – Adria – Riviera – Sardinien

Unverbaute, schön gelegene Strände und Buchten, die großartigen kulturellen Sehenswürdigkeiten im Norden Italiens, idyllische Stellplätze für den Strandurlaub an der Adria, an der Riviera, auf Sardinien und Stellplätze für den Winterurlaub in den Alpen werden ausführlich beschrieben. Auf ruhig und schön gelegenen Übernachtungsplätzen findet der Wohnmobiltourist Erholung und Entspannung. Ferienlandschaften: Pustertal – Grödental – Dolomiten – Eggental – Fleimstal – Lago Maggiore – Lago Varese – Lago d'Iseo – Gardasee – Golf von Venedig – Aostatal – Po-Ebene – Po-Delta – Riviera – Adriatische Küste – die Küsten Sardiniens.

€ 19,90 — 4. Auflage. ISBN 978-3-932538-31-5

Band 15: Wohnmobil-Stellplätze Deutschland Nord
Schleswig-Holstein – Hamburg – Niedersachsen – Bremen

Ferienlandschaften: Nordseeküste – Dithmarschen – Nordfriesland – Angeln – Mittelholstein – Ostseeküste – Lauenburg – Hamburg – Ostfriesland – Friesland – Altes Land – Fehnroute – Ammerland – Unterweser – Lüneburger Heide – Oldenburger Münsterland – Mittelweser – Südheide – Emsland – Teutoburger Wald – Weserbergland – Elm – Westharz. In den Feriengebieten werden Wohnmobilplätze im Norden Deutschlands beschrieben. **Kostenfreie Plätze, Plätze in den Städten und am Strand** werden besonders hervorgehoben. Gleichzeitig ist das Buch ein Reisebericht über norddeutsche Ferienlandschaften.

€ 17,90 **Neuauflage 2013** 6. Auflage. ISBN 978-3-941951-55-6

Band 16: Wohnmobil-Stellplätze Deutschland West
Nordrhein-Westfalen – Rheinland-Pfalz – Hessen – Saarland

Ferienlandschaften: Münsterland – Niederrhein – Ruhrgebiet – Nordeifel – Bergisches Land – Sauerland – Vulkaneifel – Ahr – Mosel – Mittelrhein – Westerwald – Lahn-Dill-Bergland – Nahe – Werra – Kurhessen – Waldhessen – Taunus – Vogelsberg – Kinzig – Rhön – Deutsche Weinstraße – Pfälzer Wald – Odenwald – Saarland.
In den Feriengebieten werden Wohnmobilplätze im Westen Deutschlands beschrieben. **Kostenfreie Plätze, Plätze in den Städten und am See** werden besonders hervorgehoben. Gleichzeitig ist das Buch ein Reisebericht über westdeutsche Ferienlandschaften.

€ 17,90 5. Auflage. ISBN 978-3-932538-27-8

Band 17: Wohnmobil-Stellplätze Deutschland Ost
Mecklenburg-Vorpommern – Sachsen-Anhalt
Brandenburg – Berlin – Thüringen – Sachsen

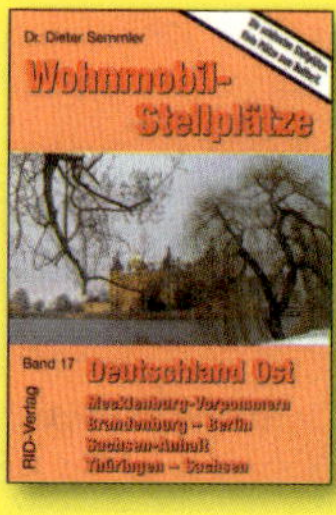

Ferienlandschaften: Mecklenburgische Küste – Rügen – Usedom – Oderhaff – Mecklenburger Seen – Altmark – Ostharz – Kyffhäuser – Schorfheide – Havelseen – Berlin – Grünau-Grünheider Seen – Oderbruch – Thüringer Senke – Fläming – Dübener Heide – Sächsische Saale – Thüringer Wald – Spreewald – Oberlausitz – Niederlausitz – Sächsische Schweiz – Erzgebirge – Zittau-Gebirge.
In den Feriengebieten werden Wohnmobilplätze im Osten Deutschlands beschrieben. **Kostenfreie Plätze, Plätze in den Städten und am Strand** werden besonders hervorgehoben. Gleichzeitig ist das Buch ein Reisebericht über ostdeutsche Ferienlandschaften.

€ 17,90 5. Auflage. ISBN 978-3-932538-28-5

Band 18: Wohnmobil-Stellplätze Deutschland Süd
Baden-Württemberg – Bayern

Ferienlandschaften: Steigerwald – Tauber – Fränkisches Seenland – Frankenwald – Fränkische Schweiz – Vogtland – Fichtelgebirge – Oberpfälzer Wald – Neckar – Altmühl – Nordschwarzwald – Ortenau – Schwäbische Alb – Bayerischer Wald – Oberrhein – Hochschwarzwald – Hotzenwald – Hochrhein – Hegau – Bodensee – Schwaben – Bayerische Seen – Allgäu – Chiemgau – Bayerische Alpen – Berchtesgaden.
In den Feriengebieten werden Wohnmobilplätze im Süden Deutschlands beschrieben. **Kostenfreie Plätze, Plätze in den Städten und am Strand werden besonders hervorgehoben.** Gleichzeitig ist das Buch ein Reisebericht über süddeutsche Ferienlandschaften.

€ 17,90 5. Auflage. ISBN 978-3-932538-26-1

Band 19: Wohnmobil-Stellplätze Spanien
Mittelmeerküste

Ferienlandschaften: Costa Brava – Costa del Maresme – Costa Daurada – Costa del Azahar – Costa de Valencia – Costa Blanca – Costa Calida – Costa de Almeria – Costa del Sol – Costa de la Luz. Schön gelegene Strände und Buchten, die kulturellen Sehenswürdigkeiten in den Städten an der spanischen Küste, idyllische Stellplätze für den Strandurlaub am Mittelmeer. Auf ruhig und schön gelegenen Übernachtungsplätzen findet der Wohnmobilurlauber Erholung und Entspannung. Farbfotos von den Plätzen erleichtern die Auswahl.

€ 19,90 2. Auflage. ISBN 978-3-941951-15-0

Band 20: Wohnmobil-Stellplätze Benelux
Belgien – Niederlande – Luxemburg

Die Stellplätze eignen sich hervorragend für einen Wanderurlaub in den Ardennen, für Radtouren im flachen Land, für die Besichtigung sehenswerter Städte, für erholsame Badeferien an der Nordseeküste und für Bootstouren und Wassersport auf den zahlreichen Flüssen, Kanälen und Seen.
Alle Plätze wurden selbst aufgesucht und beurteilt. Genaue Beschreibungen der Anfahrt, Straßennamen und Koordinaten erleichtern die Anfahrt. Farbige Fotos geben einen guten Eindruck von den Stellplätzen. Viele Insider-Tipps.

€ 19,90 2. wesentlich erweiterte Auflage. ISBN 978-3-941951-16-7

Band 21: Wohnmobil-Stellplätze Frankreich Nord
Somme – Seine – Normandie – Bretagne – Loire – Champagne

Es werden Touren mit dem Wohnmobil im Norden Frankreichs beschrieben. Stellplätze in Städten und Gemeinden, in der Natur, am Meer und am See eignen sich für einen erholsamen Urlaub und für die Besichtigung interessanter Sehenswürdigkeiten. Viele Plätze stehen zum Nulltarif zur Verfügung. Farbige Fotos geben einen guten Eindruck von den Stellplätzen. Anfahrtbeschreibungen, Straßennamen und Koordinaten erleichtern die Anfahrt.

€ 19,90 5. Auflage. ISBN 978-3-932538-24-7

Band 22: Wohnmobil-Stellplätze Frankreich Süd
Atlantik – Mittelmeer – Rhone – Doubs – Elsass

Es werden Touren mit dem Wohnmobil im Süden Frankreichs beschrieben. Stellplätze in Städten und Gemeinden, in der Natur, am Meer und am See eignen sich für einen erholsamen Urlaub und für die Besichtigung interessanter Sehenswürdigkeiten. Viele Plätze stehen zum Nulltarif zur Verfügung. Farbige Fotos geben einen guten Eindruck von den Stellplätzen. Anfahrtbeschreibungen, Straßennamen und Koordinaten erleichtern die Anfahrt.

€ 19,90 **Neuauflage 2013** 6. Auflage. ISBN 978-3-941951-49-5

Band 23: Wohnmobil-Stellplätze Dänemark

Jütland – Fünen – Langeland – Seeland – Mon – Falster – Lolland

Es werden Touren mit dem Wohnmobil beschrieben. Unverbaute, schön gelegene Strände und Buchten, die großartigen kulturellen Sehenswürdigkeiten in Dänemark, idyllische Stellplätze für den Strandurlaub auf den dänischen Inseln und in Jütland, Stellplätze für Angler an Fischteichen, Plätze für Mobile und Caravan werden ausführlich beschrieben. Auf ruhig und schön gelegenen Übernachtungsplätzen findet der Wohnmobiltourist Erholung und Entspannung. Farbige Stellplatzfotos geben einen guten Eindruck von den Stellplätzen. Koordinaten und Straßennamen erleichtern die Anfahrt.

€ 19,90 1. Auflage. ISBN 978-3-932538-30-8

Band 24: Wohnmobil-Stellplatzführer Polen Nord

Hinterpommern – Danzig – Westpreußen – Ostpreußen

Es werden Touren in den früher deutsch besiedelten Teilen Nordpolens vorgeschlagen. Unverbaute, schön gelegene Strände, die großartigen kulturellen Sehenswürdigkeiten in Danzig und in West- und Ostpreußen werden ausführlich beschrieben. Auf ruhig und schön gelegenen Park- und Stellplätzen findet der Wohnmobiltourist Erholung und Entspannung für einen unbeschwerten Urlaub. Farbige Stellplatzfotos geben einen guten Eindruck von den Stellplätzen. Koordinaten und Straßennamen erleichtern die Anfahrt.

€ 9,90 1. Auflage. ISBN 978-3-941951-04-4

Band 25: Wohnmobil-Stellplatzführer Slowenien und Kroatien

Alpen – Puszta – Karst – Istrien – Kvarner – Dalmatien

Es werden Touren mit dem Wohnmobil in den slowenischen Feriengebieten und an der Küste Kroatiens beschrieben. Unverbaute, schön gelegene Strände, die besonderen kulturellen Sehenswürdigkeiten in den Städten und die großartigen Naturlandschaften in Slowenien und Kroatien werden ausführlich dargestellt. Auf ruhig und schön gelegenen Park- und Stellplätzen findet der Wohnmobiltourist Erholung und Entspannung für einen unbeschwerten Urlaub. Farbige Stellplatzfotos geben einen guten Eindruck von den Stellplätzen. Koordinaten und Straßennamen erleichtern die Anfahrt.

€ 19,90 1. Auflage. ISBN 978-3-941951-14-3

Band 26: Wohnmobil-Stellplatzführer Schweiz

Nord-, Ost-, Süd- und Westschweiz

Kantone: Basel – Solothurn – Aargau – Zürich – Schaffhausen – Turgau – St. Gallen – Appenzell – Glarus – Zug – Luzern – Schwyz – Uri – Niederwalden – Oberwalden – Jura – Neuchâtel – Vaud – Fribourg – Vaud – Bern – Geneve – Wallis – Tessin – Graubünden – Lichtenstein.

Es werden Touren mit dem Wohnmobil in den schweizerischen Ferien- und Skigebieten beschrieben. Wir führen Sie zu den ruhigsten und schönsten Stellplätzen, zu Stellplätzen in Gemeinden und Städten, zu Stellplätzen mitten in der Natur, zu Stellplätzen am See.

€ 18,90 1. Auflage. ISBN 978-3-941951-17-4